São Francisco de Assis: ternura e vigor
Uma leitura a partir dos pobres

Dados Internacionais de Catalogação na Publicação (CIP)
(Câmara Brasileira do Livro, SP, Brasil

Boff, Leonardo
    São Francisco de Assis : ternura e vigor : uma leitura a partir dos pobres / Leonardo Boff. – 13. ed. – Petrópolis, RJ : Vozes, 2012.
    Bibliografia.

2ª reimpressão, 2023.

ISBN 978-85-326-0259-6

I. Espiritualidade 2. Francisco de Assis, Santo, 1181 ou 2-1226 3. Igreja e pobres 4. Vida espiritual I. Título.

07-6664   CDD-282.092

Índices para catálogo sistemático:
I. Santos : Igreja Católica : Biografia 282.092

Leonardo Boff

São Francisco de Assis: ternura e vigor

Uma leitura a partir dos pobres

Petrópolis

© by Animus / Anima Produções
Caixa Postal 92144 – Itaipava
25750-970 Petrópolis, RJ

Direitos de publicação em língua portuguesa:
1981, 2003 Editora Vozes Ltda.
Rua Frei Luís, 100
25689-900 Petrópolis, RJ
www.vozes.com.br

Nihil Obstat
Frei Gentil A. Titton, OFM
Censor ad hoc
Petrópolis, 4 de outubro de 1981.

Todos os direitos reservados. Nenhuma parte desta obra poderá ser reproduzida ou transmitida por qualquer forma e/ou quaisquer meios (eletrônico ou mecânico, incluindo fotocópia e gravação) ou arquivada em qualquer sistema ou banco de dados sem permissão escrita da editora.

CONSELHO EDITORIAL

Diretor
Volney J. Berkenbrock

Editores
Aline dos Santos Carneiro
Edrian Josué Pasini
Marilac Loraine Oleniki
Welder Lancieri Marchini

Conselheiros
Elói Dionísio Piva
Francisco Morás
Gilberto Gonçalves Garcia
Ludovico Garmus
Teobaldo Heidemann

Secretário executivo
Leonardo A.R.T. dos Santos

Diagramação: AG.SR Desenv. Gráfico
Capa: Adriana Miranda

ISBN 978-85-326-0259-6

Este livro foi composto e impresso pela Editora Vozes Ltda.

Aos confrades Frei Luís Flávio Cappio e Frei Enoque Salvador de Mello que optaram viver com os pobres e como os pobres dentro da melhor herança do Fratello e Poverello S. Francisco de Assis.

Versos tentando caminhar nas trilhas de São Francisco

1

irmão que viveste na úmbria
acende estas palavras com a tua sombra
silenciosa companheira
                fazendo-nos amar os caminhos

2

desconfia das pedras
             e ama os pássaros

3

ensina tua alma
          amiga
a gostar dos ventos
vive profunda indefesamente
               a ciência da esperança

ela é fiel
e a mais lúcida de tuas irmãs
ela vive a medida da desmedida
             e ousa contemplar o segredo do tempo

4

ensina a teus passos
           caminhar nos sonhos

           quando vier a hora definitiva
                      estarás mais próxima

5

não temas a proximidade da morte
        guarda tua emoção
        como louvor à grandeza da vida

6

quando vês um pobre
        ele te julga   tu te julgas   DEUS te julga
é a hora da misericórdia

7

a bondade
        esta fecunda imensa existência
na qual a vida chega a se abraçar com a morte
                      a fim de vencê-la

8

só te inclines diante de DEUS
ou diante de alguém que sofra

        o resto é idolatria

9

estamos na travessia
    sofre e alegra-te
com a inquietação das águas

        admira a beleza do mar
          e não sejas tonta
em pedir às vagas e espumas
       a quietude de um porto

vives o tempo da coragem
      a música do risco

teu sangue nas veias ignora o que seja a imobilidade
e por isso vives
    e essa é a mais fiel imagem
       do Infinito e Ardente Cristal

10

o tempo assiste a luta
    entre o afeto e o medo
o tempo te desafia
clamando: abraça-me ou adormece

11

amar
    único verbo
       sereno a mover-se
sobre a ofuscante certeza da eternidade

12

irmão que um dia viveste na úmbria
senhor irmão aceso pelo amor
incandesce os nossos caminhos
mas tão profundamente
       que possamos amar as sombras
e sem ódio ou temor
       ver as estrelas perdidas no deserto olhar do lobo

José Paulo, primavera de 1981.

 Sumário

Prefácio, 13
Introdução: O vinho antigo floresce ainda, 15

I. *São Francisco: a irrupção da ternura e da convivialidade* – Mensagem de São Francisco à cultura atual, 19

II. *São Francisco: a opção preferencial pelos pobres* – Mensagem de São Francisco à sociedade atual, 93

III. *São Francisco: a libertação pela bondade* – Contribuição de São Francisco à libertação integral dos oprimidos, 151

IV. *São Francisco: criador de uma Igreja popular e pobre* – Contribuição de São Francisco para uma Igreja na base, 189

V. *São Francisco: a integração do negativo da vida* – Contribuição de São Francisco ao processo de individuação, 231

Conclusão: São Francisco de Assis, uma alternativa humanística e cristã, 271

Anexo I
O Testamento de São Francisco de Assis, 277

Anexo II
Cronologia da vida de São Francisco de Assis, 281

Livros de Leonardo Boff, 291

Índice, 299

 Prefácio

Este livro – *Francisco de Assis: ternura e vigor* – quer apresentar ao mundo de hoje o que é um humanismo novo, terno e fraterno, aberto a todas as culturas e religiões, sendo profundamente ecológico.

São Francisco resgatou os direitos do coração. Mais do que pensar o mundo, as pessoas e cada uma das criaturas, ele tudo amava e a tudo se unia, de uma forma misteriosa e íntima, até com o feroz lobo de Gubbio e com a própria morte. A todos chamava com o doce nome de "irmão" e "irmã".

Sentia que a Terra é mãe, pois tudo gera, e, ao mesmo tempo, é irmã na grande comunidade cósmica. Da mesma forma, o Sol é senhor, pois constitui o arquétipo do poder que serve a todos, e, ao mesmo tempo, é irmão no meio dos outros irmãos e irmãs da criação.

Duas são as forças principais que constroem a identidade humana: a ternura e o vigor. A ternura é o lado feminino de cada pessoa; com ela somos capazes de sentir, de captar as mensagens da realidade, de cuidar de todas as coisas e das pessoas, como também de alimentar a dimensão espiritual da existência. O vigor é o lado masculino de cada homem e de cada mulher; por ele abrimos caminhos, superamos dificuldades e plasmamos o nosso projeto de vida.

São Francisco revelou cristalinamente ambas as dimensões. Era um ser de *esprit de finesse*, extremamente gentil com todos e sabia captar cada movimento da vida e da natureza. Era um ser de vigor, pois era determinado em suas decisões, consequente em seus propósitos e coerente com sua opção pelos pobres e por Cristo, com quem se identificou.

Terno e vigoroso, Francisco emerge como expressão seminal de uma humanidade plenamente realizada, que integra na mesma pessoa os valores da *anima* (feminino) e do *animus* (masculino), numa síntese penosamente construída, mas de grande esplendor. Ele não teme o mundo porque é o reino dos irmãos e das irmãs e o lugar da ação providente do Pai. Para Francisco, abraçar o mundo é abraçar a Deus.

Ele é o Patrono da Ecologia, pois reconciliou a ecologia exterior (a natureza) com a ecologia interior (o encontro com Deus). A mensagem franciscana é a pessoa de Francisco: terna e vigorosa, séria e leve; o primeiro depois do Único: Jesus Cristo.

Leonardo Boff
Festa de São Francisco, 4 de outubro de 2008.

Introdução
O vinho antigo floresce ainda

Na primavera a cepa do vinhedo, que parecia ressequida e morta, de repente estremece e se cobre de verde e de flor. Dentro da cantina no escuro das pipas o vinho, mesmo o mais velho, conhece uma levíssima floração. Um véu de flor se estende mansissimamente sobre a sua superfície. Não é saudade da vida de outrora. É a vida que perdura. Aquilo que parece morto, não está; as pedras também crescem e os vinhos velhos florescem.

Como o vinho, assim é a vida daqueles que foram os homens de Deus e traduziram para os outros os traços indecifráveis do Mistério que habita nossa existência. Embora de tempos imemoriais, eles permanecem na consciência e na gratidão dos homens.

Há 800 anos nascia São Francisco de Assis. Ele é qual vinho precioso e fino. Floresce e frutifica ininterruptamente na cultura, na Igreja, nas famílias franciscanas. Com Francisco voltou a primavera de Jesus Cristo ao mundo.

O presente ensaio (*São Francisco de Assis: ternura e vigor – Uma leitura a partir dos pobres*) procura colher algumas flores de seu jardim multicor. Identificamos cinco questões significativas para o nosso tempo. Interrogamos Francisco para ver o que ele nos tem a dizer acerca de cada uma delas.

Sua resposta não tem nada de medieval mas é tremendamente atual. Sempre que os santos no seguimento de Jesus Cristo vão fundo até a raiz da existência humana, então aparece a perene atualidade do Evangelho. Eles rompem a estreiteza de seu tempo e se fazem contemporâneos de cada tempo e de cada homem que está em busca de uma estrela. Eles então não são antigos nem modernos, são simplesmente atuais, sempre atuais, portadores daquela atualidade que possuem as questões axiais da vida em qualquer tempo e daquela atualidade própria de Jesus Cristo.

As cinco questões apresentam-se como círculos concêntricos, indo do mais geral até o mais particular. A primeira aborda a problemática do *sistema* dentro do qual vivemos: a crise das formas de acumulação e do sistema da razão. Francisco nos evoca outros princípios de estruturação assentados mais no coração, na ternura e no acordo com a natureza. A segunda questão é aquela da *sociedade* moderna; ela apresenta uma fratura de cima abaixo: a divisão entre ricos e pobres, o excedente por um lado e a carência por outro, produzindo injustiça em nível mundial. Francisco, o Poverello, viveu uma radical expropriação como forma de solidariedade para com os pobres e o Cristo pobre. O sentido da vida humana não se orienta em criar riqueza, mas fraternidade, assenta-se não no ter, mas no ser solidário e compassivo para com todos os seres da criação. A terceira questão é aquela da *libertação integral.* Todo o sistema e toda a sociedade são perpassados por ânsias incontidas de libertação, a partir dos oprimidos e dos pobres. Francisco emerge como um dos santos mais livres da experiência cristã, com aquela liberdade que o Evangelho de Jesus Cristo libertador outorga. Francisco, chamado também o Fratello, liberta pela bondade, pela confiança que deposita nas secretas energias de luz que estão semeadas em cada coração e que nenhum pecado ou opressão consegue entenebrecer.

A quarta questão é aquela da *eclesiogênese*, vale dizer, da gênese permanente da Igreja. A Igreja não é apenas uma instituição milenar, ligada ao fato fundador de Cristo, do Espírito, dos apóstolos e dos profetas. É principalmente acontecimento de fé, nasce como resposta à Palavra – *sponsa Verbi* – ouvida e vivida no amplo espaço do mundo e não apenas no interior fechado dos templos e dos mosteiros. Francisco criou uma expressão popular da Igreja; o mistério da Igreja se concretiza em pequenas fraternidades de irmãos em contato com o povo e com os mais pobres do povo de Deus.

A quinta questão aborda o problema da *integração do negativo na vida*. A trajetória humana estrutura-se como um drama de grande efeito: toda ascensão se processa como libertação de muitas amarras, toda santidade se constrói no pano de fundo de grandes tentações e, enquanto vivemos, o pecado sempre acolita a graça. Francisco trilhou um caminho original na conquista de seu próprio coração: fez da própria dimensão de sombras senda para Deus com grande simplicidade e humildade. Por isso canta tanto a vida e o amor quanto as enfermidades e a morte; são integrados como irmãos e irmãs na grande família de Deus.

Estas cinco questões são tratadas na perspectiva dos pobres, pois eles são os mais interessados nas mudanças qualitativas de nosso mundo. A ótica dos pobres ajuda mais do que qualquer outra a identificar problemas mordentes e a encontrar soluções libertadoras para a grande maioria. Além do mais, Francisco de Assis se fez pobrezinho entre os pobres e foi a partir deles que procurou ler o Evangelho e toda a realidade.

Por fim, com humildade aplicamos para nós mesmos as palavras do seráfico Pai: "É uma grande vergonha para nós, outros servos de Deus, terem os santos praticado tais obras e nós querermos receber honra e glória somente por contar e pregar o que eles fizeram" (Admoestações 6)*.

Assis, Roma, Petrópolis, Estrada de Santa Veridiana,
outubro de 1981.

---

* Todas as fontes franciscanas serão citadas segundo a obra *São Francisco de Assis* – Escritos e biografias de São Francisco de Assis, crônicas e outros testemunhos do primeiro século franciscano. Petrópolis: Vozes/Cefepal, 1981.

I
São Francisco: a irrupção da ternura e da convivialidade

MENSAGEM DE SÃO FRANCISCO À CULTURA ATUAL

Subindo certa feita, Fra Bonaventura, hortelão do convento da Porciúncula, o Monte Subásio com um confrade de país distante, perguntou-lhe o dito confrade o que seria a espiritualidade franciscana. Fra Bonaventura, homem simples e muito espiritual, com voz doce e mais doce ainda na cantilena úmbria, respondeu: "A espiritualidade franciscana é São Francisco. E quem é São Francisco? Basta dizer-lhe o nome e todos já têm a mesma ideia. E a ideia é esta: São Francisco '*é un uomo di Dio!*' E porque era homem de Deus sempre viveu em tudo o essencial. Por isso era simples, cortês e terno para com todos, como Deus em sua misericórdia".

O velho carrinho Fiat (topolino) sobe arfando pela estrada pedregosa que vai ao convento Le Carceri. Lá embaixo se estende, iluminado por um sol ameno de outono, o vale sereno de Assis, qual tapete palmilhado de casinhas e de plantações. De súbito, Fra Bonaventura para o carro e salta. Não mostra a paisagem larga que se descortina lá do alto sobre a ladeira e o vale. Com seu olhar franciscano, descobrira, num lance, florzinhas brancas por entre o verde luxuriante. "Olha como são meigas!" E se debruça sobre elas, o frade rude, mas de espírito fino, como quem se debruça com carinho sobre um recém-nascido.

O confrade de país distante vê amoras. Colhe maduras e verdes, e come. "Por que, irmão, colhes as verdes", atalhou Fra Bonaventura, "não vês que elas sofrem? Gostarias de cortar alguém no meio da vida? Só quando são maduras elas gostam de se oferecer para a nossa alegria!"

A volta é tão pesada quanto a ida. O carrinho desce a montanha em marcha reduzida. "Por que, Fra Bonaventura, não largas o carro com uma marcha mais leve?" E ele responde: "Não se deve abusar da bondade do carrinho. Ele já me carrega, graciosamente, há 18 anos e sempre foi bom para comigo. Por que vou tratá-lo mal nas tantas curvas com freadas bruscas?"

Depois em casa, na Porciúncula, mostrou sua horta, cheia de hortaliças, uvas, figos e flores. Mas há um canto desordenado com verde exuberante. "Fra Bonaventura, que é aquilo?" E ele com um sorriso inocente: "São nossas irmãzinhas, as ervas daninhas. É lá que as deixo crescer, porque elas também são filhas de Deus e louvam a beleza do Criador!"

É domingo e há festa no convento, pois se entroniza o novo guardião. Bebe-se vinho especial. Fra Bonaventura segura em silêncio e com respeito o copo cheio do vinho precioso. Parece que vai realizar um rito. "Que há, Fra Bonaventura?" E ele, quase em sussurros: "Devo honrar o irmão vinho. Fui eu quem o fez, há 6 anos. E agora também ele está alegre com a nossa alegria!"

O irmão Francisco vive ainda em sua "gente poverella". Valeram a pena todas as suas penitências e sua loucura para liberar o nascimento deste espírito terno e fraterno de um Fra Bonaventura. São Francisco vive e está ainda em nosso meio e sepultado dentro de cada um de nós. Ele nasceu nos gestos de Fra Bonaventura.

Eu, frade de um país distante de Assis, teólogo menor, periférico e pecador, vi e dou testemunho. Em louvor de São Francisco. Amém.

A crise, sob a qual todos sofremos, é estrutural e atinge os fundamentos de nosso sistema de convivência[1]. Eis a razão de seu caráter dramático e inadiável. A crise do sistema global deriva da crise específica da classe hegemônica, a classe burguesa que conduziu nossa história nos últimos cinco séculos. O *ethos* desta classe, vale dizer, suas práticas, o sentido conferido a elas, a forma de relações que consagrou e impôs a todas as demais classes sociais, se mostra mais e mais incapaz de assimilar, dentro de seu enquadramento, as novas forças emergentes, incapaz também de elaborar com seus próprios recursos internos uma alternativa significativa para todos. Encontramo-nos no fim de uma era e na aurora de uma diferente. É neste contexto que a figura de Francisco se revela altamente evocadora.

1. O fim da hegemonia do *Logos*

As manifestações fenomenológicas desta crise apresentam um caráter massivo: vazio, solidão, medo, ansiedade, agressividade sem objetivos, numa palavra, insatisfação generalizada. O vazio emana do sentimento de impotência de que pouco podemos mudar na própria vida e na sociedade, finalmente, de que nada é importante. A solidão exprime a perda de contato com a natureza e com os outros em termos de amizade e ternura; não há coragem para o compromisso. O medo é fruto das ameaças objetivas à vida, ao trabalho, à sobrevivência coletiva do gênero humano. A ansiedade se origina do medo imaginado, da ignorância acerca do que fazer, crer e esperar; quando a ansiedade toma conta de uma cultura inteira significa que toda ela se sente ameaçada e

---

1. Para uma orientação sumária cf. BARTHES, R.; DUMONT, R.; • DUVERGER, M. et al. *Quelle crise? Quelle société?* Grenoble, 1974.

pressente seu fim próximo. A agressividade sem objetivos revela a ruptura com as normas da contenção, sem as quais uma sociedade não se constrói nem se defende; demonstra a anomia e a perda do sentido do *Self*, quer dizer, do valor e da sacralidade da pessoa humana. Disto tudo se derivam duas consequências não menos graves: o esvaziamento e a redução da linguagem da comunicação quotidiana, do relacionamento pessoal significativo e a perda da revelação vital com a natureza. Para uma pessoa vazia, ameaçada, ansiosa e agressiva a própria natureza lhe parece muda, indiferente e morta. Tal ausência de entusiasmo facilita a quebra dos ecossistemas. De modo geral vigora um excesso de irracionalidade, o que revela os limites do sistema de integração social. Os velhos mitos estão agonizantes e os novos não possuem ainda força suficiente para gestar um novo *ethos* cultural.

Semelhante crise constitui, como dissemos, a crise da classe dirigente. As classes subalternas não estão imunes a ela, mas possuem outras razões de viver e de lutar. Como veremos, são portadoras de soluções alternativas, capazes de informar uma nova sociedade.

Estes poucos dados fenomenológicos são sintomas, não causas. A raiz ontológica desta crise deve ser buscada mais fundo na realidade e mais longe no tempo[2]. Ela está ligada ao surgimento da burguesia, como classe social, do bojo do próprio sistema feudal. O desenvolvimento do mundo dos artesãos criando o sistema de mercado fez com que se projetasse

---

2. A bibliografia é imensa: citamos os nomes mais representativos que trabalharam com especial acuidade o problema: no nível da psicanálise as obras de Rollo May e E. Fromm; da sociedade industrial, H. Marcuse e M. Horkheimer; da filosofia, M. Heidegger, J. Ladrière e P. Ricoeur; da teologia os teólogos da libertação, R. Alves, G. Gutiérrez e L. Boff.

um novo sentido de ser: a vontade de lucro, de acúmulo, de poder. Em função disto elaborou-se um novo *ethos*, vale dizer, um novo estilo de vida com relações diferentes para com a natureza, os outros, a religião e Deus. A ciência e a técnica não surgiram pelo puro exercício gratuito da racionalidade, mas como resposta exigida pelo avanço da produção, do mercado e do consumo. Elas são a decisiva contribuição que a burguesia deu à humanidade. Por causa da produção, a razão que vai ser desenvolvida até os seus extremos será a razão analítico-instrumental, em detrimento de outras formas de exercício da razão (dialética, sapiencial etc.). O saber possui uma intencionalidade definida: o poder. Poder e saber coincidem para a modernidade burguesa. Por isso o projeto científico e técnico constituirão a grande empresa da sistemática dominação do mundo em função do processo produtivo[3].

O homem da modernidade burguesa está *sobre* as coisas e não mais *com* elas, porque seu saber analítico significa poder de controle sobre seus mecanismos colocados em função do desfrute humano. A racionalidade analítica exigirá um corte dos outros acessos legítimos ao real orientados pelo *pathos*, a simpatia, o *eros*, a comunhão fraterna e a ternura. Toda esta dimensão será recalcada e até difamada como fator perturbador da objetividade científica. A ciência a serviço dos *a prioris* fundadores (a vontade de lucro, de desempenho) organiza sua *démarche* de dominação mediante a projeção de modelos e paradigmas da realidade que lhe garantem a eficácia operatória. Certamente este prag-

---

3. Cf. os seguintes textos que servem como boa orientação: MANTOUX, P. *The Industrial Revolution in the Eighteenth Century*. Londres, 1971; • HOBSBAWN, E.J. *The Age of Revolution – Europe 1789-1848*. Londres, 1962; • HOBSBAWN, E.J. *Industry and Empire*. Baltimore, 1969.

matismo possui a sua razão de ser (garantir a produção e a reprodução da vida), mas nem por isso deixa de ser profundamente redutor na medida em que esquematiza e artificializa a realidade e oculta dimensões decisivas para a realização do sentido humano da vida. Especialmente a natureza, apesar do entusiasmo pelas descobertas nos primórdios da revolução moderna, foi separada da vida emocional e arquetípica das pessoas; deixou de ser uma das grandes fontes alimentadoras da dimensão simbólica e sacramental da vida, perdendo sua função terapêutica e humanizadora.

Evidentemente o homem não deixou de sentir, de vibrar e de relacionar-se sob outras formas. Mas tudo isto é feito sob a hegemonia da razão, instaurada como o árbitro supremo e universal face ao qual tudo deve prestar conta. Houve largas épocas em que se pensava ser a ciência e a técnica o princípio integrador único de todas as culturas, a redenção da humanidade de suas seculares mazelas. Na crença deste mito impôs-se a ilustração a todos os povos conhecidos, com um custo cultural excessivo.

Hoje vivemos sob este imperativo: quase tudo é montado em vista da produção. A produção se destina ao mercado de consumo. O consumo para a satisfação das necessidades reais, principalmente daquelas induzidas artificialmente pela propaganda. A classe burguesa, sujeito histórico portador do projeto da modernidade, realizou só para si os ideais dos fundadores: gestar uma sociedade de abundância. Mas alcançou-o com um custo social exorbitante com a criação de desigualdades e níveis de exploração e pobreza insuportáveis à luz de critérios humanísticos e éticos. Os setores marginalizados não padecem uma crise de sentido, antes, pelo contrário, encontram sentido na luta pela vida e no compromisso de superação histórica do sistema da modernidade burguesa. A grande sociedade dominante está sendo corroída por dentro, sem esperança e sem futuro. Que fazer depois de ter feito a revolução da fome? Depois de ter satisfeito suas necessidades até à náusea? Como reduziu o sentido do ser à consecução destes ideais, uma vez alcançados, não sabe mais o que fazer. Desempenhou já sua missão histórica; deverá ser sucedida por outro sujeito histórico, operador de outra esperança e agente de outro sentido social.

As raízes últimas do impasse atual da racionalidade alcançam mais longe ainda; elas se encontram já nos primórdios de nossa cultura, na grande viragem dos pré-socráticos aos socráticos, quando o *Logos* fez o seu caminho autônomo, ultrapassando o *Mythos*, o conceito ganhando a hegemonia sobre o símbolo. Com Aristóteles temos, praticamente, já constituído o sistema da razão com sua vontade de ordenação, classificação, sistematização e dominação. Mas as consequências históricas do sistema da razão só se mostrariam com a emergência da classe burguesa no século XVI. Ela transformou a razão no grande sistema de dominação do mundo e de revolução social (Revolução Francesa). Hoje tudo indica que chegamos ao termo deste longo processo, não ao fim da razão – o que seria absurdo –, mas ao fim da hegemonia da razão[4].

A crítica moderna do após-guerra, consciente do perigo apocalíptico que a razão instrumental e tecnológica entregue a si mesma pode introduzir, ressalta os limites de todo o projeto histórico da ciência e da tecnologia. Primeiramente existe um limite interno: o crescimento não pode ser ilimitado porque o universo é finito e as energias não renováveis reduzidas. Em segundo lugar, a hegemonia absoluta da razão debulhou o mundo circunstante e distorceu profundamente as relações sociais. A razão tornou-se cada vez mais antagônica àquelas dimensões da vida menos produtivas, mas mais receptivas. O *Logos* recalcou o *Eros* e o *Pathos*, os valores do contato direto, da intimidade e da afetividade, da criatividade e da fantasia, da simplicidade e da espontaneidade. O *Eros* e a *Techne* parecem viver em permanente luta. "O amante, como o poeta, é uma ameaça para a fabricação em série. *Eros* rompe as formas existentes e cria novas e isso, naturalmente, é uma ameaça à tecnologia. Esta exige regularidade, previsibilidade e é governada pelo relógio. O *Eros* não domesticado luta contra todos os conceitos e limitações de tempo"[5]. O espírito de geometria deve poder encontrar um acordo com o espírito de fineza (Pascal), a lógica deve poder conviver com a cordialidade, porque ambas são expressão do humano.

2. O começo da hegemonia do *Eros* e do *Pathos*

Sente-se, um pouco por todas as partes, a urgência de ampliar o uso da racionalidade muito para além daquela instrumental-tecnocrática. Esta não pode ser hegemônica, mas é indispensável para assegurar as bases materiais para as outras formas onde se articula melhor a reciprocidade

---

Cf. o magistral balanço dos destinos da racionalidade em LADRIÈRE, J. *Les enjeux de la rationalité* – Le défi de la science et de la technologie aux cultures. Paris, 1977 (em português *Os desafios da racionalidade*: O desafio da ciência e da tecnologia às culturas. Petrópolis: Vozes, 1979). Advertimos aqui que o *Logos* grego bem como o *Cogito* cartesiano não possuíam, em sua origem, um sentido redutor. Mas estava neles um acento que acabou por recalcar as outras nuanças e sendo o dominante na história posterior. O sentido pleno de *Logos* e *Cogito* continuou nos subterrâneos de nossa cultura e nesta condição esteve sempre presente.

5. MAY, R. *Eros e repressão*. Petrópolis, 1973, p. 108.

das consciências, a liberdade, a criatividade, a simpatia e a ternura. Buscam-se modalidades de poder que encerrem a in-nocência em seu sentido literal, quer dizer, que não sejam nocivos à relação para com os outros... e para com a natureza[6]. É neste sentido que podemos perceber no lusco-fusco de uma nova aurora cultural o começo de outra hegemonia, aquela do *Eros* e do *Pathos*[7]. É neste horizonte que a figura de São Francisco de Assis fulgura como referência e antecipação. Mas, antes de considerarmos a significação cultural do homem de Assis, precisamos de clareza teórica sobre o que significa esta emergente hegemonia do *Eros* e do *Pathos*.

Primeiramente importa obviar alguns preconceitos que nos induzem a dificuldades intermináveis. Alguns ao racionalismo da modernidade opõem o irracionalismo, como se fosse humano viver sem a integração da função reguladora da razão. O irracionalismo vivido no século XX com as tragédias que ele produziu mediante o racismo, o nacionalismo e outras ideologias totalitárias é tão nocivo, senão até mais, que o próprio racionalismo. Outros opõem amor e poder, relacionando-os numa relação inversa: quanto mais poder tanto menos amor e vice-versa. Esta oposição se situa ainda no nível superficial e psicologizante. Entendem o amor como emoção subjetiva e o poder como compulsão e

---

6. R. May dedica todo um livro a esta problemática, *Power and Innocence*. Nova York, 1972 (em português pela Civilização Brasileira, Rio de Janeiro, 1981), esp. p. 40-54: "a inocência e o fim de uma era".

7. No nível de Igreja esta peoblemática se fez particularmente sensível no magistério do Papa Paulo VI, ao falar no registro próprio da fé (menos analítico) em "civilização do amor". Há fortes repercurssões no documento de Puebla, n. 1188 etc. Mensagem aos povos da América Latina, n. 8.

dominação. Num nível ontológico, poder é poder de ser, condição para o próprio amor. Amor, ontologicamente, é o poder de doação e de entrega ou capacidade de acolhimento do outro enquanto outro. Amor e poder não se reduzem um ao outro, mas entre si entretêm relações dialéticas: "O amor necessita do poder para ser mais do que sentimentalismo, tanto quanto o poder precisa do amor para não descambar na manipulação"[8]. Cumpre articular e dialetizar um com o outro, pois somente assim honramos a realidade.

Em segundo lugar, faz-se mister decidir qual é a base última da existência humana. Já consideramos que nos inícios de nossa cultura foi colocado o *Logos* grego e nos primórdios da modernidade o *cogito* cartesiano. A evolução da reflexão veio mostrar mais e mais que a razão não explica tudo nem abarca tudo. Existe o a-racional e o irracional; parece que a tragédia está mais presente na história que a própria razão. A razão, na expressão do filósofo Jean Ladrière, não é o primeiro nem o último momento da existência humana[9]. Ela se abre para baixo e para cima. Para baixo ela emerge de algo mais antigo, profundo, elementar e primitivo, a afetividade. Para cima ela se abre à experiência espiritual que é a descoberta do eu dimensionado para a totalidade e a descoberta da totalidade presente no eu, não como pura contemplação, mas como experiência de que por detrás do real não há apenas estruturas, mas um sentido gratificante, simpatia e ternura.

---

8. MAY, R. *Poder e inocência*. Op. cit., p. 204; Cf. também p. 93-98; 202-206.

9. Le destin de la raison et les taches de la philosophie. In: *Vie sociale et destinée*. Gembloux, 1973, p. 35.

A experiência-base é o sentimento. Não é o *cogito, ergo sum* (penso, logo existo), mas o *sentio, ergo sum* (sinto, logo existo), não é o *Logos*, mas o *Pathos*, a capacidade de ser afetado e de afetar, é a afetividade. Este é o *Lebenswelt* concreto e primário do ser humano. A existência jamais é pura existência; é uma existência sentida e afetada pela alegria ou a tristeza, pela esperança ou pela angústia, pelo empenho, pelo arrependimento, pela bondade.

A primeira relação é uma relação sem distância, de profunda passividade ativa, no sentido de sentir o eu, o mundo, os outros. É um estar *com* e não *sobre, é* um con-viver, co-mungar numa mesma realidade ainda não diferenciada; como diria Heidegger, a revelação da existência em sua ligação fundamental, constitutiva, com o mundo em totalidade[10]. A base ontológica da psicologia das profundezas (Freud, Jung, Adler e discípulos) reside nesta convicção: a estrutura última da vida é sentimento e afetividade e as expressões daí derivadas: o *Eros*, a paixão, a ternura, o cuidado, a com-paixão, o amor. Entretanto, devemos corretamente entender o sentimento, não apenas como moção da psique, mas como "qualidade existencial", estruturação ôntica do ser humano. Todo ele é afetividade, como modo de ser, e não apenas a psique humana.

Importa frisar claramente que *Pathos* (sentimento) não se opõe a *Logos* (compreensão racional). O sentimento é também uma forma de conhecimento, mas mais abrangente e envolvente que a razão. Engloba dentro de si a razão, transbordando-a de todos os lados. Quem viu isto genial-

---

10. Para uma teoria da afetividade baseada nas reflexões de Heidegger, de M. Henry, cf. LADRIÈRE, J. *Vie sociale et destinée.* Op. cit., p. 149-155.

mente foi Pascal, um dos fundadores do cálculo de probabilidade, o construtor da máquina de calcular, ao afirmar que os primeiros axiomas do pensamento vêm intuídos pelo coração e que é o coração a colocar as premissas de todo possível conhecimento do real[11]. O conhecimento pela via do *Pathos* (sentimento) se realiza pela sim-patia, pelo sentir junto com a realidade sentida, e pela em-patia, pela identificação com a realidade sentida.

O homem arcaico, antes da hegemonia da razão, vivia uma *union mystique* com todas as realidades, inclusive Deus; sentia-se ligado umbilicalmente com o mundo circunstante e com sua própria intimidade; ele participava da natureza das coisas e as coisas participavam de sua natureza. Por isso o sentimento de pertença e de parentesco universal permitia uma integração bem-sucedida da existência humana com respeito e veneração de todos os elementos. É porque ele vivia da estrutura verdadeiramente arcaica da vida, quer dizer, no coração do princípio e do originário do conhecimento (o sentido etimológico de arcaico, de *arche* = princípio, origem). O homem pós-moderno está à procura deste acordo perdido que subsiste, entretanto, nos seus sonhos, nas utopias regressivas e progressivas e em seu fértil imaginário. Mas não basta, quer atualizá-lo num projeto histórico, não pela mera repristinação arcaizante, mas mediante uma nova síntese englobando a tradição do *Logos* que nos pertence. Mas detalhemos melhor a estrutura do *Pathos*.

---

11. Fragmento 282 de *Pensées*; cf. o comentário de GUARDINI, R. *Pascal*. Morcelliana, 1956, p. 150s. • SCIACCA, M.F. *Pascal*. Milão, 1972, p. 138-148; 199-203.

1) O vigor "demoníaco" do Eros

O *Pathos* não é apenas afetividade, isto é, sentir-se afetado pela própria existência e pelo mundo em totalidade; é principalmente um fazer-se ativo e tomar a iniciativa de sentir e de identificar-se com a realidade sentida. Viver é sentir e sentir é captar o valor das coisas; valor é o caráter precioso dos seres, aquilo que os torna dignos de ser e os faz apetecíveis. *Eros*, no sentido clássico que aqui assumimos, é aquela força que, com entusiasmo, alegria e paixão nos faz buscar a união com as coisas que sentimos e apreciamos, com nossa própria realização, com as pessoas significativas de nossos contatos, com nossos ideais, com nossa vocação, com Deus. Melhor do que definições o descreveu um arcaico mito da Grécia Antiga: "*Eros*, o deus do amor, ergueu-se para criar a terra. Antes, tudo era silêncio, nu e imóvel. Agora, tudo é vida, alegria, movimento". Eis aí a essência vivida do *Eros*: a vida que busca apaixonadamente a vida, a alegria de ser, o movimento que anima, amplia, aprofunda e transforma. A dinâmica básica da realidade, também humana, vem constituída pelo *Eros*. Na origem não está a razão, mas a paixão *(Pathos* e *Eros)*. O próprio impulso da razão para conhecer, ordenar, dominar lhe vem pelo *Eros* que habita nela. É o *Eros* responsável pela mística que abrasa o cientista em busca da fórmula decifradora das estruturas do real. *Eros* não implica apenas um sentir, mas um con-sentir, não apenas dar-se conta da paixão do mundo mas ter com-paixão; não é um viver mas um con-viver, um sim-patizar e entrar em co-munhão. O próprio do *Eros* é unir o sujeito com o objeto. Mas unir com com-paixão, com entusiasmo, com ardência. Há fogo e calor no *Eros*. Tudo o que está ligado ao *Eros* tem a ver com fantasia, criatividade, irrupção do novo, do surpreendente e do maravilhoso. *Eros* produz fascínio, atração e enfeitiçamento. Os antigos diziam que é um *daimon:* vige nele uma força "demoníaca", a vulcanicidade dos elementos em ebulição. A melhor forma de representarmos o espírito humano é concebê-lo como *Eros*[12], porque a vida do espírito jamais se apresenta como algo pronto e feito, mas como processo e projeto sempre se fazendo, aprofundando-se, regredindo e se recuperando, buscando formas novas e alçando-se para além de qualquer determinação.

Sexo e *Eros* (cuja identificação tantos equívocos trouxe à nossa cultura) se relacionam, mas não se igualam. O grande psicanalista de orientação ontológica Rollo May afirma com razão: "Sexo é um ritmo de estímulo e resposta, *Eros* é um estado do ser. A finalidade do sexo é a gratificação e o alívio da tensão, enquanto que o *Eros* é o desejo, a ânsia e a eterna procura de expansão"[13]. A expressão suprema do *Eros* é o amor oblativo que na comunhão com o outro se entrega na alegria desinteressada e no serviço da pessoa amada ou de Deus. É por força do *Eros* que o amor mantém sua fidelidade, que o missionário sustenta seu compromisso com os últimos na selva agreste ou nas misérias físicas e morais de uma favela. Pervade o *Eros* um permanente im-

---

12. Para Platão *Eros* é energia central que anima o espírito, movendo-o insaciavelmente em busca do belo, do verdadeiro, do justo e do bom. O *Eros* "deseja possuir o Bem eternamente" (*O Banquete*, 203d). Clássicas ficaram as investigações de NYGREN, A. *Eros und Agape* – Gestaltwandlung der christlichen Liebe. Gütersloh, 1930; • SCHOLZ, H. *Eros und Caritas* – Die platonische Liebe und die Liebe im Sinn des Christentums. Halle, 1929; • FUCHS, E. *Le désir et la tendresse*. Genebra, 1980.
13. *Eros e repressão*. Op. cit., p. 80.

pulso para cima, para o mais belo, o mais verdadeiro, o mais justo, o mais humano. Não é sem razão que a tradição platônico-agostiniana via no *Eros* o impulso que nos arrebata para Deus e para os voos místicos da união com Ele, finalmente para o êxtase[14].

2) O Eros *humanizado: a ternura e o cuidado*

O *Eros* pelo seu caráter irruptivo corre permanentemente o risco de se perverter pela *epithymia*, pela concupiscência. Pode degenerar para o orgiástico e para formas de gozo destruidor. O livre curso da impulsionalidade sem a consciência do limite, a instintividade da celebração do valor sem discernir qual é o valor justo (todos os valores valem, mas nem todos valem para cada circunstância) podem evocar os demônios despersonalizadores da existência e da cultura. É como uma represa de água que se rompe; sem contenção, tudo destrói e as águas se perdem em todas as direções, até que novamente encontrem margens que vão configurar o rio. Freud viu claramente que uma civilização se constrói só mediante a disciplina do *Eros*.

É neste contexto que entra a função insubstituível do *Logos*, da razão. É próprio da razão ver claro, ordenar e disciplinar. Compete à razão conferir forma e definir a direção do *Eros*. Mas importa entender o caráter relativo do *Logos*

---

14. HULTGREN, G. Le *commandement d'amour chez Augustin.* Paris, 1939, esp. o último capítulo. É conhecida a frase de Pascal em *Pensées*, fragm. 278: "É o coração que sente Deus e não a razão" e outro fragmento, 277: "Eis o que é a fé: Deus sensível ao coração, não à razão". Observe-se que Pascal não fala de *conhecer* a Deus, mas de *sentir* a Deus, aquele conhecimento que produz a união com Ele.

em face do *Eros*. Na origem está o *Eros* e não o *Logos*. Como já dissemos, este emerge daquele. E aqui surge uma dialética das mais difíceis e dramáticas da história do espírito. O *Logos*, por sua natureza, tende a dominar tudo o que se lhe antolha; há o risco de ele subjugar e recalcar o *Eros* ao invés de apenas conferir-lhe forma e disciplina. O drama da cultura moderna reside exatamente em seus altos níveis de repressão do *Eros*. A hegemonia do *Logos* levou a gestar formas repressivas de vida, trouxe o cerceamento à criatividade e à fantasia; colocou-se sob suspeita fundamental o prazer e o sentimento; a *anima* em sua irradiação de ternura, convivialidade e com-paixão foi soterrada pela inflação do *animus*. Já asseveramos acima que a frieza, a falta de entusiasmo pela vida, o sentimento de que nada tem importância e os grandes mecanismos de controle e repressão são consequência da exacerbação do *Logos* e do recalque das energias do *Eros*. Entretanto, o monopólio do sistema e da ordem introduzidos pela razão nunca deixaram de ser contestados, ao longo de toda a história. Hoje ganhou lastro quase coletivo, o que prenuncia o surgimento de um novo equilíbrio, sem a tirania da razão sobre a espontaneidade do *Eros*, com a possibilidade de uma convivência não repressiva e marcada pela ansiedade. Herbert Marcuse deixou claro, discutindo com Freud, que a força originária da cultura não é tanto a sublimação repressiva, mas o livre autodesenvolvimento do *Eros* que se serve do *Logos* para normar-se, sem entretanto deixar-se soterrar por sua dinâmica dominadora. A luta pela existência é, originalmente, uma luta pela hegemonia do *Eros*. A cultura tem início quando se encontram formas coletivas de sua expansão. Posteriormente, porém, a luta pela existência foi organizada no interesse da segurança e da dominação por parte do *Logos*, transfigurando assim a base "erótica" da cultura. "Quando a filosofia concebeu a essência do ser como *Logos*, é já o *Logos* da dominação – imperativo, dominador, orientando a razão, à qual o homem e a natureza têm de estar sujeitos"[15].

Que acontece quando o *Eros* consegue simultaneamente assegurar sua hegemonia e disciplinar-se mediante a justa utilização do *Logos*? Surge então a ternura e o cuidado como tônicas básicas de uma pessoa e de uma cultura. Quando o *Eros* é deixado a si mesmo aparece a exuberância incontrolada dos sentimentos e das paixões, o sentimentalismo, o desbragado das emoções, o delírio das pulsões, o êxtase orgiástico do prazer. Quando se permite ao *Logos* impor sua dominação aflora a rigidez, a inflexibilidade, a tirania da norma, a dominação da ordem, o rigor da disciplina. No primeiro caso a planta da vida soçobra por excesso de umidade, no segundo, mirra por demasia de aridez. Em ambos os casos a existência vem desumanizada.

Quando, porém, o *Eros* enucleia com soberania a torrente de seu entusiasmo[16] mediante a força disciplinadora do *Logos*, então surge a concomitância de duas características: a ternura e o vigor. A ternura, ou também cuidado, é o *Eros* com-passivo, capaz de sentir e comungar com o outro, que não se detém no gozo de seu próprio impulso, mas descansa no outro com carinho e amor. Por isso que a ternura e o cuidado exigem dar atenção ao outro, estar atento à sua estrutura, mostrar solicitude, crescer junto com o outro.

---

15. *Eros e civilização*. Rio de Janeiro, 1966, p. 118.

16. A palavra *entusiasmo* é muito rica e pertence ao fenômeno que estamos analisando, porque, etimologicamente, significa a presença do Divino na existência: en-*theos*-mos.

Ternura e cuidado devem ser bem distinguidos do sentimentalismo. Este é um problema da subjetividade: o sujeito se autocentra sobre o seu próprio sentimento; o sentimento se sente e se celebra a si mesmo; começa e termina nele mesmo. A ternura e o cuidado, ao contrário, implicam descentramento do sujeito dele mesmo e o concentramento no objeto de sua relação. Pela ternura e o cuidado o objeto é sentido nele mesmo; a pessoa sente a outra pessoa como outra e a ama, se extasia e se deixa fascinar por ela. O objeto ocupa e determina o sujeito. O sujeito deixa suscitar a paixão e a com-paixão a partir do objeto. Demora-se no outro, não pela sensação que o outro lhe causa, mas por causa do outro como outro, pelo fascínio que irradia. Na ternura a relação não é angustiante, porque não há luta de poder e vontade de dominação ou de autossatisfação, mas serena e forte. Ela deixa aparecer brilho que é uma luz não ofuscante, mas adequada à circunstância e à pessoa. A ternura e o cuidado é o *Eros* no seu equilíbrio e na sua regra.

A ternura é ternura porque encerra dentro de si o vigor. O vigor é a presença do *Logos* dentro do *Eros*, mas a serviço da manifestação do *Eros*. Vigor é a contenção sem a dominação, é a lei sem o legalismo, é a direção definida sem a intolerância, é a enucleação sem o recalque. O *Logos* é para o *Eros* o que é a barragem para a imensidão das águas de um açude. Somente pela barragem é que as águas ganham força e podem mover as turbinas, gerar energia, brilhar nas cidades dos homens.

É a ternura e o cuidado que criam o universo das excelências, das significações existenciais, daquilo que vale e ganha importância, em função do qual se pode sacrificar o tempo, o empenho e a própria vida. A raiz básica de nossa crise cultural reside na aterradora falta de ternura e de cuidado de uns para com os outros, de todos para com a natureza e o nosso próprio futuro.

Não é sem razão que um filósofo tão arguto quanto Martin Heidegger tenha colocado a ternura (*Fürsorge*) e o cuidado (*Sorge*) como o fenômeno estruturante da existência[17], como aliás já o sabia o velho mito grego, segundo o qual o deus Cuidado foi quem plasmou o ser humano[18].

Blaise Pascal chama à ternura e ao cuidado de *espírito de fineza* que se contradistingue do *espírito de geometria*: "Este possui um modo de ver lento, duro e inflexível; aquele tem uma flexibilidade de pensamento que se aplica contemporaneamente às diversas partes daquilo que ama"[19]. O coração (a dimensão do coração) é o órgão do espírito de fi-

---

17. *Sein und Zeit*, parte I, c. 6, § 41 e 42.

18. O mito antigo do Cuidado diz assim: "Certo dia, Cuidado, ao atravessar um rio, viu um pouco de argila. Cuidadosamente começou a modelar a figura humana. E, enquanto meditava sobre o que havia feito, apareceu Júpiter, o deus do céu. Cuidado pediu-lhe que soprasse nele o espírito. Júpiter acedeu prazerosamente. Mas quando Cuidado quis colocar o seu próprio nome à criatura que havia moldado, Júpiter lho proibiu, exigindo-lhe que lhe pusesse o seu nome. Enquanto os dois discutiam, a Terra ergueu-se e manifestou o desejo de dar o nome dela à criatura plasmada por Cuidado, pois esta fora feita com parte do seu corpo. Pediram, então, a Saturno (deus do tempo) que fosse o árbitro. Ele tomou a seguinte decisão que pareceu a todos justa: Já que você, Júpiter, lhe deu o espírito, receberá este espírito na hora da morte; e já que você, Terra, deu-lhe o corpo, receberá, depois da morte, o corpo. Mas uma vez que Cuidado foi quem amoldou a criatura, esta ficará na sua posse enquanto viver. E já que vocês discutem acerca do nome a ser-lhe dado, eu quero que seja chamada *Homo*, isto é, feito de húmus da terra". Cf. os comentários de R. May a este mito e às suas variações, *Eros e repressão*. Op. cit., p. 322-336.

19. *Pensées*, p. 125.

neza; ele produz a cordialidade, que é sinônimo de ternura e cuidado. *Coração* para Pascal não significa a expressão da emotividade em sentido psicológico em contraposição à logicidade, não é o sentimento como oposição ao intelecto, mas, num sentido ontológico, é a capacidade do espírito de captar o caráter axiológico do ser, seu fascínio e seu brilho. É o *Eros* na linguagem ontológica dos gregos (não totalmente redutível ao *Eros* freudiano) e por isso o constituinte primeiro da existência humana. O coração e o espírito de fineza constituem a realidade central do ser humano e de uma cultura humanizante.

3) Na direção de uma civilização da convivialidade

A grande busca no pós-guerra é de alternativas à cultura dominante gerenciada pela ciência e pela técnica que trouxeram a realidade do Apocalipse ao alcance das mãos. Não podemos mais continuar nesta via: ela deu tudo o que tinha de dar. Agora manifesta dimensões necrófilas. Demanda-se um novo enraizamento. Isto não significa que possamos prescindir da ciência e da técnica. O que está em causa não é a ciência e a técnica, mas sua tirania, o monopólio que mantêm na organização da convivência humana. Precisamos destes instrumentos para organizar a satisfação coletiva de nossas necessidades básicas. Mas esta operação cultural de garantir a produção e reprodução da vida precisa ser enquadrada dentro de outro sistema de referência, no qual a ciência e a técnica venham libertadas do seu caráter de dominação e de hegemonia.

Quais são as alternativas? O grande debate se situa exatamente nesta busca de alternativas viáveis. Não é suficiente a revisão da trajetória histórica do destino do *Logos* que produziu a ciência e a técnica. A reflexão filosófica, antropológica, psicanalítica e teológica praticamente encerrou esta fase. Da anticultura importa passar para a elaboração dos elementos de uma cultura alternativa. A momentosa questão que se coloca é: sob a hegemonia de que dimensão (valor, opção, estrutura etc.) se estruturam os demais elementos, principalmente a ciência e a técnica, imprescindíveis para o estágio de desenvolvimento que alcançamos? É possível criar uma nova unidade cultural? Se não parece ser, sem mais, possível criar uma integração, pelo menos abre-se o espaço para uma unidade de composição[20], cuja coerência é criada pela *ação*. É pela ação que as instituições (como a ciência e a técnica bem como qualquer outra) se mantêm, se desenvolvem e refazem continuamente um sentido de ser. A ação é o instituinte no instituído; apesar de todos os condicionamentos prévios ela realiza a criatividade originária da existência humana. É pela ação que as várias peças de uma cultura, por mais distantes umas das outras, entram em contato e em interação. A ação por ela mesma é criadora de cultura.

Que tipo de ação se impõe ao homem da pós-modernidade? É a ação consciente do respeito, do cuidado, da ternura, da cor-dialidade e convivialidade. Mas isto só será possível se o homem da modernidade questionar radicalmente o sentido de ser e de viver que se deu a si mesmo nos últimos séculos. Não poderá mais, sem gravíssimos riscos de autodestruição, entender o sentido de ser como dominação e estar-sobre-as-coisas. Sua existência não se exaure somente neste tipo de articulação. Ela pode também con-viver,

---

20. Cf. LADRIÈRE, J. Os *desafios da racionalidade*. Petrópolis, 1979, p. 209.

abrir-se ao respeito e à confraternização, dimensionar-se com ternura e cor-dialidade para com todas as coisas. Mas isto só é possível se organizar a vida e a cultura sob a hegemonia do *Eros* e não mais do *Logos*. Isto não é apenas questão de uma decisão coletiva, é questão de uma prática e de uma educação consciente. Cumpre deixar vir à tona as estruturas arcaicas da vida que são constituídas, como já consideramos, pelo *Eros*, pelo sentimento, pela ordem do coração. Ivan Illich cunhou a expressão *convivialidade*[21]. Pela convivialidade se faz um uso diferente dos imensos instrumentos científico-técnicos postos à nossa disposição, não primariamente para a acumulação, a satisfação desenfreada e individualista e a ativação do princípio do ter, mas para o aumento das relações sociais e interpessoais, para a primazia do dom e da liberdade e o incentivo ao princípio do ser.

Deixar mais espaço ao *Eros*, vale dizer à espontaneidade criativa, à liberdade, à fantasia, à capacidade de manifestar ternura e cuidado, vai gerar um outro equilíbrio multidimensional que nos garante uma forma de vida mais humana e integrada com a natureza e os outros.

Em nível mundial sente-se a força dos movimentos buscando um novo sentido de viver, mais ligado às raízes telúricas, à simplicidade, ao respeito, à ternura para com os outros e cuidado para com a natureza. Começa uma nova hegemonia, aquela do *Eros* e do *Pathos*.

Quem é o portador principal deste novo modo de ser? Os representantes mais visíveis são os jovens, filhos da modernidade, rebentos da Ilustração, descendentes dos mestres da suspeita (Nietzsche, Marx e Freud). Estes não querem mais ser agentes do sistema da dominação racionalista. Mas

---

21. *La convivialità*. Mondadori, 1974, esp. 31s., p. 48-53.

há toda uma classe social, verdadeiro sujeito histórico novo e emergente, as camadas populares e trabalhadoras que parecem ser o portador determinante do novo modelo cultural. A luta pela vida, o trabalho, a exploração fizeram das classes populares os guardiães daqueles valores de que tanto sentimos falta: a hospitalidade, a cordialidade, a colaboração, a solidariedade, o sentido de respeito pelo sagrado de Deus e das coisas naturais, especialmente da vida. Não deixa de ser sintomático que um dos maiores revolucionários modernos, Che Guevara, tenha tomado como lema de sua prática: "*Hay que enrijecerse, pero sin perder la ternura*". A mesma ternura notamos em muitas atitudes de líderes sindicais[22], sensíveis aos gestos simbólicos pequenos, mas cheios de eficácia histórica porque guardam o segredo de toda força transformadora: a mística, o desejo e o entusiasmo para a mudança.

3. Francisco, homem pós-moderno: o triunfo da com-paixão e da ternura

É neste contexto de crise na cultura dominante e de busca de saídas alternativas que refulge a figura de São Francisco de Assis como altamente significativa e evocadora. Toda busca precisa de marcos de referência e de arquétipos que a animem. Uma cultura necessita de personagens heroicos que funcionam como espelhos pelos quais ela se vê a si mesma e se convence dos valores que lhe conferem sentido de ser. Para a nossa época Francisco é mais que um santo da Igreja católica e o pai da família franciscana. Ele constitui a figuração (*Gestalt*) mais cristalina, na história ocidental, daqueles sonhos, daquelas utopias e daquele

---

22. SILVA, Luiz Inácio da (Lula). *Lula sem censura*. Petrópolis, 1981.

modo de relacionar-se pan-fraternalmente que hoje todos buscamos. Ele fala à profundidade mais arcaica da alma moderna porque há um Francisco de Assis escondido dentro de cada um, forcejando por assomar e expandir-se livremente por entre os antolhos da modernidade.

O que mais impressiona o homem moderno ao confrontar-se com a figura de Francisco de Assis é sua inocência, seu entusiasmo pela natureza, sua ternura para com todos os seres, a capacidade de com-paixão pelos pobres e de con-fraternização com todos os elementos, até com a própria morte. Assevera o grande psicanalista ontológico Rollo May: "A inocência é a preservação de uma claridade infantil na idade adulta. Tudo conserva o seu frescor, sua pureza, novidade e cor. Dessa inocência jorram o assombro e o encantamento. Conduz à espiritualidade; é a inocência de São Francisco de Assis em seu sermão aos pássaros"[23]. Pois é exatamente neste aspecto que radica grande parte do fascínio por São Francisco. Max Scheler o colocou como o representante mais importante no Ocidente do modo de relacionar-se na empatia e simpatia: "Trata-se de um encontro único entre o *Eros* e o *Ágape* (de um *Ágape* profundamente penetrado do *Amor Dei* e do *Amor in Deo*), numa alma fontalmente santa e genial; trata-se de uma tão perfeita interpenetração de ambos (*Eros* e *Ágape*) que significa o maior e o mais sublime exemplo de uma espiritualização da matéria e ao mesmo tempo de uma materialização do espírito que jamais me foi dado conhecer. Nunca mais na história do Ocidente emergiu uma figura com tais forças de simpatia e de emoção universal, como encontramos em São Francis-

---

23. MAY, E. *Poder e inocência*. Op. cit., p. 41.

co. Nunca mais se pôde conservar a unidade e a inteireza de todos os elementos como em São Francisco no âmbito da religião, da erótica, da atuação social, da arte e do conhecimento. Antes, a característica própria de todo tempo posterior está em que a unidade forte vivida por São Francisco se diluiu numa crescente multiplicidade de figuras também marcadas pela comoção e pelo coração, nos mais diferentes movimentos, mas articuladas de forma unilateral"[24].

Efetivamente, Francisco libertou as fontes do coração e as vertentes do *Eros*. É o sol de Assis como o chamou Dante[25]. Realizou um admirável acordo entre o *Logos* e o *Pathos*, entre o *Logos* e o *Eros*. Mostrou em sua vida que para ser santo precisa ser humano. E para ser humano é necessário ser sensível e terno. Com o pobre de Assis caíram os véus que encobrem a realidade. Quando sucede isto então se revela que a realidade humana não é uma estrutura rígida, não é um conceito, mas é simpatia, capacidade de com-paixão e de ternura[26]. Porque é assim, depois das lágrimas pode lhe ocorrer o sorriso e diante da morte pode ainda cantar *cantilenae amatoriae*. Em outras palavras, o Adão culpado e o Jó inocente são por ele assumidos com infinita com-paixão e ternura[27].

---

24. SCHELER, M. *Wesen und Formen der Sympathie*. Bonn, 1926, p. 110.

25. Paradiso, cant. XI, 50.

26. Cf. as excelentes reflexões de CONTI, A. *San Francesco*. Florença, 1931, p. 169-173; • SCHNEIDER, E. *Die Stunde des hl. Franziskus von Assisi*. Heidelberg, 1946, p. 100-101.

27. Cf. nesta linha de pensamento DUHOURCAU, F. *Le saint des temps de misère, François d'Assise*. Paris, 1936, p. 379-381; • HESSE, H. *Franz von Assisi*. Berlin: und Leipzig, 1904, p. 8-9: "Francisco casou em seu coração o céu e a terra e inflamou com a brasa da vida eterna o mundo terreno e mortal".

Sigmund Freud reconhecerá que Francisco de Assis foi quem talvez levou mais longe a expressão do amor, capaz de criar laços com os seres mais estranhos[28]. Com efeito, em Francisco se percebe a hegemonia soberana do *Eros* sobre o *Logos*, uma comunhão e confraternização com toda a realidade como nunca se vira antes. Detalhemos um pouco melhor a experiência de base de São Francisco.

1) *Francisco e a vulcanicidade do* Eros *e do desejo*

O *Eros* constitui a dinâmica básica e a força motriz da existência humana. Como Freud o mostrou excelentemente, a manifestação do *Eros* se dá principalmente pela via do desejo. O desejo, por sua parte, como já Aristóteles ensinava[29], é, por natureza, ilimitado *(apeiron)*. Todas as ações visam, fundamentalmente, a satisfazê-lo, sem contudo consegui-lo. Por isso a busca humana se revela incansável e cheia de ânsias, pois o desejo permanece sempre virgem e novo. Francisco emerge como uma das fulgurações mais prodigiosas do *Eros* e do desejo[30]. Pela força do *Eros* e do desejo insaciável tudo nele parece novo; recomeça tudo com o mesmo entusiasmo inicial[31]. O que assume, realiza-o com total entrega. A *Legenda dos Três Companheiros* diz candidamente:

---

28. FREUD, S. *O mal-estar na cultura.* Rio de Janeiro, 1963.

29. *Política* II,7, 1267b, 3-5.

30. Cf. o estudo muito bom de SURIAN, C. *Elementi per una teologia del desiderio e la spiritualità di San Francesco d'Assisi.* Roma, 1973, p. 188-191: *"Francesco, uomo di desiderio".*

31. 1Boaventura XIV,1: no final da vida dizia: "Irmãos, comecemos a servir ao Senhor porque até agora nada fizemos".

"Atormentava-o uma grande ansiedade de espírito. E não sossegava enquanto não visse realizados os seus sonhos que o faziam sofrer a todo instante e duramente. Vivia inflamado interiormente por um fogo divino"[32]. E qual era o desejo que queimava seu coração? As biografias antigas são nisso concordes: "Foi esse seu mais ardente desejo enquanto viveu: consultar os sábios e os simples, os perfeitos e os imperfeitos, os grandes e os pequenos, de que maneira poderia chegar mais facilmente ao cume da perfeição"[33]. E quando descobre no evangelho da missão a vontade de Deus para ele, exclama: "É isso que eu desejo ardentemente; é a isso que aspiro com todas as veras de minha alma... É isso que desejo pôr em prática com todas as minhas forças"[34]. Este desnudamento o levava a identificar-se com os pobres e com o Cristo pobre, pois "sobre todas as coisas desejava dissolver-se e unir-se a Cristo"[35]. O desejo de unir-se a todas as coisas desdobrou-se na mística da fraternidade cósmica e na união com o Todo, expressa no Cântico ao Irmão Sol. Por fim, no Monte Alverne seu desejo de união com o Crucificado irrompe em seu próprio corpo na forma das cinco chagas.

Somente quem deseja o impossível acaba realizando o possível aos limites mortais. Francisco era tomado pelo desejo de radicalidade. O que entendia e se propunha, isso o vivia até suas últimas consequências. Nele não há por um

---

32. Ibid., IV,12.

33. 1Boaventura XII.2; • 1Celano 91.

34. 1Boaventura III,1; • *Legenda dos três companheiros* VIII.25; • 1Celano 22.

35. 1Celano 71; 98.

lado a teoria e por outro a prática[36]. Ambas nele coincidiam de uma forma impressionante. Por isso seu axioma é: "Tanto sabe o homem quanto põe em prática"[37]. A força vigorosa de seu *Eros* explica a misteriosa coerência que guardava com o que dizia e a constância com que vivia a brutalidade da pobreza com paixão e ternura. Ele encarnou o mito, representou visivelmente o arquétipo da perfeita imitação do Cristo humanado. O fascínio que irradiou sobre sua geração e sobre os homens até hoje se deve à vulcanicidade irruptiva de seu *Eros* e de seu desejo, despertando o *Eros* de cada homem que entra em contato com sua figura. Graciosamente diz São Boaventura: "O desejo que o levava a tais gestos (pregar o Evangelho ao Miramolim de Marrocos) era tão poderoso que, apesar de sua saúde precária, ia sempre à frente de seu companheiro de caminhada, e, na pressa de realizar o seu plano, parecia voar, inebriado do Espírito Santo"[38]. Aqui se depreende a vigorosa energia de *Eros* que fervilhava em seu interior[39]. Sem esse *Eros* não há ascensão

---

36. Nos escritos de São Francisco se nota visivelmente o predomínio do "fazer" sobre o "compreender", do coração sobre a razão, do amor sobre a verdade. Assim "fazer" ocorre 170 vezes sobre 5 de "compreender" (das quais 2 são de citações bíblicas); "coração" ocorre 42 vezes sobre 1 de "inteligência" (citando Mc 12,33); "amor" ocorre 23 vezes sobre 12 de "verdade"; "misericórdia" 26 vezes sobre 1 vez de "intelecto". Cf. BOCCALI, I. *Concordantiae verbales opusculorum S. Francisci et S. Clarae Assisiensium.* Assis, 1976; • a *Legenda dos três companheiros* 57 diz bem: "Tudo o que dizia o realizava com presteza e afeto no seu comportamento".

37. *Legenda Perusina* 74.

38. 1Boaventura IX,6; 1Celano 56.

39. A alguém que lhe perguntou certa feita como podia suportar o frio do inverno com trajes tão miseráveis, respondeu: "Se tivéssemos internamente esse fogo que é o desejo da pátria celeste, não teríamos dificuldade em suportar o fogo externo": 1Boaventura V,1.

para Deus, nem busca diligente da perfeição humana. É ele que vence o instinto de acomodação e a lei do menor esforço. É ele que "endemoniza" a existência à procura de novos passos em direção de uma utopia cada vez maior.

2) A penitência, o preço da ternura

Colocando o *Eros* como o operador básico da vida, Francisco abriu as portas para a liberdade, para o impulso e para a expansão espontânea da experiência pessoal. Efetivamente em toda a sua prática percebe-se a valorização do *Pathos* pessoal e de cada irmão que Deus lhe deu. Entretanto o *Eros*, como já consideramos, deixado a si mesmo tende ao orgiástico e ao desbordamento das paixões do corpo e do espírito. O *Eros* pede a disciplina para fazer-se frutuoso e poder expandir-se de forma humanizadora. Assim o caudal formidável de *Eros* em Francisco demandava consequentemente uma canalização cuidadosa. O equilíbrio do *Eros* foi conseguido pela terrível ascese a que se submetia Francisco. Não são poucos os que se escandalizam com as dimensões desumanas de sua austeridade. Como pode o homem da ternura para com as cotovias, as cigarras, o lobo de Gúbio e todos os seres da criação ser tão cruel para consigo mesmo? Boaventura narra que "refreava os estímulos dos sentidos com uma disciplina tão rigorosa que a muito custo admitia o necessário para o seu sustento"[40]. Toda sua vida era entendida como um fazer penitência e sua Ordem como

---

40. 1Boaventura V,1; • cf. 1Celano 40: as duras penitências dos primeiros companheiros.

Ordem dos Penitentes[41]. O sentido da penitência não deve tanto ser buscado nas extravagâncias da austeridade, mas na busca do homem novo, consoante a perspectiva da *metanoia* do Novo Testamento. A morti-ficação, como a filologia da palavra o sugere, consiste na ação que dá morte ao desregramento das paixões para que sua força criadora possa ser orientada à santidade e à humanização. Era este o sentido que Francisco dava às privações: o submetimento do corpo para que fosse fiel ao seu projeto de servir a Deus de forma plena e radical. Francisco deixa entender muito bem que a rudeza das penitências constituía a medida adequada ao seu *Eros* interior[42]. Por isso, embora rigoroso para consigo mesmo, não o era para os irmãos; pelo contrário "repugnava a excessiva severidade que não se reveste de entranhas de misericórdia, nem é condimentada com o sal da medida"[43]. São conhecidos os gestos de liberalidade e ternura para com os irmãos que não conseguiam manter-se no rigor da penitência; interrompe o jejum e come com o irmão que gritava de fome[44]. Ele mesmo dita normas de como

---

41. Cf. a obra de dois grandes franciscanólogos alemães toda centrada nesta perspectiva: ESSER, K. & GRAU, E. *Antwort der Liebe*. Werl/West., 1958; • DUKKER, Ch. *Umkehr des Herzens*. Werl/West., 1956.

42. 2Celano 211.

43. 1Boaventura V,7; • a *Legenda Perusina* começa assim: "Da austeridade do santo para consigo mesmo e da discreta brandura para com os outros".

44. 1Boaventura V,7; • 2Celano 22; • *Legenda Perusina* 1; • *Espelho da Perfeição* 27. Com outro irmão come de manhã cachos de uva (*Legenda Perusina* 5). Era indulgente também para consigo mesmo; na sua enfermidade pediu para comer peixe, tomar vinho, ouvir música e os doces de frei Jacoba de Settesoli (1Boaventura V,10; *Legenda Perusina* 29; *Espelho da Perfeição* 28).

tratar o corpo: "Devemos cuidar discretamente do irmão corpo, para que não levante a tempestade da tristeza. Para que não se enjoe de vigiar e de permanecer reverentemente em oração, não podemos dar-lhe razões para se queixar: Estou morrendo de fome, não aguento o peso de teu sacrifício. Mas, se vier com essas queixas depois de ter devorado uma ração suficiente, podeis saber que o jumento vagabundo está precisando de esporas e que o burrinho empacado está esperando chicote"[45]. Poder falar assim é ser livre e é estar já para além da penitência. Por isso, se apiada do próprio corpo e com carinho lhe diz: "Alegra-te, irmão corpo, e me perdoa, porque agora vou tratar de cumprir com gosto tuas vontades, vou me apressar a atender tuas reclamações"[46].

As penitências, portanto, estão a serviço da conquista da medida e da disciplina sem as quais não há personalidade madura. Quem se entrega ao *Eros* deve se entregar, como Francisco, à conquista da disciplina das paixões. Francisco reconhece que as penitências lhe trouxeram o completo acordo entre espírito e corpo, entre vontade de ascensão e obediência da passionalidade. Ao irmãozinho que lhe perguntava com que diligência o corpo lhe obedecia, o santo responde: "Posso testemunhar que o corpo sempre foi obediente... só quis cumprir o que eu mandava. Neste ponto estamos completamente de acordo eu e ele: servimos ao Senhor Jesus Cristo sem nenhuma repugnância"[47]. O *Eros* triunfa sobre si mesmo ao expandir-se dentro de um projeto assumido com toda a radicalidade. O resulta-

---

45. 2Celano 129.
46. 2Celano 211; • cf *Legenda Perusina* 96.
47. 2Celano 211.

do desta orientação da passionalidade do *Eros* é a ternura, a compaixão, a capacidade de transcender e de viver a liberdade que consiste no gozo da autodeterminação. Francisco conquistou a duras penas esta liberdade e o brilho da vida em sua nascividade, graças ao rigor das penitências. Aqui reside o segredo do fascínio que irradia de seu *Pathos* pela vida. A penitência aparentemente tão desumana significa o preço a pagar por sua profunda humanidade. A ternura verdadeira nasce do rigor. Este binômio é expresso por Francisco numa pequena fórmula no início do texto-fundador: "A regra e a vida dos frades menores é esta..." A *vida* marca a presença do *Eros*, a explosão da energia e a *regra* sua ordenação e integração. A regra não visa substituir a *vida*, mas dar-lhe rigor e perfil.

3) *Ternura e cuidado para com os pobres*

A ternura de Francisco se mostra especialmente nos relacionamentos humanos. Rompe a rigidez da hierarquia feudal e chama a todos os homens de irmãos. Ele mesmo se deixa chamar de irmãozinho (*fratello*)[48]. "Queria que os maiores se unissem aos menores, que os sábios se ligassem aos simples por um amor fraterno e que os afastados se sentissem ligados por um amor de união"[49]. Tais afirmações não possuem um conteúdo teórico, mas afetivo. Ele tratava efetivamente a todos com suma cortesia, até os sarracenos e infiéis e os próprios ladrões: "Irmãos ladrões, vinde cá! Nós somos irmãos e trazemos bom vinho!"[50] Celano em sua bio-

---

48. *Crônica de Frei Jordão de Jano* 17.
49. 2Celano 191.
50. *Legenda Perusina* 90.

grafia repetidamente volta ao tema da ternura e afabilidade do trato de Francisco[51]: "Como era bonito... na caridade fraterna... no trato afetuoso... muito oportuno quando dava conselhos, sempre fiel a suas obrigações"[52]. Ouvia a cada um com tanta atenção como se estivesse ouvindo a toda uma multidão.

Ternura particularíssima dedicava aos pobres e aos mais pobres entre os pobres, os leprosos. As biografias são unânimes em afirmar que sua primeira conversão foi para os pobres e crucificados e a partir daí para o Cristo pobre, o Crucificado. Como jovem, na loja de tecidos de seu pai, tinha misericórdia para com eles[53]. Estando ainda no século "muitas vezes despiu-se para vestir os pobres, procurando assemelhar-se a eles se não de fato, nesse tempo, pelo menos, de todo coração"[54]. Após a conversão, o pobre e o Cristo pobre constituem para ele uma única paixão. "O ânimo de Francisco se co-movia à vista dos pobres e aos que não podia atender com socorros demonstrava-lhes sincero afeto"[55]. Não admitia encontrar alguém mais pobre que ele: dava-lhe o manto, um pedaço de hábito ou até as próprias roupas, ficando nu e exposto à irrisão de todos. O biógrafo

---

51. Cf. 1Celano 2: "Agia com humanidade, muito terno e afável"; 17: "Ajudava também os outros pobres, mesmo quando ainda era secular e seguia o espírito do mundo, estendendo sua mão misericordiosa para os que não tinham nada e mostrando compassivo afeto para com os aflitos..."; 83: "Como era bonito... na caridade fraterna, no trato afetuoso... muito oportuno quando dava conselhos, sempre fiel às suas obrigações".

52. 1Celano 83.

53. 1Boaventura I,1; • 2Celano 8.

54. 2Celano 8.

55. Ibid., 83, 175.

explica o sentido de tais gestos: "Sofria ao encontrar outro mais pobre que ele, não por vã glória, mas unicamente por um afeto de terna compaixão"[56]. Como se depreende, a ternura e a compaixão estão na raiz de seu relacionamento profundamente humanitário.

Mas de modo especialíssimo nutria afeto e ternura para com os últimos dos homens, os leprosos. Nada lhe parecia mais abominável que as misérias dos leprosos. Sua conversão significou uma penetração mais e mais profunda no mistério desta realidade inumana. Mas "o Senhor mesmo me conduziu para o meio deles e tive miseri-*cór*-dia deles", diz em seu Testamento[57]. Passou a morar nos leprosários, tinha cuidado de suas chagas, alimentava-os, desdobrava-se em carinho e beijava-os na boca[58]. Os primeiros frades viviam nos leprosários e no cuidado dos leprosos[59]. No final da vida, no meio da crise da Ordem, voltou ao serviço afetuoso destes irmãos que lhe atualizavam continuamente o Servo sofredor Jesus Cristo[60].

Sua ternura e cuidado pelos pobres era tanta que sequer admitia pensar mal deles. Como exemplo, atente-se para a correção imposta por Francisco a um irmão que falava mal de um pobre. Dizia um frade a Francisco que diante de "um pobrezinho transformara a compaixão em afeto do

---

56. 1Celano 75; • cf. as pertinentes reflexões de BEYSCHLAG, K. *Die Bergpredigt und Franz von Assisi*. Gütersloh, 1955, p. 189-200: "O problema da misericórdia em Francisco".

57. Testamento 1.

58. 1Celano 17; • 2Celano 9.

59. *Espelho da Perfeição* 44.

60. 1Celano 103.

coração": "É verdade que esse aí é pobre, mas na região inteira não deve haver outro mais rico que ele em desejo!" Francisco o repreendeu na hora e mandou que lhe pedisse desculpas: "Anda depressa, tira tua túnica, ajoelha-te diante do pobre e proclama que és culpado! Não peças apenas o perdão, roga também que ele reze por ti!"[61]

Esta atitude de ternura e de carinho para além do princípio do prazer é a fonte que alimenta a verdade das relações humanas. O homem não vive apenas do pão necessário à sobrevivência. Quer viver humanamente. E viver humanamente significa sentir-se acolhido com calor como quem ouve, apesar de toda sua miséria física e moral: "É bom que tu existes, irmão! Sê bem-vindo no nosso meio. O sol é também teu, o ar é nosso e o amor pode ligar nossos corações!" Francisco entendeu, genialmente, com intuição certeira que não basta a transcendência, vale dizer, a irrupção para cima em busca do último mistério que se chama Pai. A transcendência sozinha não revela a verdade total do ser humano, pois só encontra a luz, o esplendor do bem, a positividade em modo do absoluto, Deus. É certamente uma plenitude, mas não é ainda a integração.

Para se chegar a uma plenitude de integração precisa-se fazer a experiência da trans-descendência, experiência que todos temem e fogem porque se aterram com o vácuo, a solidão, o sofrimento e a morte. Com isso perdem a plena realização humana, como Cristo a fez em seu mistério pascal de morte e de ressurreição. Pela trans-descendência o homem se abre para baixo, irrompe para o tenebroso da pobreza estigmatizada nos corpos dos explorados e dos le-

---

61. 2Celano 85; • cf. a autopunição por julgar ter ofendido a um pobre em *Espelho da Perfeição* 58.

prosos. Assumindo-os com carinho e ternura os integra ao convívio humano, no mais íntimo dele que é o coração compadecido. Na sua própria dor o homem se sente curado porque é acolhido no universo dos humanos. Quem fez a totalidade desta experiência de transcendência e de trans-descendência como Francisco pode, do fundo do coração, cantar o hino a todas as criaturas, porque se debruçou sobre todas, como sobre uma fonte, e as ouviu cantar.

4) Ternura e com-paixão pela paixão de Deus

A descoberta dos crucificados históricos levou Francisco à descoberta do Deus da experiência originária do cristianismo, do Absoluto crucificado. Foi somente depois de 2 anos de convívio com os pobres e leprosos que ouviu a mensagem dos lábios do Crucificado de São Damião. O carisma pessoal consistiu em propor-se, com todas as veras de sua alma, viver a forma do Santo Evangelho[62]. Para Francisco o Evangelho é Cristo. Cristo é sua *vestigia* (palavras e gesta) em sua condição histórica concreta, a *pobreza*. Por isso a expressão que atravessa todos os escritos franciscanos primitivos é *sequi vestigia et pauper-tatem eius*[63]. A novidade do Poverello não reside em tentar viver a radicalidade evangélica. As pesquisas históricas[64] deixaram claro que esse ideal

---

62. Cf. o estudo minucioso de ESCOBAR, F. Uribe. *Struttura e specificità delia vita religiosa secando la regola e gli opuscoli de S. Francesco d'Assisi*. Roma, 1979, p. 314-322.

63. Este conceito perpassa os textos franciscanos: Carta a Frei Leão; Admoestação 6; *Espelho da Perfeição* 43; 1Celano 84; 115; 2Celano 17; 216; *Crônica de Frei Jordão de Jano* 2.

64. A melhor é ainda a de GRUNDMANN, H. *Religiöse Bewegungen im Mittelalter*. Hildesheim, 1961.

foi participado pelos principais grupos espirituais do século XII e XIII. Nem reside no seguimento de Jesus (propor-se viver a partir da experiência e das atitudes axiais de Jesus) nem em sua imitação (reprodução de seus gestos históricos). Tudo isto era vivido pelos movimentos pauperistas e evangelistas anteriores e contemporâneos. Francisco queria reproduzir e representar a vida de Jesus. Daí ser a insistência na literalidade e a recusa a toda e qualquer glosa ao evangelho o cerne de sua preocupação. Há em toda a sua vida uma vontade visível de teatralizar o mistério de Jesus. Neste contexto a forma como estabelece o discipulado, a celebração da ceia-testamento com os seus no termo da vida[65] e a estigmatização no Monte Alverne ganham sua adequada configuração. Evidentemente a representação não se atém à exterioridade, embora esta seja decisiva. A exterioridade está a serviço de uma experiência de identificação com Cristo em sua humanidade[66]. A representação teatral deixa de ser o que é e passa a ser uma vida em conformidade com o caminho de Jesus.

É aqui que aflora a dimensão de com-paixão e ternura na experiência de Francisco. Nele como em poucos místicos do cristianismo eclode, originalíssima, a experiência tí-

---

65. 2Celano 217; • *Legenda Perusina* 117; • *Espelho da Perfeição* 68; • 1Boaventura XIV,4.

66. Cf. o meu estudo comparativo da experiência de Jesus e daquela de Francisco: Jesus de Nazaré e Francisco de Assis. In: *Nosso Irmão Francisco de Assis*. Petrópolis, 1975, p. 111-135; • cf. 1Celano 84: "Sua maior intenção, seu desejo principal e plano supremo era observar o Evangelho em tudo e por tudo, imitando com perfeição, atenção, esforço, dedicação e fervor os passos de Nosso Senhor Jesus Cristo no seguimento de sua doutrina".

pica do Deus do Novo Testamento. Não se trata mais de experimentar o Deus do mistério, para além de qualquer representação e, por isso, o Altíssimo. Esta experiência das religiões, do judaísmo bíblico e de todo o monoteísmo também se encontra, maravilhosamente atestada, em São Francisco[67]. Mas nisso não aparece sua originalidade. Esta é surpreendida no mistério da encarnação entendida como *kenose*, humilhação e identificação com o mais baixo, por parte de Deus. Francisco intuiu, certamente, a partir dos miseráveis e da presença de Deus neles[68], que aqui reside o coração íntimo e secreto do cristianismo. O que o comove e o "torna ébrio de amor e de compaixão por Cristo"[69] é o fato de Deus nele ter-se feito nosso irmão e irmã na pobreza e humildade: "Que coisa santa e querida, tranquila e humilde, pacífica e suave e amável e desejável sobre todas as coisas é ter um tal Irmão: um irmão que deu sua vida por suas ovelhas; um irmão que rezou a seu Pai por nós"[70]. Como se depreende, os adjetivos encerram forte conteúdo de ternura e de comoção cordial.

A experiência pessoal de Francisco consiste no encontro com Deus na pequenez da encarnação. Para •ele, o mistério da encarnação não vem representado numa fórmula metafísica dos grandes concílios cristológicos de Éfeso (325) e de Calcedônia (451) em termos de natureza e de pessoa.

---

67. Cf. as várias orações nos opúsculos, principalmente o capítulo 23 da Regra Não Bulada.

68. Cf. 2Celano 85.

69. *Espelho da Perfeição* 93; • cf. 1Celano 84: "Gostaria tanto de lembrar a humildade de sua encarnação e o amor de sua paixão, que nem queria pensar em outra coisa".

70. Carta aos fiéis (II) 56.

Diante de fórmulas abstratas, embora corretas, ninguém se comove, pois somente a inteligência é solicitada. Como já dizíamos, nas pegadas de Pascal e de A. de Saint-Exupèry: "É o coração que sente a Deus, não a razão" e "só se vê bem com o coração; o essencial é invisível aos olhos". Para Francisco a encarnação é um mistério da simpatia e empatia divinas, como diziam os Padres gregos. Deus se sente atraído, apaixonadamente, para dentro da natureza humana. Para Francisco, dizer Deus encarnado é dizer Deus menino que chora, que é amamentado, que sorri. É representar-se concretamente a vida de Jesus nas poeirentas estradas da Palestina, suas diatribes com os fariseus, seu convívio com os Apóstolos, sua fome, sua sede, seu amor por Marta, Maria e Lázaro, sua angústia no Horto das Oliveiras, seu desespero na cruz.

Qual é a atitude humana, perpassada de fé, face a tal realidade divina nos moldes de nossa insignificância? É a ternura e a com-paixão. Pois foi isso que viveu numa intensidade genial São Francisco. Ouçamos o que nos diz seu primeiro biógrafo, Tomás de Celano: "Mais do que qualquer outra solenidade, Francisco celebrava o Natal com uma alegria inefável, dizendo que era a festa das festas, pois neste dia Deus se fez menino e sugou o leite como todos os filhos dos homens"[71]. Atente-se bem: não sabe apenas que neste menino está a natureza divina e humana suportada pela única pessoa do Verbo; comove-se que este menino sugou leite e fez tudo o que um menino faz. Ora Deus sugou leite, choramingou, foi acariciado e dormiu. Isto é para Francisco objeto da com-paixão e de experiência de ternu-

---

71. 2Celano 199.

ra. Ao mandar representar o presépio vivo, pela primeira vez na história, em Greccio, diz Francisco: "Quero evocar a lembrança do Menino que nasceu em Belém e todos os incômodos que sofreu desde sua infância; quero vê-lo tal qual ele era, deitado numa manjedoura e dormindo sobre o feno, entre um boi e um burrinho"[72]. Não só; no seu afã de representação queria que neste dia todos os que tivessem um boi e um burro em suas casas tratassem fartamente estes animais, queria que os frades comessem carne e revestissem as paredes das celas de carne em homenagem a Deus que se fez carne[73].

Celano, apelando para o testemunho dos irmãos, afirma: "Os irmãos que viveram com ele sabem com quanta *ternura* e suavidade, cada dia e continuamente, falava-lhes de Jesus. Sua boca falava da abundância de seu coração e a gente teria dito que a fonte do puro amor, que enchia sua alma, jorrava de sua superabundância"[74].

Particular ternura devotava à Paixão de Jesus Cristo: "Chorava em voz alta pela Paixão de Cristo, como se tivesse diante de si, constantemente, a visão dela. Na rua ouviam-se os seus gemidos; lembrando-se das chagas de Cristo, recusava todo consolo"[75]. Uma experiência fundante

---

72. 1Celano 84.

73. 2Celano 199-200. Francisco nutria uma devoção profunda à SS. Eucaristia. A insignificância dos elementos materiais, pão e vinho, prolongavam para ele a humildade do mistério da encarnação. "O sacramento do corpo do Senhor o inflamava de amor até o fundo do coração; admirava, pasmado, uma misericórdia amorosa e um amor tão misericordioso": 1Boaventura IX,2.

74. 1Celano 115.

75. 2Celano 11.

ocorreu quando "rezava profundamente comovido"[76] diante do Crucifixo de São Damião. Ao compreender que sua missão é reconstruir a Igreja que se encontra em ruínas, diz o biógrafo: "Desde esse momento se fixou em sua alma a santa com-paixão do Crucificado. Os estigmas ficaram profundamente impressos na alma"[77]. A meditação da paixão de Jesus provocava nele uma terna com-paixão; como bem diz Boaventura, resumindo a atitude básica do santo Fundador: "Um terno sentimento de compaixão o transformava naquele que quis ser crucificado"[78].

Como já asseveramos anteriormente a com-paixão não deve ser confundida com o dolorismo pelo qual a pessoa se satisfaz com o próprio sentimento de dor. Na com-paixão busca-se uma identificação com a dor do outro; é sentir junto, sofrer em comunhão. Esta vontade de transportar-se para dentro do outro é o próprio do *Eros* e do *Pathos*, vividos intensamente por Francisco. Ele é um homem cordial, do coração. O coração que fora colocado pela cultura e também pelo cristianismo oficial sob suspeita ganha em São Francisco o seu lugar. O coração sente, canta, louva, vibra, chora, se compadece. O coração sente o pulsar de outro coração. Em tudo se percebe esta força vulcânica do coração, domesticada, no entanto, pela penitência e pela cruz.

Esta com-paixão encontrou seu paroxismo na experiência mística do Monte Alverne, dois anos antes da morte de Francisco. No silêncio e nas pedras jejua 40 dias. Quer a radical identificação com o Crucificado. Pede duas graças, a dor e o amor: "Senhor meu Jesus Cristo, duas graças te

---

76. 2Celano 10.

77. Ibid.

78. 1Boaventura VIII,3.

peço que me faças antes que eu morra: a primeira é que em vida eu sinta na alma e no corpo, quanto for possível, aquelas dores que tu, doce Jesus, suportaste na hora da tua acerbíssima paixão; a segunda é que eu sinta no meu coração, quanto for possível, aquele excessivo amor do qual tu, Filho de Deus, estavas inflamado para voluntariamente suportar uma tal paixão por nós pecadores"[79]. O relato conta que a meditação da Paixão era tão intensa que "Francisco todo se transformara em Jesus pelo amor e pela com-paixão"[80]. E ao ver o Crucificado em forma de Serafim, comenta S. Boaventura, "Francisco tinha tanta com-paixão que uma espada lhe atravessou o coração"[81]. Por um "incêndio mental", como dizem os *Fioretti*, se produziu no Poverello a expressa similitude do Cristo crucificado[82]. Foi então que a montanha inteira, segundo o relato simbólico, também se incandesceu e "parecia arder em chama esplendidíssima a qual resplendia e iluminava todos os montes e vales vizinhos, como se houvesse sol sobre a terra"[83]. Nesta *beata passio et compassio* se produziu a máxima identificação de um homem com o seu Protótipo. "Que homem verdadeiramente cristão! Ele quis viver como vivia Cristo, morrer como Ele morreu, ficar como Ele, cadáver abandonado depois da morte, e mereceu a honra de ver impressa em seu corpo tão perfeita semelhança"[84].

---

79. *Fioretti*, Dos sacrossantos estigmas de São Francisco e de suas considerações; consideração III, *Escritos de São Francisco de Assis* (fontes), 1210.

80. Ibid.

81. 1Boaventura XIII,3.

82. Consideração III, 1211.

83. Ibid.

84. 1Boaventura XIV,4. Para toda esta questão cf. SCHMUCKI, O. *Das Leiden Christi im Leben des hl. Franziskus von Assisi*. Roma, 1960.

Francisco configurou, genialmente, este ideal de santidade que procede pela "emocionalidade extática"[85], pela vontade de identificação com o outro, especialmente o menor e o mais sofrido, pela via da ternura e da com-paixão.

5) Ternura para com Santa Clara: a integração do feminino

Quem revela ter em si uma fonte borbulhante de ternura deverá tê-la extravasado também para com a pessoa querida. Como integrou Francisco o feminino em sua vida? Todo varão cresce e amadurece sob o olhar da mulher e toda mulher desabrocha para a sua identidade adulta sob o olhar do varão[86]. É nesta relação dialética que se desdobram as potencialidades de ternura e de cuidado, sem as quais a vida humana mirra ou se enrijece. Os caminhos desta integração são os mais tormentosos e dramáticos da aventura humana. Com Francisco não foi diferente.

O feminino e o masculino constituem determinações ontológicas de cada ser humano de sorte que cada um traz algo do outro dentro de si mesmo. Varão e mulher formam a diferença no interior da unidade humana, mas esta diferença não se encapsula sobre si mesma contra o outro, mas se abre numa profunda reciprocidade. Cabe ao varão integrar a *anima* que vigora dentro dele, vale dizer, a dimensão da ternura, do cuidado, da acolhida, da sensibilidade intuitiva, de tudo o que estiver ligado ao mistério da vida e da geração. Como cabe à mulher integrar a dimensão de *animus* que existe dentro de sua existência, vale dizer, da objetividade do mundo, da racionalidade, da ordenação e da di-

---

85. CLASEN, S. Das Heiligkeitsideal im Wandeln der Zeiten. In: *Wissenschaft und Weisheit* 33. 1970, p. 133-164, aqui p. 142.

86. Para uma teoria do feminino e do masculino cf. BOFF, L. O *rosto materno de Deus*. Petrópolis: Vozes, 1979.

reção, de tudo o que estiver ligado à história. No equilíbrio difícil destes dois polos, solar um e lunar outro, se constrói o perfil de cada pessoa humana e a riqueza de sua profundidade. Em Francisco encontramos uma das sínteses mais felizes que a cultura ocidental e cristã elaborou. Nele existe todo o vigor do *animus* e admiramos, simultaneamente, uma extraordinária expansão da *anima*. Sem machismo nem feminismo, sem fragilidade nem rigidez nele aflora, harmoniosamente, um vigor terno e uma ternura vigorosa que constituem o brilho e o encanto arquetípico de sua personalidade.

Francisco tem nítida consciência de que esta liberdade de amar não se consegue sem um preço. Vivemos numa situação decadente. Existe a passionalidade, a força sedutora do *Eros*, as ilusões do imaginário (a pessoa amada é sempre a pessoa imaginada). Por isso se entendem neste campo uma especial vigilância e ascese nas atitudes de São Francisco. O esforço de disciplina visa manter a altura humana numa realidade que, se por um lado deixa realizar o *Eros* até a suprema expressão do *Ágape*, por outro pode conhecer depravações na forma da dominação e da obsessão.

Para se entender o relacionamento terno de Francisco com Clara importa considerar o sentido específico de pureza que ele dá em seus escritos[87]. Evidentemente, faz parte do seguimento estrito de Jesus Cristo, a vida totalmente consagrada a Deus no celibato e na castidade. Entretanto, não basta a renúncia às relações matrimoniais para viver na pureza. Para Francisco pureza é sinônimo de liberdade. Só é puro quem é livre dos apegos que traduzem os falsos absolutos da vida: a autopromoção, o acúmulo de honra, fama, riqueza e poder, santida-

---

87. ESSER, K. Liberta d'amare. In: *Temi spirituali*. Milão, 1973, p. 121-137;
• ROHR, E. *Der Herr und Franziskus*. Werl/West., 1966, p. 214-221.

de como conquista pessoal etc[88]. Para Francisco só Deus é o sumo Bem e todo o Bem; Ele não admite concorrentes de qualquer espécie. Encontrar substitutivos para Deus, isto é fazer-se impuro. Ser puro é ser livre para o absoluto de Deus. Isso não significa que a busca dos valores deste século seja desprovida de significação. É uma significação finita e assim é amada e alegremente cantada pelo seráfico de Assis. Em termos do relacionamento varão-mulher não significa um corte na ternura e no amor, mas sua ordenação a um Amor maior. O varão ou respectivamente a mulher não podem ser o absoluto do coração humano, caso contrário Deus não seria o primeiro e o único. Pureza no sentido de Francisco é amarem-se os irmãos e as irmãs de tal forma que o amor de Deus e a Deus aumente e seja até saboreado já neste mundo. Somente então os puros verão a Deus particularmente presente nos irmãos e nas irmãs.

Na relação de Francisco com Clara vigora esta pureza em grau eminente. Entre ambos existem amor e relações de ternura extraordinária, mas ao mesmo tempo uma transparência de intenções e convergência no amor de Deus contra toda e qualquer suspeita[89]. Existe aí algo de misterioso, de eros e de agape, de fascinação e de transfiguração[90].

---

88. Admoestação 16; • Regra Não Bulada 22; • Regra 10.

89. Cf. alguns títulos sobre o tema: ERIKSON, J.M. *Saini Francis and His Four Ladies*. Nova York, 1970; • ZARRI, A. Francesco e Chiara: una proposta. In: *Francesco e altro* VV.AA. Roma, 1976, p. 145-164; • ROMAGNOLO, E. La donna nella vita e nel pensiero di Francesco d'Assisi. In: *Francesco d'Assisi nel 750° anno della morte (1226-1976)*. Jerusalém, 1976, p. 145-159; • DJARI, L.-A. Un Saint pour temps de crise. In: *Evangile aujourd'hui* 69, 1971, p. 51-57; • LAINATI, C.A. Clara, la mujer de la esperanza, In: *Selecciones de franciscanismo* 2, 1973, p. 127-134.

90. ELCID, D. *Clara de Asis* – La hermana ideal de San Francisco. Madrid, 1981, p. 132-136.

Na Legenda de Santa Clara há referências explícitas à mútua atração entre ambos, quando jovens, Francisco já convertido e Clara ainda na casa paterna[91]. Clara, sabendo da fama do jovem convertido, "desejava com frequência senti-lo e vê-lo"[92]. O relato continua: "Não era menor o desejo de Francisco, que por sua vez havia escutado decantar a menina assim rica de graça, de encontrá-la e de vê-la"[93]. Clara visitava com mais frequência a Francisco e "regulavam os encontros de modo tal que aquela divina atração pudesse passar despercebida aos olhos dos homens evitando os diz-que-diz-ques públicos"[94]. Às ocultas, acompanhada somente de uma pessoa, Clara se encontrava com Francisco. As palavras dele lhe pareciam "chamas" e suas "obras sobre-humanas": linguagem própria, como se vê, dos enamorados.

Uma antiga lenda conserva a candura deste amor terno e puro[95]: "Certa feita houve murmurações sobre a relação mística de Francisco e de Clara. Francisco ouviu alusões inconvenientes. Disse então a Clara: Compreendeste, irmã, o que o povo diz de nós? Clara não respondeu. Sentiu que seu coração estava parando e que, se dissesse uma palavra mais, iria chorar. É tempo de separar-nos, disse Francisco. Tu

---

91. Para os dados biográficos básicos cf. ENGLEBERT, O. *Vida de San Francisco de Asis*. Santiago do Chile, 1974, p. 186-205.

92. *Legenda de Santa Clara* 5. In: Os *escritos de Santa Clara*. Petrópolis: Vozes, 1981.

93. Ibid.

94. Ibid.

95. Cf. NIGG, W. O *homem de Assis*. Petrópolis, 1975, p. 32-33; • VON GALLI, M. *Gelebte Zukunft*: Franz von Assisi. Luzerna e Frankfurt, 1970, p. 181.

vais à frente e, antes de vir a noite, terás chegado ao convento. Eu irei sozinho e te acompanharei de longe, conforme o Senhor me conduzir. Clara ajoelhou-se no meio do caminho. Pouco tempo depois recuperou-se, levantou-se e continuou a caminhar, sem olhar para trás. O caminho passava por um bosque. De repente, ela se sentiu sem forças, sem consolo e sem esperança, sem uma palavra de despedida para se separar de Francisco. Esperou um pouco. Pai, disse, quando nos veremos novamente? Quando o verão voltar, quando as rosas florescerem, respondeu Francisco. E então, naquele momento, algo maravilhoso aconteceu. Parecia que por sobre os campos cobertos de neve irrompessem milhares e milhares de flores multicores. Depois de uma perplexidade inicial, Clara se apressou, colheu um ramalhete de rosas e o entregou nas mãos de Francisco". E a lenda termina dizendo: "Desde aquele momento em diante, Francisco e Clara nunca mais se separaram".

Estamos diante da linguagem simbólica das lendas. Mas são elas que guardam a grandiosidade dos fatos primordiais do coração[96]. "Francisco e Clara jamais se separaram", quer dizer, ambos estavam tão unidos num mesmo projeto evangélico, tão fortemente ligados a uma realidade terceira, à frente e acima deles, Cristo pobre, seu evangelho e o serviço aos pobres, que efetivamente jamais saíram um do coração do outro. Um e outro tinham o coração ancorado em Deus. Por isso para eles o espaço e o tempo já não contavam mais. Efetivamente, como diz uma testemunha da canonização de Clara, Francisco lhe comunicara a substância

---

96. Cf. o belo comentário de NIGG, W. *O homem de Assis*. Op. cit., p. 33.

mesma da vida, "lhe parecia ouro de tal forma claro e lúcido que ela se via toda clara nele como se fosse num espelho"[97].

Conhecemos a história. Por instâncias de Francisco, a jovem Clara, toda adornada como uma noiva, foge de casa à noite. Francisco e os companheiros a esperam com tochas acesas perto da Porciúncula. Cortam-lhe os cabelos longos e louros, ainda hoje conservados, e "como se fosse diante do tálamo nupcial da Virgem, a humilde serva foi esposada por Cristo" por mão de Francisco.[98] A própria Clara se chama a si mesma carinhosamente de "plantinha do beatíssimo Pai Francisco" (*plantula, plantuncula*)[99]. Clara era "enamorada da pobreza"[100] como Francisco. Este "prometeu cuidar de Clara e de suas irmãs como a seus próprios irmãos"[101], como o diz a própria Clara em sua Regra.

O amor que nutriam entre si, ultrapassado permanentemente pelo amor de ambos aos pobres e a Cristo, os fazia espiritualmente gêmeos. Francisco quando em dúvida sobre sua própria vocação encarrega Clara e suas irmãs de pedir luzes de Deus[102]. E quando ela sofre pressões por causa do "privilégio da pobreza radical" (excluir bens e heranças) por parte do Papa, Francisco também se preocupa do fundo

---

97. Processo de canonização 111,29. In: *Fonti Francescane*. Assis, 1978, p. 2995.

98. *Legenda de Santa Clara* 7-9; "Ela deu seu coração a São Francisco e Francisco em resposta a consagrou a Deus": ROBINSON, P. *The Life of St. Clare*. Londres, 1915, p. 36.

99. Regra de Santa Clara 1,3; Testamento de Santa Clara 49; • *Espelho da Perfeição* 108.

100. *Legenda de Santa Clara* 14.

101. Regra de Santa Clara VI,3-5.

102. 1Boaventura XII,2; • *Fioretti* 16.

do coração[103]. "Certa feita, cansado, chega a uma fonte de águas borbulhantes. Põe-se a olhar, por longos instantes, para as águas claras. Depois, torna a si e diz alegremente a Frei Leão: Frei Leão, ovelhinha de Deus, que pensas que vi nas águas claras do poço? A lua, pai, que se espelha lá dentro! Não, irmão, não vi a irmã lua, mas sim, por uma graça especial de Deus, vi o rosto claro de nossa irmã Clara, cheio de santa alegria, de sorte que todas as minhas dúvidas passaram."

Outra vez, estão Francisco e Clara comendo em Santa Maria dos Anjos. E enquanto sentavam ao chão, incendiou-se-lhes o coração do amor de Deus. Foi quando os habitantes das redondezas viram a igreja, a casa e os bosques circundantes como que incandescentes. Acorrem para salvá-los das chamas. E por espanto encontram Francisco e Clara e os irmãos em êxtase com os braços erguidos ao céu em oração[104]. Novamente estamos diante da linguagem dos símbolos: o amor de um para com o outro irrompe para cima, para Deus, sem, contudo, deixar de ser amor profundamente humano.

Na semana em que Francisco estava à morte, também Clara adoece gravemente. Receando morrer antes dele, "chorava inconsolada por não poder ver mais uma vez o seu único Pai depois de Deus". Fez saber a Francisco esta sua aflição. Este "ficou comovido porque amava com amor de pai a Clara e as irmãs"[105]. Envia-lhe uma carta com sua bên-

---

103. Cf. LAINATI, Ch.A. Clara aconseja Francisco. In: *Selecciones de franciscanismo* 2. 1973, p. 171-177.

104. *Fioretti* 15.

105. *Legenda Perusina* 109.

ção que Clara inseriu mais tarde no capítulo VI de sua Regra. Mesmo antes, ao terminar o famoso cântico em louvor a todas as criaturas, "ditou também um cântico, letra e música, para consolação" de Clara e suas irmãs porque estava cheio "de sentimento de piedade e de amor por elas".

Conhecemos também o carinho que Francisco tinha por Jacoba de Settesoli, rica viúva romana, chamada de frei Jacoba. Francisco apreciava seus doces de mel, hospedava-se em Roma em sua casa e quis vê-la no leito de morte[106].

Este amor terno de Francisco que não teme a natureza do coração era acompanhado de realismo e vigilância, como se manifesta na Regra[107], onde pede evitar familiaridades suspeitas e discursos vazios com mulheres. Ele mesmo dá o exemplo. Deixa de visitar Clara e suas irmãs, "não porque tenha diminuído o carinho que tenho pela irmã Clara e suas companheiras" mas para mostrar exemplarmente que "o ministério das irmãs deve ser administrado somente por aqueles que com larga experiência demonstraram possuir o Espírito do Senhor"[108].

Para Francisco a mulher é caminho para o amor de Deus e revelação, no amor humano, do próprio amor de Deus para com os homens. Ela não deve ser nem motivo de fuga nem de obsessão. Com olhar claro que destrói as seduções do imaginário, pode olhar para Clara com amor

---

106. Cf. URNER, C.R. *The Search for Brother Jacoba*: a Study on Jacoba dei Settesoli, Friend of Francis of Assisi and His Movement. Manila, 1980, esp. p. 146-150 [Cópia xerox]; • CASTIGLIONE, H.M. *Frate Jacoba*. Roma, 1933; • AMENI, E. *Giacomina Settesoli*. Florença, 1933.

107. Regra Não Bulada 13.

108. 2Celano 112; • cf. *Fioretti* 15, onde os irmãos o interpelam por seu excessivo rigor.

casto enriquecendo-se mutuamente no caminho da própria identidade essencial[109].

6) *Ternura para com os irmãos: ser mãe um do outro*

As biografias do tempo não se cansam de assinalar a ternura que Francisco alimentava para com os próprios irmãos: "amava de maneira especial, profunda e de todo o coração os próprios irmãos"[110]. Em seus escritos a palavra "irmão" é a mais usada de todas (242 vezes), quase sempre acompanhada de adjetivos de afeto: "meus amadíssimos irmãos", "irmãos meus abençoados", "irmãos meus". O cuidado e carinho eram tão intensos que era amado como "mãe caríssima"[111]. E efetivamente assim se comportava. Ao ver Frei Silvestre esquálido de fome, pensa de si para consigo mesmo: "A este fariam bem umas uvas bem maduras". Levanta-se com ele de madrugada, enquanto os outros dormiam, e foi comer uvas frescas no vinhedo vizinho[112]. O mesmo fez com seu irmãozinho Leão quando quase desfalecia no caminho. Tomou uvas de um parreiral vizinho, o que lhe custou várias bastonadas do dono. Mas reanimou o amigo[113].

---

109. Aqui caberia refletir sobre o terno amor que Francisco alimentava para com a Virgem Maria. Seja referido o importante estudo de ESSER, K. La devozione a Maria SS. in San Francesco d'Assisi. In: *Temi spirituali.* Op. cit., p. 285-314; • KOSER, C. *O pensamento franciscano.* Petrópolis, 1960, p. 47-55.

110. 2Celano 131.

111. Id. 137.

112. *Legenda Perusina* 5; • *Espelho da Perfeição* 28; • 2Celano 176.

113. Manuscrito de Darmstadt (século XIV) apud ENGLEBERT, O. *Vida de San Francisco de Asis.* Op. cit., p. 145.

Aos irmãos na Regra pedia o mesmo carinho e cuidado: "Cada qual ame e alimente a seu irmão como a mãe ama e nutre a seu filho"[114]. Na Regra para os Eremitérios diz que não devem ser mais que três, no máximo quatro irmãos; "dois sejam mães e tenham dois ou ao menos um por filho" e por turno "os filhos assumam de vez em quando o encargo de mães"[115]. "Compaixão e ternura admiráveis"[116] mostrava para com os doentes, de modo particular tinha "ternura e paciência toda especial"[117] para os angustiados (nós diríamos neuróticos), pois os considerava frágeis como criancinhas. Os irmãos não eram apenas irmãos; Francisco queria que fossem irmãos *menores*, vale dizer, "submissos a todos"[118] serviçais uns para com os outros, "colocando todas as suas forças de afeição no tesouro comum" da fraternidade[119].

Esta atitude de cuidado faz com que as energias de humanização superem as tendências de mesquinhez e de isolação que também atuam no convívio humano. A convivialidade propicia a expansão do *Eros* como Celano tão bem e de forma idealizada pinta a primitiva comunidade de Francisco: "Toda vez que se encontravam em qualquer lugar ou na estrada, era uma verdadeira explosão de seu afeto espiritual, o único amor que é capaz de ser o fundamento de uma verdadeira caridade fraterna. E como? Com abraços fraternos, com afeto sincero, com ósculos santos, uma conversa

---

114. Regra 6; • Regra Não Bulada 9.

115. *São Francisco de Assis* (fontes). Op. cit., p. 164-165.

116. 1Boaventura VIII,5.

117. 2Celano 177.

118. 1Celano 38.

119. Ibid.

amiga, sorrisos agradáveis, semblante alegre, olhar simples, ânimo humilde, falas corteses, respostas gentis, plena unanimidade no mesmo ideal, pronto obséquio e irrefreável serviço recíproco"[120].

7) A confraternização com a natureza: a democracia cósmica

Todos os relatos mais antigos sobre São Francisco são unânimes em afirmar "a amigável união que estabelecia com todas as coisas"[121]. O mais antigo biógrafo, Tomás de Celano (1229), testemunha: "Enchia-se de inefável gozo todas as vezes que olhava o sol, contemplava a lua e dirigia sua vista para as estrelas e o firmamento... Quem pode imaginar a alegria transbordante de seu espírito ao contemplar a beleza das flores e a variadíssima constituição de sua formosura bem como a percepção da fragrância de seus aromas... Quando se encontrava com as flores, pregava-lhes como se fossem dotadas de inteligência e as convidava a louvar ao Senhor. Fazia-o com terníssima e comovedora candura; exortava à gratidão os trigais e os vinhedos, as pedras e as selvas, a planura dos campos e as correntes dos rios, a beleza das hortas, a terra, o fogo, o ar e o vento. Finalmente, dava o doce nome de irmãs a todas as criaturas, de quem, por modo maravilhoso e de todos desconhecido, adivinhava os segredos, como quem goza já da liberdade e da glória dos filhos de Deus"[122].

---

120. Ibid.
121. 1Boaventura VIII,1.
122. 1Celano 81-82.

Todo o universo de São Francisco está cercado de infinita ternura e "de terníssimo afeto de devoção a todas as coisas"[123]; "sentia-se arrastado para elas com um singular e entranhado amor"[124]. Por isso andava com reverência sobre as pedras em atenção Àquele que a si mesmo se chamou pedra; recolhia dos caminhos as lesmas para não serem pisadas pelos homens; dava no inverno mel e vinho às abelhas para que não morressem de frio e de escassez[125].

Aqui transparece um outro modo de ser-no-mundo, não mais sobre as coisas, mas junto com elas, como irmãos e irmãs em casa. As próprias angústias e dores "não as conhecia com o nome de penas, senão com o de irmãs"[126]. A própria morte lhe era amiga e irmã. Por isso o mundo franciscano é cheio de magia, de reverência e de respeito. Não é um universo morto e inanimado; as coisas não estão jogadas aí, ao alcance da mão apossadora do homem ou justapostas uma ao lado da outra. Elas são animadas e personalizadas; existem laços de consanguinidade com o homem; con-vivem numa mesma casa paterna. Porque são irmãs não po-

---

123. 2Celano 134; 165. • Cf. alguns títulos dos muitíssimos sobre esta matéria: DE MARZI, M. *San Francesco d'Assisi e l'ecologia*. Roma, 1981 [mimeogr. com rica bibliografia]; • ARMSTRONG, E.A. *Saint Francis: Nature*, Mystic – The Derivation and Significance of the Nature Stories in the Franciscan Legend. Berkeley: Los Angeles/Londres, 1976; • LANG, J. Erschaut und Begriffen. Die sakramentale Genialität des hl. Franziskus von Assisi. In: *Wissenschaft und Weisheit* 40. 1977, p. 1-10; • CUTHBERT, F. *The Romanticism of St. Francis*. Londres, 1915; • WILGES, I. São Francisco de Assis e a ecologia. In: *O franciscanismo no mundo de hoje*. Petrópolis, 1981, p. 84-96.

124. *Espelho da Perfeição* 113.

125. 2Celano 165.

126. Ibid., 212.

dem ser violadas, mas devem ser respeitadas. Daí é que São Francisco, surpreendentemente, mas de forma consequente, proibia os irmãos de cortarem as árvores pela raiz, na esperança de que elas brotassem de novo. Mandava aos jardineiros que deixassem um cantinho livre, sem cultivá-lo, para que aí pudessem crescer as ervas todas (até as daninhas), pois que "elas também anunciam o formosíssimo Pai de todos os seres"[127]. Pedia outrossim que nas hortas, onde os frades cultivavam verduras e hortaliças, se reservasse uma parte para o plantio de flores e de ervas aromáticas "a fim de evocar a todos quantos as contemplassem, a suavidade eterna"[128].

a) O casamento do *Eros* com o *Agape*

Como chegou São Francisco a esta simpatia íntima com todas as coisas? Primeiramente porque São Francisco fora um grande poeta, um poeta não romântico, mas ontológico, vale dizer, um poeta capaz de captar a mensagem transcendente e sacramental que todas as coisas proclamam. Na juventude ele fora influenciado pelo movimento erótico da Provence[129]. Cantava as canções de amor e de encantamento à formosura da dama. O *Eros* como já consideramos está na raiz da experiência franciscana de fraternidade com todas as coisas. Entretanto é um *Eros* depurado

---

127. Ibid., 165.

128. Ibid.

129. Armstrong mostrou as influências sobre Francisco seja por parte do amor à natureza e da gaia ciência da Provence, seja por parte da tradição irlandesa, dos monges e peregrinos que tinham uma relação muito positiva face à natureza: *Saint Francis:* Nature, mystic. Op. cit., p. 18-43.

de todo peso da matéria e de toda ambiguidade das galanterias provençais ao encanto da mulher pela sua interpenetração pelo *Agape*. O *Agape*, amor cristão, não recalca o *Eros*, nem simplesmente o sublima, mas radicaliza seu impulso originário até atingir o fundamento e o fascínio de todo amor que é Deus se autodoando em e por todas as coisas.

A conversão não reprimiu a comoção erótica, mas a depurou. O amor que tinha por Santa Clara conserva toda a densidade do amor, porém livre das amarras da libido; é um amor que se transfigurou pelo fascínio do Mistério que mora em cada pessoa. Essa comoção interior fazia com que São Francisco personalizasse todas as suas relações: a pobreza não é pobreza, é senhora dama pobreza; as virtudes todas não são virtudes, mas é a rainha sabedoria, a santa irmã, a pura simplicidade; a cotovia não é uma cotovia, é a irmã cotovia, o irmão lobo, o senhor irmão sol e a mãe e irmã terra. Porque depurara tudo de sua malícia interior, podia até o fim da vida e mesmo na hora da morte cantar as trovas de amor que aprendera na juventude. Gostava de considerar-se o trovador de Deus.

O recurso à alma poética de São Francisco não consegue, porém, explicar adequadamente a profundidade da experiência de estar-com-as-coisas como irmãos e irmãs em casa. Há na sua raiz uma experiência religiosa da paternidade universal de Deus. Que Deus é Pai não era para São Francisco um dogma frio e a conclusão de um raciocínio sobre a contingência das criaturas. Constituía uma experiência afetiva profunda; implicava numa fusão cósmica com todos os elementos. A verdade da paternidade universal de Deus forma o cerne da mensagem de Jesus. A tradição cristã pregou sempre esta verdade; entretanto o primeiro a vivê-la nesta dimensão de comoção com todas as criaturas sentidas como irmãs foi sem dúvida São Francisco.

A tradição até São Francisco considerava a Deus-Pai como o grande senhor do cosmos. Contemplava as criaturas em sua radical dependência deste único princípio. Vivia o caráter filial de todos os seres, não apenas dos homens e muito menos só dos batizados. O homem como filho no Filho Jesus Cristo participava do senhorio cósmico do Grande Pai. Sentia-se senhor da criação, acima de todas as coisas e a nenhuma delas sujeito. Era o lugar-tenente de Deus-Pai. Prolongava para dentro do mundo a relação vertical que saía de Deus, passava pelo homem e atingia a criatura. Vivia-se a mística da filiação universal.

A novidade de São Francisco reside na vivência da dimensão horizontal: se todos são filhos de Deus, então todos são irmãos entre si. Todos vivem na Grande Casa paterna. Vigora uma grande intimidade com todas as coisas. Não há inimigos. Ninguém nos ameaça. Estamos na atmosfera do carinho entre os irmãos e as irmãs.

Em São Francisco se encontram os dois movimentos: o horizontal e o vertical. Tomás de Celano e S. Boaventura em suas Vidas ressaltam-no muito bem: "Em qualquer objeto admirava seu Autor e em todos os acontecimentos reconhecia o Criador... Nas coisas formosas admirava o Formoso por excelência e no bom o Ótimo. Buscava por todas as partes e perseguia o Amado pelas pegadas impressas nas criaturas e de todas formava uma como que escada para chegar ao trono divino". Mas não ficava nesta dimensão: "Cheio ainda de maior comoção ao considerar a origem comum de todas as coisas, dava a todas as criaturas, por mais desprezíveis que fossem, o doce nome de irmãs, pois sabia muito bem que *todas tinham com ele* a mesma origem"[130].

Com que ternura não lemos a admoestação de São Francisco ao irmão fogo, quando, já cego, teve que ser operado, melhor, queimado com um ferro em brasa do ouvido até as sobrancelhas: "Fogo, irmão meu: o Altíssimo te criou como o mais útil, belo e poderoso entre todas as coisas para expressar sua formosura; sê para mim propício nesta hora, sê compassivo. Peço ao Senhor que te criou que se digne de temperar o teu calor, a fim de que eu possa sofrer-te quando me queimares suavemente"[131]. E o fogo, diz o relato, se compadeceu do irmão Francisco.

Essa fraternidade universal coloca Francisco no mesmo nível das criaturas. Ele não se define à distinção delas, ressaltando o diferente seu e separando-se assim dos irmãos. Ele se define por aquilo que possui em comum. Não se chama a si de animal racional, senhor da natureza, constituído em rei sobre todos os seres. Entende-se como irmão de todos e como servo humílimo de cada criatura. Ele não despreza as origens cósmicas e obscuras de nossa realidade. Ama-as e se confraterniza com todas as criaturas e junta-se a elas, formando uma grande família de irmãos.

Quando se põe a cantar, canta *com todas* as criaturas, como diz no seu admirável Canto ao Irmão Sol. Ele não canta apenas *através* das criaturas. Seria egoísmo e fazer-se mouco ao hino que elas sempre entoam a Deus. Ele canta com elas, conjuntamente com a cigarra[132] ou com a coto-

---

130. 1Boaventura VIII,6.

131. Ibid., V,9.

132. 2Celano 171.

via: "As irmãs cotovias louvam a seu Criador; vamos nós também no meio delas; recitemos com elas nossas horas canônicas e magnifiquemos o Senhor"[133].

O homem moderno dificilmente canta com as coisas. Porque não está com elas. Está sobre elas. Por isso não pode ouvir sua cantilena essencial. Ele canta a propósito delas. São Francisco está mais próximo de Cézanne ou de Van Gogh do que de um Picasso ou de um Di Cavalcanti. Estes projetam sua subjetividade para dentro das coisas que refletem os sentimentos humanos. As naturezas mortas, a mesa, a bandeja de frutas, o copo estão aí, em sua luz própria, em sua grande humildade, sem projeção humana. Eles cantam a Deus pelo fato de serem o que são. São Francisco, homem arcaico e não moderno, unir-se-ia a esse cantar silencioso, deixando as coisas serem coisas, irmãs adoráveis demais para serem manipuladas pelo irmão homem.

b) O não romantismo de São Francisco

Muito do fascínio moderno por São Francisco vem de seu enamoramento pela natureza. Foi na época do romantismo europeu que se redescobriu a figura singular de São Francisco. Entretanto, Francisco não é nenhum romântico *avant la lettre*[134]. O romântico é típico da subjetividade moderna; é projeção dos sentimentos do eu sobre o mundo. Para o romântico moderno, a natureza reenvia a consciência a si mesma, aos seus sentimentos, mas não à escuta da mensagem que vem da natureza e que reenvia para uma

---

133. 1Boaventura VIII,9.

134. LECLERC, E. *Il cântico delle creature, ovvero i s'mboli dell'unione.* Torino, 1971, p. 270-272.

instância para além da consciência: para o Mistério de Deus. No romantismo o eu se conserva em seu universo, rico, multiforme em comoções, mas cerrado em si mesmo. No pensar arcaico como o de São Francisco o eu é provocado a alçar-se acima de si mesmo, abrir seu círculo fechado e irmanar-se com as coisas para juntos cantarem o hino de louvor ao Grande Pai[135]. Mas isso somente é possível mediante uma profunda ascese e um esforço ininterrupto de despojamento e de renúncia de querer possuir e dominar as coisas.

Consideramos acima a estrutura poética essencial da alma de São Francisco e sua experiência religiosa da paternidade universal de Deus, geradora da fraternidade de todas as coisas. A análise não seria suficiente se não atendêssemos a um outro ponto, quiçá o mais fundamental de todos: a radical pobreza de São Francisco[136].

A experiência da fraternidade universal, como já asseveramos e tornamos a insistir, não foi fruto de um raciocínio sobre a paternidade de Deus. Foi uma experiência originária e vital. Como se articulou esta experiência, dentro da qual se evidenciou a fraternidade universal? Cremos que na resposta a isso se encontra o segredo íntimo do modo de ser

---

135. Cf. alguns títulos mais significativos sobre a compreensão do homem e do mundo de São Francisco: VERHEY, S. *Der Mensch unter der Herrschaft Gottes* – Versuch einer Theologie des Menschen nach dem hl. Franziskus von Assisi. Düsseldorf, 1969; • KÖPER, R., *Das Weltverständnis des hl. Franziskus von Assisi*, Werl/West, 1959; • AUERBACH, M. Über das Persönliche in der Wirkung des hl. Franziskus von Assisi. In: *Gesammelte Aufsätze zur romanischen Philologie*. Berna, 1967.

136. Cf. meu estudo BOFF, L. A pobreza no mistério do homem e de Cristo. In: *Grande Sinal* 27. 1973, p. 163-183; • SCHALÜCK, H. *Armut und Heil*. Paderborn, 1971.

arcaico de São Francisco. A estrutura poética da alma franciscana e a fé cristã constituem momentos indispensáveis para entender seu modo de ser, mas neles não reside a chave reveladora. Esta se encontra numa práxis nova de São Francisco. Num dado momento de sua juventude, converteu-se. Como em toda conversão autêntica dá-se uma *conversio morum*, uma transformação do modo de comportar-se e de relacionar-se[137]. Introduz-se uma ruptura. Morre um mundo e nasce outro. Francisco começou a identificar-se com os pobres e a fazer duras penitências. Iniciou um processo oneroso de purificação interior. Retirava-se nas cavernas; longas vigílias; jejuns e penitências tão rigorosas que ele chegava a apiedar-se de seu próprio corpo, chamado ternamente de irmão asno. O cerne do esforço de interiorização se polarizou no tema da pobreza. Pobreza, fundamentalmente, não está somente em não ter coisas, porque o homem sempre tem: seu corpo, sua inteligência, sua roupa, seu estar-no-mundo. Pobreza é um modo de ser pelo qual o homem deixa as coisas serem; renuncia a dominá-las e a submetê-las a ser objeto da vontade de poder humano. Abdica de estar sobre elas para colocar-se junto delas. Isso exige uma ascese imensa de despojamento do instinto de posse, de domínio sobre as coisas e da satisfação dos desejos humanos. A pobreza constitui a caminhada essencial de São Francisco feita no lugar físico dos pobres. Quanto mais pobre, mais livre e fraterno se sentia. A posse é que cria obstáculos à comunicação dos homens entre si e do homem com a natureza. Interesses, egoísmos, possessão exclusiva

---

137. O melhor estudo sobre a conversão é ainda o de BEER, F. *La conversion de Saint François selon Thomas de Celano*. Paris, 1963.

se inter-põem entre o homem e seu mundo. A posse os distancia e vai cavando um fosso de objetivações alienadoras entre eles. A pobreza, quanto mais radical, mais aproxima o homem à realidade; mais lhe permite comungar com todas as coisas, no respeito e na reverência de sua alteridade e diferença. A fraternidade universal é resultado do modo-de-ser-pobre de São Francisco. Sentia-se verdadeiramente irmão porque podia acolher todas as coisas sem interesse de posse, de lucro e de eficiência. Pobreza torna-se sinônimo de humildade; esta não é uma virtude entre outras tantas, mas uma atitude pela qual o homem se coloca no chão (húmus = chão), junto às coisas. Ao converter-se para semelhante modo de ser, e na medida de sua realização, é galardoado com a transparência de todas as coisas para a divina e transcendente Realidade. Logra-se uma universal reconciliação. Vive-se uma democracia cósmica.

São Boaventura chegou a afirmar que São Francisco, "pela amigável união que estabeleceu com todas as coisas, parecia ter voltado ao primitivo estado de inocência matinal"[138]. Isso foi o resultado de seu completo despojamento, após um longo e exigente tirocínio. Enfim nasceu em seu coração o paraíso terrestre na tranquila irmanação com todos os seres, filhos do mesmo Pai e irmãos entre si. Só ao longo do processo de purificação interior e de renúncia ao mundo é que ele pôde reconquistar o mundo, no sentido realmente fraternal.

Quem imitar romanticamente São Francisco em seu enamoramento com a natureza e se negar à ascese, à renún-

---

138. 1Boaventura VIII,1.

cia, à pobreza, à penitência e à cruz, cairá numa profunda ilusão. O mundo irá muito em breve mostrar sua opacidade e comprovar suas contradições. Só pode, sem cair num verbalismo vazio, chamar ao fogo devastador de irmão fogo, à água humilde e casta de irmã água, às enfermidades e angústias de irmãs muito queridas e à morte de irmã, aquele que pela árdua penitência e pelo grande despojamento tiver removido todos os obstáculos que se interpõem entre o homem e as criaturas. Foi no termo e não no começo da vida que Francisco entoou o hino ao irmão sol. Começar onde São Francisco terminou é cair numa desastrosa ilusão. Tentar refazer o caminho, com grande humildade, buscando juntar-se a todas as coisas da estrada, especialmente as mais pequeninas, é alimentar a esperança de que talvez nosso mundo possa também se transfigurar e revelar seu caráter fraterno e filial.

c) A síntese entre a arqueologia interior e a ecologia exterior

O modo-de-ser-com-as coisas de São Francisco resultou numa total reconciliação paradisíaca do homem com seu universo. Existe no coração humano um apelo secreto e persistente para uma plenitude de salvação e de vida, de completa confraternização com todas as coisas e de universal unidade com as realidades mais distantes e diferentes como Deus e a morte. O princípio-esperança e a dimensão do utópico que marcam estruturalmente o espírito povoaram a mente humana, em todas as épocas, com imagens de semelhante reconciliação. Em São Francisco o utópico se fez tópico, historizou-se o evento da doçura da confraternização com todas as coisas. Reconcilia-se a arqueologia íntima com a ecologia exterior mediante um mergulho abissal no mistério de Deus. No *Cântico di Frate Sole* temos o testemunho desta síntese preciosa[139].

A sacramentalidade arquetípica dos elementos cantados

Há muitas maneiras de se ler o Hino ao Irmão Sol, de São Francisco. A primeira, e a mais comum, considera o teor poético do texto franciscano; atém-se aos elementos elencados, como o sol, a terra, as estrelas, o fogo, a água e a morte. Através deles, o místico Francisco ascende para Deus. Neste nível, se insere na corrente dos grandes místicos-poetas, desde os salmos (8, 146) até São João da Cruz, Santa Teresa d'Ávila e mesmo um Teilhard de Chardin[140]. Tal interpretação é válida. Mas desentranha toda a riqueza contida no cântico?

Há um outro tipo de leitura que desce a um nível mais profundo e estrutural e sonda o inconsciente arquetípico da psique do poeta-místico. Os elementos cantados conservam sua densidade material, não são alegorizados, mas ad-

---

139. A bibliografia é imensa; ressaltamos alguns títulos mais importantes: BRACALONI, L. *Il Cântico di Frate Sole*. Milão, 1927; • PLATZECK, E.W. *Das Sonnenlied des heiligen Franziskus von Assisi*. Munique, 1955; • GETTO, G. *San Francesco d'Assisi e il Cântico di Frate Sole*. Turim, 1956; • SABATELLI, G. Studi recenti sul Cântico di Frate Sole. In: *Archivum Franciscanum Historicum* 51. 1958, p. 3-24; • MARZI, M. de. *San Francesco d'Assisi e l'ecologia*. Roma, 1981, p. 104-119 [mimeogr.]; a mais original e profunda contribuição é, no entanto, de LECLERC, E. *Il cântico delle creature*. Op. cit.

140. SCHEFFCZYK, L. Der Sonnengesang des hl. Franz von Assisi und der Hymne an die Materie des Teilhard de Chardin. In: *Geist und Leben* 35. 1962, p. 219-233.

quirem para o místico um valor simbólico e expressivo de um estado de alma. Eles formam o veículo pelo qual o poeta quer exprimir aquilo que lhe passa no íntimo: a união religioso-cósmica de tudo com Deus. É nesta senda que queremos, rapidamente, analisar o poema de São Francisco.

Quem sabe, o conhecimento do contexto em que surgiu o texto nos convencerá melhor da utilidade de semelhante análise arqueológica ou arquetípica. A *Legenda Perusina*[141] nos conservou o relato mais pormenorizado. Haviam passado já cerca de vinte anos após a conversão e dois anos da estigmatização no Monte Alverne. São Francisco se consumia num amor seráfico que é, na expressão de São Boaventura, "uma morte sem morte"[142], visitado por toda sorte de sofrimentos interiores e exteriores. Estava quase cego. Via a ordem que fundara caminhar por rumos que ameaçavam a radical pobreza; a Igreja organizara cruzadas contra os sarracenos que Francisco visitara no Oriente e se escandalizara profundamente da barbárie dos cristãos. Era outono de 1225. Em São Damião, capelinha onde tudo começara e onde viviam Santa Clara e as demais irmãs. Os sofrimentos não lhe dão trégua. Durante cinquenta dias, diz a Legenda, passou dentro de uma cela escura, não podendo ver a luz do dia nem sequer o fogo à noite. A dor dos olhos o impedia de dormir e mesmo de repousar. "Certa noite, considerando o beato Francisco suas tantas tribulações, teve piedade de si mesmo e disse de si para consigo: Acode-me, Senhor, em minha enfermidade, para que a possa suportar pacientemente". Segundo Celano, travou-se uma luta em

---

141. *Legenda Perusina* 43; • *Espelho da Perfeição* 100.

142. 1Boaventura XIV,1-2.

São Francisco para vencer as dores e a impaciência. *Orans...
sic positus in agone...*[143]: assim orando, entrou em agonia. No
decurso da agonia, ouve em espírito uma voz que lhe disse:
"Dize-me, irmão: não te alegrarias se alguém te desse em
recompensa por teus sofrimentos e tribulações um tesouro
tão grande e precioso que a massa da terra transformada em
ouro, as rochas em pedras preciosas, a água em bálsamo de
nada valeriam comparadas a ele?" E o beato Francisco respondeu: "Senhor, seria um tesouro grande, muito precioso,
inestimável, amável e desejável". Pois bem, disse-lhe a voz:
"Alegra-te, ó irmão, e goza em meio às tuas tribulações e
enfermidades e para o futuro estejas seguro como se já esti-
vesses no meu Reino".

Nesse momento, uma incontida alegria irrompeu em
São Francisco. Fez-se dia em sua noite escura. Sentiu-se no
Reino de Deus que é o símbolo da total reconciliação, da
superação de todas as contradições e a máxima realização
do homem com o cosmos e com Deus. Levantou-se. Pôs-se
a meditar um pouco e entoou o hino a todas as criaturas:
Altissimu, omnipotente, bon Signore... Chama os irmãos e
com eles canta o hino recém-composto. Este cântico de luz
surgiu no meio de uma noite escura do corpo e da alma.
Emergiu das profundezas de uma existência que foi se erguendo, sofrida e atribulada, como um botão que busca, insaciável, no meio da mata escura, a luz do sol. É expressão
de um universo reconciliado que se configurou dentro do
coração de Francisco.

Não se tratava somente de um discurso poético-religio-
so sobre as coisas: as coisas mesmas apareciam como um in-

---

143. 2Celano 213.

vólucro de um discurso mais profundo. O louvor cósmico revelava a inconsciente linguagem simbólica de um itinerário interior, de um desvelamento da profundidade da alma; esta se apresentava, mais precisamente, como uma poética da reconciliação do homem com sua arqueologia, do abrir-se à totalidade de uma existência na luz do Ser[144]. O sol fica sol; o fogo, fogo; a água, água. Além de seu valor objetivo, possuem, entretanto, um valor simbólico. O homem exprime através destes elementos seu mundo interior. Que coisa se exprime do mundo interior? Exprime-se a emergência da reconciliação universal, a fusão entre a mística cósmica, orientada na confraternização com a natureza, e a mística evangélica, orientada no amor à pessoa de Jesus Cristo. Os elementos cantados ganham uma sacramentalidade arquetípica, comunicadora desta fusão.

CANTICO DI FRATE SOLE

Altissimu, omnipotente, bon Signore,
tue so' le laude, la gloria e l'honore
et onne benedictione:

Ad te solo, Altissimo, se konfano
et nullu homo ene dignu
te mentovare.

Laudato sie, mi'Signore, cum tucte le tue creature,
spetialmente messor lo frate sole,
lo qual è iorno et allumini noi per loi;

Et ellu è bellu e radiante
cum grande splendore:
de te, Altissimu, porta significatione.

---

144. LECLERC, E. *Il cantico delle creature*. Op. cit., p. 11.

Laudato si', mi'Signore, per sora luna e le stelle;
in celu l'ài formate clarite
et pretiose et belle.

Laudato si', mi'Signore, per frate vento
et per aere et nubilo et sereno et onne tempo,
per lo quale a le tue creature dai sustentamento.

Laudato si', mi'Signore, per sora aqua,
la quale è multo útile et humile
et pretiosa et casta.

Laudato si', mi'Signore, per frate focu
per lo quale ennallumini la nocte;
ed ello è bello et iocundo et robustoso et forte.

Laudato si', mi'Signore, per sora nostra matre terra,
la quale ne sustenta et governa
et produce diversi fructi con coloriti fiori et herba.

Laudato si', mi'Signore,
per quelli ke perdonano per lo tuo amore,
et sostengo' infirmitate et tribulatione;

Beati quelli kei sosterrano in pace,
ka da te, Altissimo,
sirano incoronati.

Laudato si', mi'Signore,
per sora nostra morte corporale,
da la quale nullu homo vivente po skappare:

Guai acquelli ke morrano ne le peccata mortali;
beati quelli ke trovarà ne le tue sanctissime voluntati,
ka la morte secunda nol farrà male.

Laudate et benedicite mi'Signore, et rengratiate
et serviateli cum grande humilitate.

O matrimônio cósmico que tudo gera

Coube a um grande pesquisador moderno de São Francisco, Elói Leclerc[145], mostrar, com o recurso da psicologia das profundezas de C.G. Jung, do método de análise poética de Gaston Bachelard e da hermenêutica de Paul Ricoeur, como todos os elementos cantados no hino ao irmão sol possuem um rico conteúdo arquetípico a serviço da expressão da experiência da total reconciliação lograda pelo santo poeta.

A própria estrutura do cântico revela esta dimensão arquetípica de unidade. O número sete das estrofes trai, inconscientemente, esta busca. Sete, como é sabido, é formado de 3 + 4 que constituem os símbolos maiores da totalidade e da unidade. Nele se cruzam as duas linhas, horizontal e vertical, que juntas formam também um conhecido símbolo de totalidade. O movimento inicial se dirige, verticalmente, para Deus: "Altíssimo, onipotente e bom Senhor..." Francisco se dá logo conta que não consegue cantar Deus, porque "nenhum homem é digno de Te mencionar". Não se amargura com isso. Volta-se então, horizontalmente, para as criaturas: "Louvado sejas, meu Senhor, com todas as tuas criaturas". Abre-se à fraternidade universal e canta as criaturas, não em si mesmas, mas marcado pela experiência do Altíssimo que lhe abriu a ótica de vê-las como sacramentos de Deus: "porque de Ti, Altíssimo, são um sinal".

Um outro símbolo arquetípico da totalidade psíquica do homem ressalta em todo o hino: o masculino e o feminino. Todos os elementos estão ordenados em pares, onde se combina o feminino com o masculino; sol-lua; vento-água; fogo-terra.

---

145. Ibid., esp. p. 17-44; cada capítulo é introduzido por uma reflexão hermenêutica.

Todos esses pares são englobados pelo grande casal, Sol-Terra, de cujo matrimônio cósmico nascem todos os demais pares. Inicia-se cantando o senhor e irmão Sol, símbolo arquetípico da virilidade e de toda a paternidade, e conclui-se com o louvor à mãe e irmã Terra, arquetípica da feminilidade e de toda a fecundação. Esta representação não traduz a ordem objetiva do mundo, mas a ordem de significação profunda. Por ela o inconsciente mais radical, na sua sede de unidade e totalidade, encontra seu adequado caminho de expressão.

O hino contém ainda duas estrofes que foram acrescentadas posteriormente pelo Santo. Numa se celebra a paz conseguida por São Francisco entre o Bispo e o prefeito de Assis. A última foi inspirada pouco antes do trânsito de São Francisco, nos primeiros dias de outubro de 1226. Nelas não é mais o cosmos material que é cantado, mas o cosmos humano, inserido na grande fraternidade universal, conquistado no meio de tensões e sofrimentos. São Francisco quis acrescentá-las ao cântico original. Na verdade, elas nasceram da mesma inspiração fundamental. O hino quer comemorar a irrupção mística da unidade e irmandade com todas as coisas e com Deus. Não podia deixar o homem de fora, na sua tribulação. O homem se reconcilia com o outro homem. O homem se reconcilia com a morte, acolhendo a existência mortal. Integra a morte na vida. Aceita-a como irmã, melhor, Francisco se faz irmão da morte. Ela é assim símbolo de vida nova e de um amor maior.

---

146. Paul Sabatler, Daniel Rops e outros pretendem ver Clara como a inspiradora do Cântico ao Irmão Sol, pois foi ela que cuidou de Francisco durante a enfermidade em São Damião onde Francisco escreveu o hino. P. Sabatier chegou a imaginar como terá sido o verso ausente no cântico, dedicado a Clara: "Soyez loué, Seigneur, pour soeur Claire; nous l'avez faite silencieuse, active et subtile; et par elle votre lumière brille dans nos coeurs". Para tudo isto cf. AUGUSTO, Armindo. A enfeimidade do poeta cego. In: *Louvor de Santa Clara*. Braga, 1954, p. 270-287, aqui p. 286.

O esplendor do homem e sua tragédia, sua ânsia de ascensão e seu enraizamento na terra, sua dimensão urânica (céu) e sua dimensão telúrica (terra) encontram no pobre de Assis um intérprete privilegiado.

d) Celebração do homem reconciliado

O modo de ser de São Francisco com seu estar-com levou a uma confraternização com todas as camadas da realidade: superiores (Deus Altíssimo), interiores (arqueologia íntima) e exteriores (a realidade ecológica). Tudo desabrocha num louvor ao Mistério. O homem moderno com seu estar-sobre não está condenado somente a se relacionar de forma dominadora sobre a natureza. Não resta dúvida de que deve organizar a sistemática satisfação de suas necessidades fundamentais e hominizar o mundo. Entretanto, deverá aprender um uso de seu poderio técnico que o possa abrir à dimensão mais profunda e arquetípica que a natureza possui. Uma coisa é cultivar a terra e experimentar como ela é mãe generosa; outra coisa é destruir o solo, sem respeito e veneração. Uma coisa é a extração das riquezas naturais e novamente experimentar a excelência rica da natureza; outra coisa é seu uso dissipatório e abusivo. Uma coisa é derrubar uma árvore; outra o desmatamento indiscriminado[147].

O homem moderno esqueceu que em sua atividade com a natureza sempre tem a ver não apenas com coisas, mas também com algo que o toca na raiz mais profunda. Ele não vive simplesmente no mundo. Ele con-vive; se amoriza ou se antipatiza; acolhe ou rechaça. Vigora uma sintonia

---

147. LECLERC, E. *Il cântico*. Op. cit., p. 265-280: la poética della salvezza, esp. p. 278-279.

entre o mundo interior e o mundo exterior. Qualquer modificação no mundo exterior nunca passa despercebida pela psique, pelo mundo interior. Não pode chegar a sua identidade, prescindindo de uma relação amigável e fraterna com seu mundo natural. Não se trata de um romantismo anacrônico. Trata-se de compreender retamente a estrutura fundamental do homem, ser-no-mundo com-todas-as-coisas, como dizíamos, numa democracia cósmica.

A experiência franciscana é a historização desta verde-realidade. Apesar de todas as rupturas que as tribulações possam introduzir; a despeito da solidão última que a morte possa trazer, ainda assim pode abrir-se à universal fraternidade e não dizer, mas cantar as criaturas todas como irmãos e irmãs. "O mistério da terra se junta com o mistério das estrelas." O louvor humano se une à loa essencial que todas as coisas sempre entoam ao *nosso Criador*. O homem enfim reconciliado celebra o mundo como um paraíso porque ele mesmo se transfigurou: "Louvai e bendizei a meu Senhor e rendei-lhe graças e servi-lhe com grande humildade".

4. Conclusão: a exemplaridade da irradiação da *anima*

Como se depreendeu de todas as reflexões que articulamos, a nossa cultura moderna encontra em Francisco muito daquilo do qual tem fome e sede. A irradiação da dimensão da *anima* em termos de ternura, cuidado e convivialidade responde a uma exigência coletiva de nosso tempo em agonia. Para onde o Poverello dirige sua atenção deixa uma marca inconfundível, carregada de afeto, de entusiasmo e de imensa bondade para com todas as criaturas, especialmente os mais deserdados da sociedade. Para Francisco a pequena felicidade de nossa atribulada existência tem suas raízes no coração do Pai de infinita bondade mas também no coração humano capaz de com-paixão e de afeto. É alimentando-se destas duas raízes que a existência se alegra com a felicidade finita, prelibando já agora a felicidade que o Pai preparou para todos no seu Reino. Se não acolhemos o Pai, a vida se torna vazia e a terra inóspita. Se não acolhemos o coração com seus direitos, tudo se enrijece e perde seu brilho. Sem o Pai o coração não é fecundo. Sem o coração o Pai não é caloroso.

II
São Francisco: a opção preferencial pelos pobres

MENSAGEM DE SÃO FRANCISCO À SOCIEDADE ATUAL

Conta uma legenda da tradição franciscana: Certo dia se surpreendeu Francisco a si mesmo muito alegre porque começava a degustar Deus em todas as coisas. Saiu pelos caminhos cantando e convidando a cantar. Passou por um pessegueiro e lhe disse: Pessegueiro, meu irmão, fale-me de Deus! E o pessegueiro estremeceu um pouco como sacudido por brisa leve. E floresceu totalmente como se nele tivesse irrompido a primavera. Francisco saiu mais alegre ainda. Passou por um ribeirinho que se represava naturalmente junto a uma sombra benfazeja. Disse-lhe Francisco embriagado de Deus: Ribeirinho, meu irmão, fale-me de Deus! E as águas começaram a borbulhar como se quisessem falar. Depois foram se acalmando até criar-se um espelho de água cristalina. Francisco olhou atentamente para a profundidade. E viu lá dentro o rosto de sua querida Clara. Saiu radiante e mais alegre ainda.

Um pouco além encontrou, sentados num fio, um bando de passarinhos. Passarinhos, meus irmãos, falem-me de Deus. E os passarinhos começaram a piar e a repiar uma melodia que jamais se ouvira naquela região. Depois silenciaram. Formaram como uma cruz e subiram em flecha para o céu sereno. Francisco saiu cantarolando de alegria exuberante. Encontrou um homem com sua mochila às costas como se viesse de longa caminhada. Disse-lhe: meu irmãozinho, fale-me de Deus! E o irmão nada disse. Tomou Francisco pela mão e com carinho o conduziu consigo à cidade. Chegaram ao centro. Atravessaram a cidade e pararam na periferia onde moram os pobres. Foi à pequena praça, onde se busca a água escassa, onde estão as mulheres que lavam a roupa, os velhos que conversam, os mais pobres que esmolam, as crianças que brincam. Sentou-se junto à primeira roda. Abriu a mochila e foi distribuindo pão com mão generosa. Todos começaram a se aproximar. Recebiam o pão e se afastavam. A mão entrava e saía da mochila. O pão era distribuído fartamente.

E na medida em que os homens repartiam entre si o pão recebido, uns ajudando os outros, o pão miraculosamente não faltava da mochila e bastava a todos os necessitados. Depois, muito grave, apenas olhou para o céu e disse: "Pai-nosso". Em seguida olhando em volta apenas disse: "O pão nosso!" Francisco entendeu e não se continha de tanta alegria porque encontrara Deus no partir o pão e nos irmãos pobres e necessitados que repartiam entre si o pão recebido.

A relevância de São Francisco se concretiza de uma forma mais mordente ainda se considerarmos os grandes desafios que nos vêm da sociedade moderna. Dentre os inúmeros reptos, deter-nos-emos no mais importante deles, aquele que procede da brutal pobreza a que estão submetidos milhões e milhões de seres humanos. Um abismo medonho foi cavado entre os homens, entre as classes e entre as nações: por um lado a grande maioria se debate em níveis de sobrevivência no meio da miséria, da fome, do analfabetismo e do desprezo e por outro uma minoria desfruta dos benefícios da prosperidade no meio de toda sorte de bens e serviços[1]. E esta situação tende a se deteriorar, como o reconheciam os bispos latino-americanos reunidos em Puebla (1979): "Um clamor surdo brota de milhões de homens, pedindo a seus pastores uma libertação que não lhes chega de nenhuma parte... O clamor é claro, crescente, impetuoso e, nalguns casos, ameaçador"[2].

1. A pobreza desumaniza a ricos e a pobres

A pobreza como carência de meios para produzir e reproduzir a vida com um mínimo de dignidade humana é a chaga mais dolorosa e sangrenta da história da humanidade. Todas as assim chamadas civilizações "históricas" de que temos conhecimento se caracterizam pela penúria e pela desigualdade. Este estigma, ao invés de minorar, no modo de produção capitalista de acumulação privada, elitista e excludente, agravou-se mais e mais.

A humanidade dispõe de meios técnicos mais que abundantes para debelar esta enfermidade crônica. Desenvolveu, ao lado do avanço científico-técnico, uma aguda consciência da sacralidade inviolável da pessoa humana. Não obstante, o

---

1. A pirâmide social brasileira apresenta o seguinte quadro vergonhoso: 1% muito ricos; 4% ricos; 15% remediados (pequena burguesia); 30% meio pobres (proletariado) e 50% pobres (subproletariado).

2. A evangelização no presente e no futuro da América Latina. Petrópolis, 1979, n. 88 e 89; cf. o resumo nos n. 1207-1208; • GALBRAITH, J.K. A natureza da nobreza das massas. Rio, 1979, p. 27, reconhece que "a pobreza é o tormento maior e mais arrasador do homem. É a origem de muitos outros sofrimentos – desde a fome e as enfermidades até o conflito civil e a própria guerra... Contudo, da pobreza que induz ao conflito não temos ainda nenhuma explicação. Ou, mais precisamente, temos uma pletora de explicações, cada qual superficialmente persuasiva, oferecida como a certa, e cada qual notável por aquilo que absolutamente não explica".

impasse resulta de fatores político-culturais ligados ao sentido de vida cristalizado no sistema da modernidade, racionalista, dominador e repressor, que é o capitalismo mundial. Entretanto, os níveis da miséria conscientizada chegaram a tal ponto que não é impossível uma catástrofe antropológica sobre a terra. Os famintos do mundo poderão ganhar as praças de todos os países e fazer uma justiça vindicativa da qual a história conhece horrendos precedentes: uma destruição do existente iníquo com uma incapacidade de reconstrução sobre outras bases de um novo mais justo e humano[3].

A perplexidade e o sentimento de culpa face à pobreza massiva crescem na medida em que nos damos conta dos mecanismos de sua produção. Ela não é fatal, não é uma exigência da natureza, nem é vontade de Deus que haja ricos e pobres[4]. Ela é produzida "por determinadas situa-

---

3. Não se trata de tomar simplesmente a riqueza dos ricos e distribuí-la entre os pobres. Ela seria insuficiente para todos. Este tipo de argumento é usado com má intenção pelos ricos e seus aliados, para impossibilitarem, pelo ridículo, qualquer reforma. A questão não é distribuir a riqueza dos ricos, mas produzir bens por todos e para todos, fazendo com que a distância entre uns e outros seja menor e suportável. Todos devem trabalhar para a reprodução da vida social. Os custos e benefícios devem ser distribuídos o mais equitativamente possível entre todos.

4. Durante séculos predominou uma concepção naturista e substancialista da sociedade como algo dado e já pronto pelo ato criador de Deus. Consequentemente se dizia: é da vontade da natureza e, em última instância, é do desígnio de Deus que haja ricos e pobres: os ricos se salvam pela generosidade e os pobres pela paciência. A falta de visão do nexo causal da pobreza e da riqueza levava, inevitavelmente, à resignação e à acomodação, por isso, à imobilidade social, favorecendo os ricos e perpetuando as dores e as injustiças dos pobres. Com o advento da consciência histórica se compreende que a sociedade é um projeto, portanto, algo historicamente construído durante séculos, mutável, entregue à responsabilidade dos homens, autores da sociedade e da história.

ções e estruturas econômicas, sociais e políticas..." fazendo que, no nível internacional, funcionem mecanismos que geram "ricos cada vez mais ricos às custas de pobres cada vez mais pobres"[5].

A pobreza não é apenas um problema de consciência moral, é fundamentalmente um problema político. Por isso não basta uma condenação moral das situações de pobreza, mas se impõe um esforço histórico de superá-la mediante uma verdadeira revolução no quadro das relações entre os homens e no modo de produção dos bens necessários para garantir a vida de todos[6]. Este é o grande desafio que os pobres lançam a todas as sociedades hodiernas.

---

5. Puebla, n. 30; João Paulo II, Discurso inaugural aos Bispos em Puebla III,3, ou em AAS 71 (1979), 201; cf. Carta aos cristãos que vivem e celebram a sua fé nas comunidades cristãs populares dos países e regiões pobres do mundo. In: *Puebla* 7. 1980, p. 430-433, aqui p. 430: "E todos juntos vimos que a pobreza existente na América Latina e no resto do mundo não é o resultado do destino, mas é o fruto de uma grande injustiça que brada ao céu, como o sangue de Abel assassinado por Caim (Gn 4,10). Vimos também que a causa principal desta injustiça deve ser procurada no sistema capitalista que, como uma nova Torre de Babel (Gn 11,1-8), ergue-se sobre o mundo e controla a vida dos povos, favorecendo a uns que se enriquecem, cada vez mais, à custa da pobreza crescente dos outros. É por isso que os povos empobrecidos dos nossos países vivem num verdadeiro cativeiro dentro da sua própria terra". A carta é a conclusão do Congresso Internacional Ecumênico de Teologia, realizado em São Paulo em fevereiro-março de 1980.

6. Ficou famosa a frase do Presidente J.F. Kennedy, citando Attlee: "Se uma sociedade livre não puder auxiliar os muitos que são pobres, não pode salvar os poucos que são ricos": cf. LOTT, D.N. *The Inaugural Addresses of the American Presidents from Washington to Kennedy.* Nova York, 1961, p. 270.

A luta em favor dos pobres e dos próprios pobres contra a pobreza significa uma busca honestíssima de humanização de todos. A pobreza desumaniza a ricos e a pobres. Primeiramente os pobres: a pobreza traz toda sorte de carências, desestrutura a vida emotiva, as relações para com os outros, impede continuamente a vocação essencial do ser humano a desenvolver-se e a expandir suas capacidades para além do instinto da sobrevivência, leva-os à inveja, ao ódio, à violência contra os que os mantêm na miséria e, muitas vezes, a desesperar de Deus e a levantar o punho contra o céu.

Desumaniza os ricos porque os leva a considerar os pobres como inferiores, sobrantes da sociedade, peso morto da história. Nas sociedades onde havia regime escravista persiste uma brutal desumanização dos ricos face aos pobres. O dono de escravos tratava estes "desgraçados" como se fossem objetos de uso, como "peças" compradas no mercado; eram, literalmente, combustível do processo produtivo[7]; não admira que os escravos não tivessem mais que 5-7 anos de vida útil, tal era o nível da exploração. As classes dominantes de hoje, sucessoras dos senhores de escravos, bem como aqueles que traficavam com escravos (ingleses, portugueses, holandeses e norte-americanos), herdaram profundo desprezo pelos pobres. Consideram-nos desqualificados socialmente, evitam-lhes o contato físico, passam ao largo, insensíveis às suas misérias. Os governos controlados por estas classes dominantes, brutalizadas em seus sentimentos de humanidade, desconsideram, em seus planejamentos econômicos, culturais, urbanos, sanitários, os po-

---

7. Cf. RODRIGUES, N. *Os Africanos no Brasil*. São Paulo, 1932; •
GOULART, M. *A escravidão africana no Brasil*. São Paulo, 1975; •
LUNA, L. *O negro na luta contra a escravidão*. Rio de Janeiro, 1976.

bres que constituem a maioria de nossos países latino-americanos. Qualquer organização e movimento de pobres são logo controlados e reprimidos com violência sequer aplicável a animais[8]. Vivem apavorados uns e outros. Os pobres pelas contínuas ameaças que sofrem, os ricos com medo da revolta vindicativa dos pobres. Só eufemisticamente as relações são fraternas e a sociedade organizada pelos princípios da equidade e da justiça.

A opção de São Francisco pelos pobres ganha, neste contexto, uma atualidade política inusitada. O que faz o pobre ser ainda mais pobre é o fato de ser quase sempre considerado a partir do ponto de vista do rico. A grandeza de Francisco foi a de ver o pobre com os olhos do pobre e assim permitir a descoberta dos valores dos pobres. Antes de entrarmos nesta questão, consideremos rapidamente a atitude da Igreja, ao largo dos séculos, face ao desafio dos pobres.

2. Igreja dos pobres, para os pobres, com os pobres

Tomamos o sentido de pobre numa forma imediata e direta; pobre é aquele que objetivamente é atingido por alguma carência, seja no interior de sua condição social (comerciante pobre, professor pobre), seja relacionando uma condição com a outra (economicamente poderoso e economicamente fraco). O renomado estudioso do fenômeno da pobreza na história Michel Mollat define assim o pobre: "É aquele que de forma permanente ou temporária se encontra numa situação de fraqueza, de dependência, de humilhação, caracterizada pela privação de meios, variáveis se-

---

8. Cf. RODRIGUES, J.H. *Conciliação e reforma no Brasil*. Rio de Janeiro, 1965, p. 23-111.

gundo as épocas e as sociedades, meios de poder e de consideração social: dinheiro, relações, influência, poder, ciência, qualificação técnica, honorabilidade de nascimento, vigor físico, capacidade intelectual, liberdade e dignidade pessoais. Vivendo do dia a dia, o pobre não tem nenhuma possibilidade de se levantar sem a ajuda do outro. Uma tal definição pode incluir todos os frustrados, os deixados por conta deles próprios, os associais, os marginais; esta definição não é específica de uma época, de uma região, de um meio. Ela não exclui sequer aqueles que por um ideal ascético ou místico quiseram se desapegar do mundo ou que, por devotamento, escolheram viver pobres entre os pobres"[9].

Como veremos mais abaixo, o pobre vem definido sempre em relação, pois não existe rico ou pobre em si mesmo. Num sentido econômico, pobre (*pauper*) se contrapõe a rico (*dives*); num sentido político, pobre (*minor, impotens*) se opõe a poderoso (*potens, maior*); num sentido higiênico, pobre (*infirmus, esuriens, famelicus, vulneratus, debilis*) se distingue do são (*sanus*); num sentido cultural o pobre é o analfabeto (*imbecillis, simplex, idiota*) em oposição ao letrado e assim por diante. Como se depreende, a compreensão do que seja pobre deve manter-se larga para captar adequadamente o fenômeno, pois é pluridimensional. O denominador comum é: o carente que necessita do outro (pessoa ou Deus) para se soerguer, em qualquer nível.

Como enfrentou a Igreja esta situação que desumaniza? Podemos dizer que, por mais diversas que tenham sido as situações, as estratégias e táticas, a Igreja (comunidade dos fiéis) sempre teve uma aguda preocupação pelos po-

---

9. MOLLAT, M. *Les pauvres au moyen-âge*. Paris, 1978, p. 14.

bres. Foi-lhe sempre um espinho na consciência e um convite para estender a mão e socorrer. Em substância foi fiel à tradição de Jesus Cristo que fez uma opção pelos pobres, embora sociologicamente compreendido não fosse pobre de origem[10], fiel também à tradição apostólica[11], que nos primórdios unira conversão ao Evangelho com conversão social, colocando "todos os bens em comum, dividindo com todos, segundo as necessidades de cada um, não havendo pobres entre eles" (cf. At 3,44-45; 4,34). O cuidado pelos pobres constituiu sempre uma preocupação eclesial e apostólica. É uma questão jamais resolvida, mas nem por isso se caiu, maciçamente, na resignação e na inoperosidade. Sempre se fez na Igreja alguma coisa pelos pobres[12].

---

10. HOUTART, F. La religion dans la formation sociale de la Palestine du premier siècle et l'acteur socio-religieux Jesus. In: *Religion et modes de production précapitalistes*. Bruxelas, 1980, p. 218-253, aqui p. 245: Conforme os estudiosos modernos "Jesus de Nazaré é um profeta proveniente dos círculos dos escribas e dos fariseus. Embora os critique teoricamente, ele mantém os elementos fundamentais da produção ideológica deles, a tal ponto que é, com frequência, confundido com eles... Sua classe de origem é a pequena burguesia artesanal. Mas Jesus não dirige, prmeiramente, sua prática em função desta categoria social. Sua base social, ao contrário, é constituída pela massa marginal ao processo de produção e pela massa de camponeses iletrados e os mais explorados, conjunto que recebe o nome de *ara ha-ares*".

11. Dos "notáveis" de Jerusalém (Gl 2,2), Tiago, Cefas e João, a quem Paulo apresentou seu evangelho dirigido aos gentios, recebeu ele a aprovação com a seguinte recomendação: "que nos lembrássemos sempre dos pobres, coisa que procurei fazer com muita solicitude" (Gl 2,10; cf. At 11,29-30).

12. Veja a minuciosa investigação de Clodovis Boff sobre a Igreja e os pobres através dos séculos, a sair em breve pela Vozes de Petrópolis. Um capítulo foi publicado em *Puebla* 7 (1980), 385-402: A opção pelos pobres durante mil anos de história da Igreja.

Na história da Igreja discernimos três atitudes básicas em face dos pobres, atitudes que se entrelaçam sem se excluir, mas definindo, cada vez, uma tendência dominante. A percepção dos acentos diferentes nos ajudará a entender a opção radical de São Francisco e a novidade da posição da Igreja atual.

1) Igreja dos pobres

A Igreja dos primórdios até o século IV, com a viragem constantiniana (313), é constituída majoritariamente por pobres. O conteúdo da mensagem de Jesus, prometendo, em primeiro lugar, o Reino e a salvação aos pobres, chamando-os de bem-aventurados (Lc 6,20) e privilegiados do Pai (Mt 11,25-26), vinha ao encontro das demandas religiosas e sociais dos pobres, favorecendo assim a penetração do cristianismo nascente[13]. Aquilo que Paulo diz é verdade histórica: "Olhai quem foi chamado entre vós: não há muitos sábios segundo a carne, nem muitos poderosos, nem muitos nobres, antes o que o mundo julga estulto, o que o mundo julga fraco... o ignóbil, o abjeto aos olhos do mundo, o que não é nada Deus escolheu..." (1Cor 1,26-29). A mesma situação pobre dos primeiros cristãos é atestada pela Carta a Diogneto (por volta do

---

13. TROELTSCH, E. *The Social Teaching ot lhe Christian Churches*, vol. I, Londres/Nova York, 1950, p. 51. Para toda esta questão cf. a obra coletiva de DUPONT et al. *La pobreza evangélica hoy*. Bogotá, 1971; • Clemente de Alexandria colocou, no seu tempo, corretamente a questão: *Quis dives salvetur?* – traduzido: "Pode o rico salvar-se?" – respondendo no código da mudança moral e não da mudança social: O rico se salva na medida em que usa da riqueza para fazer mais caridade e assim minorar a pobreza.

ano 150)[14]. O cristianismo não introduziu transformações sociais, nem tinha condições estruturais de fazê-lo, mas humanizou profundamente as relações humanas, dignificando os pobres e colocando-os num nível de igualdade e de respeito como aos demais homens.

Desde cedo, entretanto, se pôs a questão da riqueza, pois se queria facilitar a conversão também dos ricos. As exigências radicais de Jesus de tudo vender e entregar aos pobres (cf. Mt 19,16-22; Mc 10,17-22; Lc 18,18-27; 12,33-34) são espiritualizadas numa perspectiva ascética e moral na linha de São Tiago e de São Paulo: a riqueza pode ser uma mediação da caridade e da assistência aos pobres e assim se justifica e legitima (2Cor 8,13-14; 1Tm 6,18-19).

Apesar desta tradução histórica da radicalidade de Jesus, sempre permaneceu na Igreja antiga a referência ao "comunismo do amor" (Troeltsch) vivido pelos primeiros cristãos em Jerusalém (At 2,42-46; 4,32-37). Embora a grande maioria fosse pobre e a Igreja marcadamente se apresentasse como uma comunidade de pobres, a pobreza coletiva era minorada pela solidariedade, mútua compaixão e assistência caritativa.

---

14. Petrópolis: Vozes, 1976, V,13-17; o mesmo testemunha o grande crítico do cristianismo, o filósofo Celso, que encontra motivos de desprezar os cristãos porque são pessoas de baixa renda, artesãos, portuários, escravos, arrumadeiras, sapateiros etc. Cf. de SANTA ANA. *A Igreja e o desafio dos pobres*. Petrópolis, 1980, p. 90-91.

2) Igreja para os pobres

A partir de Constantino e Teodósio a Igreja é levada a assumir a condução hegemônica da cultura ocidental. Isto implica ocupar o lugar do poder político. De base, a Igreja se transforma em cúpula, introduzindo uma divisão entre os simples fiéis (*plebs christiana*) que continuam base e a hierarquia eclesiástica que se transforma no corpo dos ilustres (*nobiles*), a cúpula.

A hierarquia para desempenhar sua nova função histórica se alia aos poderosos da sociedade e ao Estado. Desta coligação entre Igreja hierárquica e Estado (com as classes dominantes nele representadas) nasce o fenômeno histórico-cultural chamado de cristandade[15]. A cristandade resulta da aliança entre o *Sacerdotium* e o *Imperium*. Nesta estruturação, os pobres (simultaneamente cristãos) se encontram embaixo e à margem. Entretanto jamais foram olvidados. Evidentemente a estratégia da Igreja hierárquica está condicionada ao lugar do poder que ela ocupa. Os pobres serão vistos, quase sempre, embora com exceções notáveis, a partir da perspectiva do rico. Então ele aparece sempre como alguém inferiorizado, carente e objeto de uma ação caritativa. A estratégia político-pastoral assumirá a forma do assistencialismo e do paternalismo, forma esta que definirá a ação da Igreja através dos séculos até, praticamente, o advento do Vaticano II (1962-1965). Pelo assistencialismo, a estruturação da sociedade não é questionada, respeitar-se-ão os devidos lugares sociais, aquele do rico e aquele

---

15. A melhor obra no gênero nos parece ser aquela de RICHARD, P. *Mort des chrétientés et naissance de l'Eglise*. Paris, 1978.

do pobre, mas se elaborará uma prática de ajuda ao pobre por parte do rico. A ação não é dialética, incluindo o pobre e o rico. Ela vai do rico para o pobre, não valorizando a capacidade de organização e de transformação do próprio pobre[16]. Assim o assistencialismo se mostra como paternalismo, vale dizer, o pai que assiste o filho menor e indefeso. Neste espírito a Igreja organizou uma impressionante rede de hospitais, leprosários, hospedarias, dispensários como antes dela nenhuma outra cultura histórica conhecida apresentou. Uma galeria imensa de santos, desde Zótico, cognominado na Igreja oriental de "nutridor dos pobres", até João Bosco, José Maria Cafasso, "O cotolengo" e ultimamente Teresa de Calcutá, distinguiram-se no serviço desinteressado aos pobres[17].

---

16. Esta afirmação deve ser entendida em seu sentido geral e dominante, pois especificamente também houve consciência de que o pobre pode se ajudar a si mesmo como se vê nesta homilia de São Basílio: "Bebe a água da tua cisterna (Pr 5,15), ou seja, considera teus meios, não peças a fonte estranha, mas vê em teus próprios mananciais o sustento de tua vida. Tens vasos de bronze, roupas, um cavalo, alguns móveis. Vende-os. aceita qualquer coisa, menos perder a liberdade. Tu podes dizer que é difícil levá-los a leilão... Não batas noutras portas. O poço do vizinho é sempre estreito (Pr 23,27). É muito melhor satisfazer tuas necessidades com teu trabalho do que te levantares de repente, graças ao apoio de outro, para perder, em seguida, lodos os teus bens, rapidamente. Se tens com que pagar, por que não usas teus recursos para aliviar a miséria? E se és insolvente, por que sarar um mal, causando outro? Não te entregues ao usurário, que vai te assaltar, nem te deixes perseguir nem prender como uma presa": Homilia II sobre o Salmo 15; PG 29, 263s.

17. A obra de referência básica é o livro já citado de MOLLAT, M. *Les pauvres au moyen-âge* e seu resumo criativo em BOFF, C. A *opção preferencial pelos pobres...* Op. cit.

A *cura pauperum* encontrou sua formulação em dois princípios básicos que resumem a atitude assistencial de toda a Igreja antiga: primeiro, o homem deve ser considerado apenas como o administrador dos bens de que dispõe, jamais como o seu proprietário, pois este só pode ser Deus; segundo, o supérfluo do rico é o necessário do pobre, por conseguinte, a esmola constitui um dever de justiça e não apenas uma expressão da caridade.

O bispo em regime de cristandade, apesar de ocupar o lugar do poder, foi entendido como *defensor et procurator pauperum*, como se vê realizado exemplarmente nas vidas dos bispos São Basílio, São João Crisóstomo ou nos Papas São Gregório Magno e Inocêncio III[18]. Os pobres podem apelar aos bispos para que estes cobrem dos ricos seu dever de caridade e de justiça para com os pobres (a assim chamada *denuntiatio evangelica*)[19]. O cânon 59 dos *Statuta Ecclesiae antiqua* chega a prescrever que "os sacerdotes devem

---

18. Foi o Papa de maior poder na Igreja, com uma péssima visão da existência humana (cf. *De miséria humanae conditionis*), mas com aguda sensibilidade para com os pobres. Criou em Roma o hospital do Espírito Santo e por bulas incentivou as fraternidades entregues ao serviço dos pobres. Doou aos pobres os dons oferecidos à basílica de São Pedro e houve momentos em que só ele alimentava cerca de 8.000 indigentes por dia; para isso cf. LALLEMAND, L. *Histoire de la charité III*. Paris, 1906, p. 306; • MOLLAT, M. Hospitalité et assistance ao début du XIIIème siècle. In: FLOOD, D. (editor). *The Poverty in the Middle Ages*. Werl/West., 1975, p. 37-51, aqui 39.

19. Cf. o importante estudo do Pe. CONGAR, Y. Uma realidade tradicional: a Igreja, recurso dos fracos e dos pobres. In: *Eglise et pauvreté*. Paris, 1965, p. 258-266. • São Bernardo recorda ao Papa Inocêncio II: "Se observardes vosso dever apostólico e o costume antigo, não podeis rejeitar a causa dos pobres, nem lisonjear os poderosos".

recusar os dons dos opressores dos pobres"[20]. O Concílio de Tours em 567 é taxativo no cânon 26: "Os juízes e poderosos que oprimem os pobres sejam advertidos pelo seu bispo. Se não se emendarem, sejam excomungados".

O tempo imediatamente anterior a São Francisco é particularmente importante para a questão da pobreza. É tempo de cataclismos meteorológicos, enchentes, seguidas de secas, destruição de colheitas, invernos especialmente rigorosos e muita fome (a partir de 1194 até 1205)[21]. A situação crítica favorece a reflexão teológico-pastoral, como sói acontecer em circunstâncias semelhantes, de uma maneira vigorosa e corajosa. Discute-se sobre "os direitos dos pobres". Chega-se à afirmação de uma tese, "unanimemente aceita nas faculdades de direito, de leis e de teologia: de direito divino e de direito humano o esfaimado constrangido a roubar é inocente"[22]. A lei básica era assim formulada: "por direito natural todas as coisas são comuns e em tempo de necessidade todas as coisas devem ser colocadas em comum"[23]. A vida do pobre vale mais que a propriedade do rico; em caso de necessidade absoluta, o pobre pode tomar espontaneamente o que lhe foi recusado. O que aqui ocorre significa uma verdadeira revolução moral: da economia

---

20. *Eorum qui pauperes opprimunt, donaria sacerdotibus refutanda.* Cf. o outro estudo de CONGAR, Y. Os bens temporais da Igreja segundo a tradição teológica e canônica. In: *Eglise et pauvreté.* Op. cit., p. 233-258.

21. Cf. MOLLAT, M. *Hospitalité et assistance.* Op. cit., p. 37-51.

22. COUVREUR, G. *Les pauvres ont-ils des droits?* Recherches sur le vol en cas d'extrême nécessité depuis la Concordia de Gratien (1140) jusqu'à Guillaume d'Auxerre (1231). Roma/Paris, 1961, p. 257.

23. *Iure naturae omnia sunt communia, i.e. tempore necessitatis sunt communicanda.*

da esmola e do presente, própria da sociedade senhorial, passa-se para a economia da restituição por direito. Verifica-se ainda um reconhecimento do pobre como valor em si mesmo. O pobre deixa de ser visto como uma peça na grande maquinaria histórico-salvífica, a pobreza como caminho de salvação, pela paciência, para as vítimas e de redenção, pela liberalidade, para os benfeitores. O pobre é considerado como *vicarius Christi*: ele atualiza a presença de Cristo como Juiz, exigindo que se faça caridade e justiça para com os nus, famintos, encarcerados etc. Ademais o pobre é "juiz e porteiro do céu" funcionando como intercessor junto ao Juiz eterno. Por fim, o pobre prolonga a encarnação de Jesus, Servo sofredor para dentro da história[24]. O serviço ao pobre inclui um serviço ao próprio Cristo. Havia ainda uma exigência mais radical: não apenas dar esmolas, repartir as coisas, mas dar-se e fazer-se também pobre por amor aos pobres e ao Cristo pobre (*pauperes Christi*).

Efetivamente os séculos XII e XIII, como veremos mais detalhadamente, caracterizam-se pelos grandes movimentos religiosos assentados na vida evangélica e apostólica, na imitação do Cristo crucificado e pobre e na vivência radical de pobreza. São os patarinos, pobres de Lyon, valdenses, albigenses, humilhados e outros, todos eles se colocando do lado dos pobres, especialmente das cidades, e compondo o movimento talvez mais radical de toda a história espiritual

---

24. MOLLAT. M. *Les pauvres*. Op. cit., p. 129-142; • cf. ainda DUBUY, G. Les pauvres des campagnes dans l'Occident médiéval. In: *Revue d'Histoire de l'Eglise de France 52*. 1966, p. 25-32. No tempo da querela entre mendicantes e seculares em Paris esteve muito em voga a distinção entre o *Christus largiens* (que dá) e o *Christus accipiens* (que recebe).

do cristianismo[25]. Os mendicantes franciscanos, servitas e dominicanos são expressão deste movimento mais generalizado. Com todos estes se deu a passagem da *liberalitas erga pauperes* (liberalidade para com os pobres) para a *conversatio inter pauperes* (a convivência com os pobres). São eles os precursores e patronos da moderna opção preferencial da Igreja pelos pobres e oprimidos.

Com o advento dos Estados modernos, a instituição da caridade não fica adstrita somente à Igreja. Os próprios príncipes e reis assumem a responsabilidade para com os pobres. Assim, favorecem as confrarias dos leigos em benefício dos marginalizados, instauram as mesas dos pobres, os montepios, a reforma dos hospitais e a criação da polícia dos pobres com o intuito de proceder a uma triagem entre os pobres laboriosos (artesãos pobres) e os giróvagos, submetidos a prisões, trabalhos forçados e até ao enforcamento.

Com a Revolução Industrial e a desestruturação da ordem medieval, o problema dos pobres assume gravidade como nunca dantes. Basta ler as páginas de *O capital* de K.

---

25. A obra clássica, nos quadros de uma interpretação idealista, é aquela de GRUNDMANN, H. *Religiöse Bewegungen im Mittelalter*. Hildesheim, 1961; • cf. as críticas de FLOOD, D. The Grundmann Approach to Early Franciscan Poverty. In: *Franziskanische Studien 59*. 1977, p. 311-319; • uma visão alternativa a Grundmann apresenta NELSON, J.L. Society, Theodicy and the Origins of Heresy. Towards a Reassessment of the Medieval Evidence. In. *Schism, Heresy and Religious Protest*. Cambridge: D. Baker 1972, p. 65-77; • LITTLE, L.K. Evangelical Poverty, the New Money Economy and Violence. In: *Poverty in the Middle Ages*. Op. cit., p. 11-26; uma obra mais antiga mas metodologicamente sugestiva é a de PIERRON, J.B. *Die katholischen Armen*. Ein Beitrag zur Entstehungsgeschichte der Bettlerorden mit Berücksichtigung der Humiliaten und der Wiedervereinigten. Friburgo: Lombarden, 1911.

Marx acerca da formação histórica do capital e o custo social exigido dos pobres, submetidos a todas as pressões e espoliações por parte do capitalismo nascente, desalmado e feroz[26]. Com a aceleração do processo produtivo em moldes capitalistas, o problema dos pobres se agravou em nível mundial. A Igreja sentiu-se ultrapassada em suas possibilidades de ajuda. Presa a uma concepção da sociedade de ordens e a uma perspectiva de corporações, chegou tarde na compreensão da sociedade de classes. As encíclicas sociais, monumentos de sensibilidade ética, não chegam a ultrapassar a faixa dos apelos de mudança, ficando muito aquém da contribuição marxista na elaboração e organização das lutas libertárias do proletariado. As condenações ficaram no mesmo plano dos abusos dos sistemas econômicos; só em 1967 com a *Populorum Progressio* de Paulo VI se arrisca chamar o sistema capitalista de "nefasto sistema" (n. 26)[27].

Em síntese: "É comovedor verificar o enorme esforço da Igreja em 'resolver' os problemas dos pobres. Entretanto, escapava-lhe o que nós percebemos hoje: que toda aquela generosidade afetiva e efetiva reservava aos pobres apenas as 'migalhas' do produto social. A máquina econômica e o sistema social todo funcionava em favor de grupos restritos – os grupos dominantes, entre os quais se achava a própria hierarquia da Igreja. A Idade Média não viu nem poderia ter visto as estruturas sociais: que a pobreza era um problema estrutural. Estava presa à ideia da sociedade como siste-

---

26. *O capital*, parte terceira, VIII; XIII; parte sétima XXIV; • cf. ainda HUBERMANN, L. *História da riqueza do homem*. Rio de Janeiro, 1981, todo o capítulo XVI, p. 187-206.

27. Para esta parte cf. CHENU, M.D. *La dottrina sociale della Chiesa –* Origine e sviluppo (1891-1971). Bréscia, 1977, p. 48-53.

ma estático; podia-se mudar de lugar social, mas não o conjunto dos lugares – o sistema social. Por isso, a história da Igreja até o fim da Idade Média (e nós diríamos até recente data) é a história do pobre Lázaro e do bom rico"[28]. O projeto de base não é fazer de Lázaro um comensal na mesa do epulão, mas de que ganhe mais comida, lá na sua situação, junto dos cães. Nem por isso, a Igreja deixou de ser uma Igreja para os pobres, sem chegar a ser uma Igreja com os pobres e muito menos dos pobres.

3) Igreja com os pobres

Na medida em que mais e mais cristãos e a própria hierarquia foram penetrando nos meios pobres, apontou a urgência de um outro tipo de presença eclesial mais eficaz no meio deles. Esta penetração no continente dos pobres permitiu à Igreja descobrir a paixão dos pobres, a violência institucionalizada a que estão submetidos. O tão decantado desenvolvimento é feito às custas deles e até contra eles, pois o fosso entre ricos e pobres sempre aumentou em termos globais. Descobriu principalmente o valor dos pobres, sua força de resistência, a dignidade de suas lutas, sua solidariedade, seu vigor associado à ternura pela vida e pela família, sua capacidade de evangelização de toda a Igreja. No meio deles a Igreja foi lentamente trocando sua ótica: ao invés de ver o pobre na perspectiva do rico, começa a ver o pobre com os olhos do pobre. A partir do lugar social do pobre se percebe a necessidade de mudança estrutural da sociedade, na direção de mais justiça, comunhão e participação[29].

---

28. BOFF, C. A *opção preferencial pelos pobres*. Op. cit., p. 400-401.

29. Para um aprofundamento desta questão cf. BOFF, L. O *caminhar da Igreja com os oprimidos*. Rio, 1980.

Em Medellín (1968) e com mais consciência e radicalidade em Puebla (1979) a Igreja latino-americana fez uma clara opção preferencial e solidária pelos pobres[30]; esta opção é segundo o Papa João Paulo II uma opção cristã de toda a Igreja[31]. A Igreja quer estar do lado dos pobres, reforçar seu potencial transformador, incorporar-se na sua caminhada de libertação.

Por isso, opção significa aqui conversão da Igreja, como o diz explicitamente o documento final de Puebla (n. 1140). Implica uma troca de lugar social, daquele das elites para este outro dos pobres[32]. Aqui reside a novidade desta opção face às outras formas de presença da Igreja no meio dos pobres. Com sua opção solidária, a Igreja supera a visão meramente moralista e assistencialista e assume uma perspectiva política. Não quer mais estar presente só mediante instituições de ajuda; esta atitude assistencialista não valoriza a força própria dos pobres. Ora eles possuem já suas organizações e suas lutas. A Igreja intenciona apoiar a causa deles e fazer corpo com suas buscas de mudança. A partir dos po-

---

30. São os números 1134-1165; confira os excelentes comentários aos textos por GUTIÉRREZ, G. *A força histórica dos pobres*. Petrópolis, 1981, p. 194-231; • JORGE, J. Simões. *Puebla, libertação do homem pobre*. São Paulo, 1981.

31. Esta perspectiva foi acentuada pelo Papa em seus discursos nas Filipinas: cf. *L'Osservatore Romano* de 8-3-1981, 5.

32. Dom Aloísio Lorscheider, cardeal de Fortaleza, diz com acerto: "Muitos não chegaram a entender que a Igreja mudou de lugar social. A Igreja faz a leitura da realidade social, partindo de outro ângulo. Ela passou do lugar social das elites para o lugar social do povo. O povo... são os pobres e simples. Daí a opção preferencial pelos pobres. É a partir do mundo dos pobres que a Igreja lê a realidade social e deseja renovar o mundo": *Jornal do Brasil*, 11/02/1981.

bres se questiona todo o sistema social e se postula uma alternativa mais humanitária e simétrica. A Igreja, a partir de sua própria riqueza, organizar-se-á de forma mais popular e participada; permitirá a emergência de comunidades eclesiais de base, nas quais o povo pobre e cristão expressa sua fé e vive o Evangelho de uma forma comprometida com a mudança social na direção dos bens do Reino que são uma fraternidade maior e uma participação melhor realizada. A Igreja se encarna mais e mais no mundo dos pobres e procura atingi-los com meios pobres. Quer ser uma Igreja com eles.

Esta opção não é excludente, mas preferencial (Puebla n. 1134, 1165). A Igreja não renuncia a sua catolicidade essencial, mas define o lugar em que quer concretamente começar a realizar esta catolicidade, isto é, a partir dos pobres e então a todos os demais. Começa por aqueles que foram também os privilegiados do Jesus histórico (Lc 4,17-21) e se estende a todos indistintamente.

A opção pelos pobres é contra a sua pobreza, pois esta é um mal que Deus não quer, porque é fruto de mecanismos de empobrecimento e exploração (n. 30, 1160). Assumir a pobreza em solidariedade pelos empobrecidos implica optar pela justiça social, comprometer-se com os pobres na libertação integral de todos por uma sociedade mais justa e fraterna (n. 1136, 1154). Em função desta opção, já existem mártires em nosso Continente que selaram com seu sangue o pacto novo da Igreja com os oprimidos[33]. Nada mais simbólico do que o gesto do Papa João Paulo II, em sua visita ao

---

33. DUSSEL, E. *De Medellín a Puebla* – Una década de sangre y esperanza. México, 1979.

Brasil, ao entregar seu anel de supremo Pastor aos favelados do Vidigal (Rio de Janeiro).

Mais e mais esta questão dos pobres, tão essencial ao próprio Evangelho, vai se tornando o *punctus stantis et cadentis* para toda a Igreja. Ela se torna acreditável na medida em que fizer suas as causas dos pobres que são causas universais: justiça para todos, participação para todos, respeito aos direitos humanos para todos. É assumindo hoje tais causas universais que a própria Igreja concretiza e constrói sua própria universalidade. No destino de nossos pobres se joga o destino da própria fé cristã que ganha sua razão de ser e verifica a sua verdade na medida em que for vivida como libertação integral do homem, especialmente dos pobres.

3. Pelos pobres contra a pobreza: esclarecimento semântico

Esta rápida passagem pelas várias atitudes históricas da Igreja em relação aos pobres revelou distintos rostos da pobreza. Ela constitui uma realidade profundamente ambígua. Muitos são os pobres, por distintos títulos e de muitas maneiras. Por um lado, a pobreza é apresentada como um mal a ser eliminado, por outro, como uma virtude a ser buscada. De que pobreza estamos falando? Precisamos fazer um esforço de esclarecimento para reduzirmos ao mínimo as ambiguidades. O melhor método é aquele dialético: para cada caso identificar-se-á sempre qual é o oposto de pobreza. Aí aparece a natureza relativa da pobreza, vale dizer, uma realidade que não pode ser analisada a partir dela mesma, mas sempre em contraposição a uma outra. Cada significação nova comporta um juízo de valor distinto e demanda uma atitude adequada do cristão. Como se há de evidenciar por um lado a pobreza aparece como manifestação de pecado, por outro pode se constituir uma das supremas expressões do amor e da solidariedade. Pobreza se cura com pobreza, assumida em liberdade como identificação com os pobres e como protesto contra sua pobreza iníqua[34].

1) Pobreza: um mal, carência de meios

Como já assinalamos acima, esse sentido é o mais direto e imediato; significa a penúria dos meios e serviços destinados a satisfazer as necessidades básicas da vida humana que incluem também as urgências especificamente humanas quais sejam a participação no processo cultural, social e político, como o assinalou com acerto Puebla[35]. Semelhante pobreza não precisa ser culpável, pois seus produtores não necessariamente são as pessoas, mas o meio físico pobre, o atraso tecnológico de todo um grupo humano ou cataclismos da natureza. Essa pobreza não deixa de ser um mal, pois impede a expansão da vida e encurta a existência humana. Ela se manifesta como escravização à luta insana pela pura sobrevivência, impedindo a liberdade para as atividades mais altas do espírito humano como a criação intelectual, moral, artística. Apesar disso, o espírito não está morto, mas apenas obstaculizado; a cultura do silêncio e da pobreza também possui sua dignidade e testemunha à sua maneira a sede de transcendência da subjetividade humana.

O oposto a este tipo de pobreza é a riqueza de meios para a produção e a reprodução da vida e da sociedade.

---

34. Confira minha exposição mais sumária em *O caminhar da Igreja com os oprimidos*. Op. cit., p 129-135.

35. N. 1135, nota 331.

Optar pelos pobres implica lutar contra a sua pobreza e um esforço consciente e planejado na criação de desenvolvimento técnico e social que permita desafogar a vida, para além da luta pela sobrevivência (*struggle for life*). O espírito evangélico pode ser um fator de promoção humana integral. A história missionária patenteou que evangelizar significa também libertar. A fé cristã anuncia que o Reino de Deus se inicia já aqui na terra e deve ser construído pelos homens na medida em que criam relações materiais e sociais que favoreçam o crescimento da vida. A ideia de Reino está associada a certa abundância e à superação do espantalho da pobreza. A partir das últimas três décadas, particularmente nos países pobres do Terceiro Mundo, o Evangelho foi profundamente solicitado como fator de promoção e libertação[36], como formas de antecipação e de concretização histórica do Reino de Deus. No Reino definitivo não haverá pobres nem pobreza, mas justos e irmãos na riqueza participada de Deus. A pobreza, portanto, deve ser superada e possui uma relação negativa à glória do Ressuscitado e ao futuro ao qual está chamado o mundo. Não obstante, cumpre observar que tanto a pobreza-carência quanto a riqueza-abundância encerram um perigo de desumanização: a primeira por ameaçar diretamente a sobrevivência, a segunda por afogar a vida no luxo e no excesso de consumo. Por isso, a utopia cristã concernente aos bens e serviços não se orienta nem pela pobreza nem pela riqueza deles, mas pela justa medida, privilegiando o ser sobre o ter e o usufruto solidário sobre o consumo individualista.

---

36. Cf. a importante obra de GAUTHIER, P. *O Concílio e a Igreja dos pobres*. Petrópolis, 1967, p. 111-160.

2) *Pobreza: um pecado de injustiça*

Há uma pobreza produzida por relações sociais de exploração (Puebla, n. 30, 1160). Trata-se então de empobrecimento de um lado e de enriquecimento do outro, como mecanismos geradores de verdadeira injustiça que é pecado que Deus abomina. "Não são os ricos que vos oprimem com prepotência?", já perguntava São Tiago (2,6). Em nossa situação, este empobrecimento configura um verdadeiro pecado social. O Antigo Testamento está cheio de invectivas contra os ricos que com seus engodos e explorações criam os pobres (cf. Is 10,1-2; Am 2,6-7; Mq 3,1-3; Hab 2,6-8)[37]. Esta situação de injustiça desafia o próprio Deus. O Messias será o libertador dos pobres: "Ele fará justiça aos humilhados do povo e salvará os desvalidos e esmagará o opressor" (Sl 72,2-4), "libertará o pobre suplicante e o infeliz que ninguém ampara" (Is 9,4-5; 11,1s; 61,1-3). Jesus, ao revelar sua consciência messiânica, reporta-se a esta tradição de instaurador da boa-nova aos pobres ao fazer-lhes justiça e devolver-lhes o direito violado (cf. Lc 4,17-21). Os empobrecidos são privilegiados de Deus e do Messias não porque têm boas disposições e se encontram revestidos de virtudes morais, mas porque são efetivamente pobres. A razão não se encontra nos pobres, mas em Deus. Foi do seu agrado privilegiá-los (cf. Mt 11,3)[38]. Este é o sentido da bem-aventurança aos pobres, segundo São Lucas (6,20): os pobres

---

37. Cf. BOFF, L. *Teologia do cativeiro e da libertação*. Petrópolis, 1979, p. 221-239.

38. Puebla, n. 1142: "seja qual for a situação moral ou pessoal em que se encontrem..."; DUPONT, J. Los pobres y la pobreza en los Evangelios y en los Hechos. In: *La pobreza evangelica hoy*. Op. cit., p. 37.

concretos e históricos, feitos empobrecidos e injustiçados, serão os primeiros beneficiários dos bens do Reino que começa pela justiça, sem a qual nenhum outro bem tem seu fundamento assegurado.

O oposto a este tipo de pobreza é a justiça. Daí optar pelos pobres, nesta acepção, significa optar pela justiça social, pela mudança necessária sem a qual não se criam mecanismos produtores de justiça e equidade, contra a pobreza-injustiça e o sistema econômico-social baseado na acumulação em poucas mãos e na exploração da força de trabalho das grandes maiorias. Não admira, pois, se este sentido concreto de pobre seja o mais frequente nos evangelhos (53 vezes), ao passo que uma vez somente se fala em pobreza ou pobres em espírito (Mt 5,2).

3) Pobreza: modo evangélico de ser, disponibilidade total

O Evangelho, à deriva da espiritualidade vétero-testamentária dos *anawim* (pobres e humildes de Javé), postula um espírito de total disponibilidade e entrega confiante a Deus e aos irmãos. Tudo recebemos de Deus, portanto, tudo que nos vem, nos ad-vém; diante de Deus somos esmoleres; nada devemos reter para nós, antes, o que temos e somos devemos colocá-lo à disposição e ao serviço dos outros e do desígnio divino. Este espírito evangélico é condição indispensável para ingressarmos no Reino. Nele reside, propriamente, o projeto antropológico cristão. Ser pobre equivale a ser humilde, simples, desprendido, aberto a dar e a receber[39]. É o sentido da bem-aventurança dos pobres em

---

39. G. Gutiérrez chama-a também de caminho da infância espiritual, em *Teologia da Libertação*. Petrópolis, 1975, p.234-249.

espírito, na versão de São Mateus (5,3). O oposto a esta forma de pobreza é o farisaísmo, a fanfarronice, a arrogância e a autopromoção tão combatidas por Jesus em seu Evangelho. Optar pela pobreza significa então optar por uma conversão radical do coração contra uma cultura da *hybris*, da autoafirmação, da autonomia às custas da dominação dos outros, da concorrência e exaltação do mais forte, inteligente e poderoso. Jesus viveu este modo de ser radical até a entrega de sua própria vida. Seguir Jesus implica a apropriação eminente deste *ethos*.

4) Pobreza: uma virtude, a ascese

Todos os mestres espirituais viveram e pregaram uma vida de pobreza como forma ascética para libertar o espírito do instinto de posse e de apego ao gozo dos bens materiais. Esta virtude não é especificamente cristã. Ela se impõe como exigência de toda ascensão espiritual e de toda verdadeira criatividade em qualquer dimensão da "poética" humana. A pobreza como virtude se situa entre o desprezo dos bens e sua afeição. Trata-se do uso moderado e sóbrio dos bens, uso este que poderá variar conforme os lugares e as culturas, cujo sentido, entretanto, se conserva sempre: a liberdade do espírito para as obras próprias do espírito que são a liberdade, a generosidade, a oração, a criatividade cultural. Pobreza-ascese significa sabedoria de vida. O oposto a esta forma de pobreza é a prodigalidade e o esbanjamento irresponsável. Fazer uma opção pela pobreza, nesta acepção, se traduz por uma mentalidade ecológica, responsável por todos os bens da natureza e da cultura, por uma vida sem luxo e anticonsumística, contra uma sociedade de produção pela produção e de consumo pelo consumo. Puebla diz que, "no mundo de hoje, esta pobreza é um desafio ao materialismo e abre as portas a soluções alternativas da sociedade de consumo" (n. 1152).

5) Pobreza: expressão de amor pelos pobres contra sua pobreza

Alguém que não é pobre pode fazer-se pobre por solidariedade, mais ainda, por identificação com os pobres. Sente-se tomado de com-paixão e ternura pela situação desumana com que os pobres são afligidos e decide, por amor, a con-viver com eles, participando de suas esperanças e agruras. Esta solidariedade nasce de uma iracúndia sagrada e expressa um protesto: esta pobreza, que é empobrecimento e desumanização, não devia ser; o pobre se encontra, geralmente, abandonado e desprezado; quase ninguém olha por ele, a não ser Deus. Pertence à dimensão do coração, ao espírito de fineza, como anteriormente detalhamos, poder sustentar com sentido semelhante trans-descendência. Só o amor pode permitir uma realização onde se negam as condições objetivas para tal realização. Se a pobreza-injustiça resulta da falta de com-paixão e de solidariedade, então será a com-paixão e a solidariedade que irá sanar a pobreza-injustiça.

Este foi o caminho de Jesus. Ele que "era rico se fez pobre por nós", para superar as diferenças que reinavam entre os homens, uns na aflição e outros no alívio, a fim de que "houvesse igualdade" (cf. 2Cor 8,9-13). Levou uma vida de pobre como todos aqueles que apenas vivem da força de seu trabalho, pois era carpinteiro (Lc 6,3); durante sua vida pública foi pobre, pois vivia de esmolas que todo pregador ambulante recebia; tinha caixa comum com os discípulos e ainda assim dava alguma coisa aos pobres (cf. Jo 13,29). Na paixão e na cruz conhece as formas extremas da pobreza. Nos humilhados e ofendidos deste mundo quis colocar sua presença mais decisiva para a salvação (Mt 25,31-46)[40]. Nos pobres vigora uma presença de identificação ("foi a mim que o fizestes... foi a mim que o deixastes de fazer"), uma espécie de prolongação da encarnação (por inclusão especial dos pobres no mistério da encarnação do Verbo). Nos pobres está presente como Juiz escatológico, denunciando o abandono dos pobres e premiando os que se solidarizam. Nos pobres está presente ainda como sacramento da pobreza histórica que ele assumiu como caminho pessoalmente escolhido de inserção no meio dos homens. Podia ter-se encarnado no meio rico economicamente, no meio sagrado e privilegiado religiosamente (sumo sacerdócio), no meio poderoso politicamente (imperador). Nada disto quis, simplesmente o caminho oneroso dos que precisam trabalhar para viver como todos os pobres.

O oposto a esta pobreza-solidariedade é o egoísmo e a insensibilidade, pecado que atualmente ganha dimensões universais. A opção pelos pobres, neste sentido, pode se realizar de duas maneiras: convivendo com os pobres, participando de suas lutas de sobrevivência, dando-lhes o lenitivo profundamente humanizador da convivialidade, mesmo sem perspectivas de mudanças exteriores; ou se organizando com os pobres, lutando por sua causa de libertação, buscando os caminhos de superação da pobreza na direção de formas mais justas e participadas de trabalho e de convivência social.

---

40. JEREMIAS, J. Quem são os pobres para Jesus. In: *Teología del Nuevo Testamento*. Salamanca, 1974, p. 134-138.

Tanto uma como a outra forma expressam o amor e a vontade de incorporação à vida daqueles que menos têm mas que também são chamados a ser na comunhão e na fraternidade.

4. A opção radical do Poverello pelos pobrezinhos

Feitas estas aclarações semânticas, nos habilitamos a entender a profundidade da opção radical de Francisco, pai e irmão dos pobres, pelos pobrezinhos de seu tempo. Como todos os acontecimentos históricos, assim também este do movimento franciscano primitivo deposita as raízes nas condições materiais, ideológicas e religiosas de seu tempo. Como foi detalhado pela melhor pesquisa, os séculos XII e XIII são sacudidos pelos grandes movimentos religiosos que queriam viver a *vita apostolica et evangelica* com grande radicalidade. Diz o grande historiador franciscano do mesmo século Kajetan Esser: "Cada um sentia-se profundamente chamado e obrigado a imitar em sua vida pessoal a vida de Jesus, vale dizer, conduzir sua vida na forma do Santo Evangelho. A vida segundo o Evangelho é o novo ideal dos cristãos adultos da Alta Idade Média. Este ideal é o critério incondicional para saber se uma vida cristã é autêntica ou não. Todos se prendem à forma de vida segundo o Evangelho, que também era chamada de *vita apostolica*"[41]. Portadores desse ideal eram, especialmente, os pregadores itinerantes, grande parte deles leigos, que mandavam traduzir trechos das Escrituras em língua vulgar e animavam as populações, de modo particular nas comunas, onde se reuniam os sobrantes do sistema feudal e os artesãos do sistema mercantilista nascente. Viviam em extrema pobreza, pois que-

---

41. Die religiose Bewegungen des Hochmittelalters und Franz von Assisi. In: *Festgabe f. J. Lortz* II, Baden-Baden. 1958, p. 287-315, aqui p. 292.

riam levar uma vida segundo a pobreza evangélica nos ideais do apostolado missionário dos primeiros Apóstolos e do próprio Jesus Cristo.

Particularmente impressionante foi o movimento valdense. Pedro Valdo, rico comerciante de Lyon, em 1170 vende tudo, dá aos pobres, manda traduzir para o provençal textos bíblicos e começa sua pregação junto ao povo, especialmente os tecelões. Vai a Roma, consegue a muito custo aprovação do Papa Alexandre III e do III Concílio do Latrão (1179) ao seu modo de vida pobre, mas com a proibição de pregar ao povo senão quando solicitado por algum padre (*nisi rogantibus sacerdotibus*)[42]. Estes novos religiosos vivem do trabalho das mãos ou de esmolas, pregam de dois em dois pelas cidades, castelos e burgos. Parte deste movimento religioso mais amplo renovou a vida religiosa, parte se radicalizou opondo-se à Igreja clerical, caindo na heresia, parte se canalizou para as novas ordens mendicantes dos franciscanos, dominicanos e servitas.

Francisco, filho de um rico comerciante que intercambiava tecidos com o sul da França, onde o movimento religioso ganhara maior expressão, certamente ouvira falar de Valdo e dos outros líderes religiosos. Supõe-se até que o sacerdote pobre da igrejinha da Porciúncula que acolheu Francisco recém-convertido, tenha sido um valdense[43]. Não é sem razão que o maior estudioso destes movimentos, H. Grundmann, pode escrever: "Francisco e seus primeiros companheiros procedem exatamente do mesmo meio que Valdo. Assim no franciscanismo, desde os seus primórdios, estão representadas aquelas camadas sociais que em todos

---

42. GRUNDMANN. H. *Religiose Bewegungen.* Op. cit., p. 59-61.

43. ESSER, K. *Religiose Bewegungen.* Op. cit., p. 299.

os lados se consideram as portadoras dos movientos paupe-ristas: ricos burgueses, nobres e sacerdotes"[44]. Efetivamente os primeiros companheiros de São Francisco procedem de estratos altos, embora o movimento se mantivesse aberto a todos indistintamente[45].

Uma compreensão da história que confere importância à infraestrutura social no surgimento dos movimentos e dos líderes carismáticos não deixará de notar as semelhanças entre Francisco e os ideais que pairavam no ar de sua gera-ção. Entretanto, pode-se apontar uma característica pró-pria de Francisco. Ele não está interessado tanto no segui-mento dos Apóstolos ou na repristinação da vida da Igreja primitiva nos moldes da comunidade de bens e de espírito dos Atos dos Apóstolos, mas em seguir, imitar, reproduzir e representar a vida de Cristo; contra os que se opunham à Igreja hierárquica sublinhava também o *secundum formam sanctae romanae Ecclesiae*, em conformidade com a santa Igreja romana[46]. Mas no que se refere à pobreza, entretanto, ele prolonga a vivência de um ideal de gerações anteriores.

1) Opção pelos pobres: mudança de classe social

Em termos de extração de classe, Francisco pertencia à classe burguesa rica que se estava formando nas comunas italianas no seio da crise já perceptível do sistema feudal.

---

44. GRUNDMANN, H. Op. cit., p. 164-165.

45. SILVEIRA, I. São Francisco e a burguesia. In: *Nosso Irmão Francisco de Assis*. Petrópolis, 1975, p. 35-36; • ESSER, K. *Origens e espírito primi-tivo da Ordem Franciscana*. Petrópolis, 1972, p. 49-57.

46. VOVK, M. Die franziskanische "Fraternitas" als Erfüllung eines Anliegens der Hochmittelalterlichen Zeit. In: *Wissenschaft und Weisheit* 39. 1976, p. 2-25, esp. p. 21.

Seu pai, Pedro Bernardone, é um comerciante próspero e muito rico (*praedives*, como diz Celano), ligado às feiras da França, as maiores do tempo na comercialização de tecidos. As primeiras biografias mostram o jovem Francisco plenamente inserido no mundo rico. Vivia "a boemia jogralesca"[47] sendo o chefe de uma sociedade de jovens libertinos entregues às *cantilenae amatoriae* da Provença, às canções dos jograis que perambulavam pelos castelos cantando as gestas de Carlos Magno, do Rei Artur, e dos cavaleiros da Távola Redonda, respirando uma atmosfera romântica da gaia ciência do sul da França, da *jeunesse dorée*, em jogos e lautos banquetes[48]. Como adulto exerceu o ofício do pai[49], "vivendo num ambiente marcado pela cobiça desenfreada dos comerciantes", e "gostando de obter seus lucros"[50].

Durante uma doença, entra em crise e "começou a refletir consigo mesmo de maneira diferente"...; "nada mais conseguia satisfazê-lo"[51]. Começou a mostrar uma "afetuosidade notável e uma generosidade e compaixão extraordinárias pelos pobres"[52]. Os relatos mostram que, na medida em que se agravava a crise (incluindo a vontade esporádica de ser cavaleiro), aumentava sua "misericórdia para os que nada tinham"[53]. Aproveitava a ausência do pai avarento

---

47. *Legenda dos três companheiros 2.*

48. Cf. FORTINI. A. *Nuova Vita di San Francesco II.* Assis, 1959, p. 115-116; I, p. 113-129.

49. *Legenda dos três companheiros 2.*

50. 1Boaventura I,1.

51. 1Celano 3.

52. 2Boaventura I,2; • 1Celano 17; • 2Celano 5; 8.

53. 1Celano 17.

para encher a mesa de pães a fim de dá-los aos pobres[54]. Certa feita, todo lucro, até do cavalo vendido, de uma feira realizada em Foligno o entregou a um padre pobre de São Damião, seja para "gastá-lo no sustento dos pobres, seja na reconstrução daquele lugar (igrejinha)"[55]. Começou a viver, portanto, *para* os pobres. Não havia trocado o seu lugar social; nele permanecia, e, vez por outra, participava ainda das festas dos companheiros.

Aprofundando a crise vocacional, mais e mais "afastou-se da vida agitada dos negócios"[56]. Até que chegou a uma ruptura com o pai, diante do bispo. Frente ao pai que reclamava o dinheiro e os tecidos dados aos pobres, despe-se, totalmente nu, e entrega-lhe as próprias roupas, lançando-se nos braços do bispo[57]. A partir daí "transferiu-se para um leprosário e vivia *com* os leprosos"[58]; pensava suas feridas purulentas, dava-lhes dinheiro, expandia-se em carinho por eles[59]. É um passo além. Começa a abandonar seu próprio mundo e a entrar no mundo do outro. É mais que solidariedade *para* com os pobres; é busca já de identificação *com* eles, é um viver *com* os pobres. Durante três anos vive como eremita, com o hábito de ermitão, cingido com uma correia, e andava com um bastão e calçado[60].

---

54. *Legenda dos três companheiros 9.*

55. 1Celano 14; cf. 9.

56. 1Boaventura I,2.

57. 1Celano 13-15.

58. 1Celano 17.

59. 2Boaventura I,6; 2Celano 9.

60. 1Celano 21.

Certo dia, leu-se na igrejinha da Porciúncula o Evangelho do dia[61] que conta como o Senhor enviou seus discípulos para pregar (Mt 10,7-10; Mc 6,8-9; Lc 9,1-6), saindo pelo mundo sem possuir nem ouro, nem prata, nem dinheiro, nem trazer sacola, nem pão, nem bastão pelo caminho, nem ter calçados ou duas túnicas. Francisco entendeu aí uma mensagem para ele mesmo e diz: "É isso que eu quero, isso que procuro, é isso que eu desejo fazer de todo o coração"[62]. Produz-se então a verdadeira conversão. Largou seu hábito de ermitão, deixou de lado o bordão, contente com uma só túnica, e substituiu a correia por uma corda. Decide morar no meio dos leprosos e dos pobres.

Não mais vive *para* os pobres, nem *com* os pobres, mas *como* os pobres, atendendo às próprias necessidades com a esmola e depois com o trabalho. "O pobre Francisco, pai dos pobres, queria viver em tudo *como* um pobre: sofria ao encontrar quem fosse mais pobre do que ele, não pelo desejo de uma glória vazia, mas por compaixão. Embora estivesse muito contente com uma única túnica pobre e áspera, quis dividi-la muitas vezes com algum pobre"[63]. É assim que seu primeiro biógrafo pintou a passagem de classe social de Francisco.

Com candura, no final da vida, em 1226, escreve no Testamento sua trajetória espiritual: "Foi assim que o Senhor me concedeu a mim, Frei Francisco, iniciar uma vida

---

61. Pode ser o dia 12 de outubro de 1208 (São Lucas) ou 24 de fevereiro de 1209 (São Matias) quando se lia o Evangelho do envio dos apóstolos por Jesus.

62. 1Celano 22.

63. 1Celano 76; cf. 51; 55; 119; 135.

de penitência: como estivesse em pecado, parecia-me deveras insuportável olhar para leprosos. E o Senhor mesmo me conduziu entre eles e eu tive *misericórdia* com eles. E enquanto me retirava deles, justamente o que antes me parecia amargo se me converteu em doçura da alma e do corpo. E depois disto demorei só bem pouco e saí do mundo (*et postea parum steti et exivi de saeculo*)". Aqui aparece claramente o privilégio do pobre no processo de conversão de Francisco. A compaixão aos crucificados o levou a mergulhar na compaixão do Crucificado[64]. O Crucificado por sua vez o ajudou a aprofundar sua visão dos crucificados.

O texto de 2Cor 8,9 possui um enorme significado para Francisco. Ele ilumina seu itinerário biográfico, semelhante àquele de Cristo: "Compreendei o carisma de Nosso Senhor Jesus Cristo: por causa de vós se fez pobre, embora sendo rico, para que fôsseis ricos por sua pobreza" (2Cor 8,9). O próprio Cristo trocou de condição (Fl 2,6-8), assim como Francisco decidiu trocar de condição social.

Esta troca de lugar social é expressa, fortemente, por Francisco como um "deixar o mundo" (*exire de saeculo*). *Mundo* aqui não possui um significado[65] físico-cosmológico nem moral, mas social. Mundo significa então o conjunto dos condicionamentos e das relações que constituem uma sociedade concreta. Francisco abandonou efetivamente sua classe social, a ordem dominante daquele tempo; deixa a sociedade dos "maiores", como se chamavam, e decidida-

---

64. Testamento 1,2-4; cf. TILEMANN, H. *Studien zur Individualität des Franziskus von Assisi.* Leipzig-Berlin, 1974, p. 131-140.

65. Para os vários sentidos de mundo em São Francisco cf. a obra de KOPER, R. *Das Weltverständnis des hl. Franziskus von Assisi.* Werl/West., 1959.

mente quer ser "menor"; abandona também o estilo de Igreja organizada fortemente na sua hierarquização piramidal para se tornar *frater*, irmão de todos, sem nenhum título hierárquico.

Deixou um lugar e definiu o outro com o qual se identificou: os pobres e os leprosos: *feci misericordiam cum illis*, tive misericórdia com eles. Considerava os leprosos especialmente como os grandes sacramentos de Cristo. Chamava-os com carinho de "meus irmãos cristos" ou "meus irmãos em Cristo"[66]. A partir deles organizou toda a compreensão de sua vida, de Deus, de Cristo, do sentido da fraternidade.

Pede aos irmãos, no famoso capítulo IX da Regra Não Bulada, que "devem sentir-se satisfeitos quando estão no meio de gente comum e desprezada, de pobres e fracos, enfermos e leprosos e mendigos de rua". Efetivamente a primitiva comunidade trabalhava e costumava viver em leprosários, totalmente identificados com os pobres. Quando Francisco em suas cartas ou admoestações se apresenta como *homo vilis et caducus, vester parvulus servulus*, pútrido e fétido, miserável e vil[67] está descrevendo, de verdade, sua situação física. Consoante os testemunhos do tempo vestia uma túnica toda costurada e suja, com aparência insignificante, pois era pequeno e feio, falando sempre com grande entusiasmo, mas sem consideração às regras da gramática e da retórica[68]. Uma figura, como se depreende, não muito diversa *na aparência* de tantos *hippies* de nossas sociedades.

---

66. *Espelho da Perfeição* 58.

67. Cf. Carta a toda a Ordem 3; A todos os Custódios 1; Aos fiéis (II) 1.

68. Cf. SPALATO, Tomás de. In: *São Francisco de Assis* (fontes). Op. cit., p. 1022; • 1Celano 83; • *Fioretti 10*.

É interessante observar que no exato momento em que começava a nascer a burguesia como classe de comerciantes e manejadores de dinheiro com mentalidade capitalista, geradora, posteriormente, de tantas injustiças e empobrecimento, nascia também sua oposição dialética na conversão de São Francisco que foi uma conversão aos pobres e ao Cristo pobre. Esta conversão foi *afetiva*, pois implicava superar a repugnância natural que a miséria provoca até transformar-se, como diz no Testamento, "em doçura do corpo e da alma". Foi também uma conversão *efetiva* porquanto assumiu o lugar social do outro; da solidariedade do bom burguês passou à identificação do rico que se faz realmente pobre com os pobres e como os pobres. Vejamos como Francisco desdobrou esta experiência fundacional.

2) A radical "expropriação" e recusa total à "apropriação"

Para poder identificar-se com os pobres reais e com o Cristo pobre Francisco não quer possuir nada de próprio e propõe aos seus seguidores simplesmente que "observem o Santo Evangelho de Nosso Senhor Jesus Cristo, vivendo em obediência, *sem propriedade* e em castidade"[69]. Seu ideal é viver *in paupertate altissima et mendicatione humilima*[70] e o

---

69. Regra 1; • cf. alguns títulos mais significativos: LAMBERT, M.D. *Franciscan Poverty* (The Doctrine of the Absolute Poverty of Christ and the Apostles in the Franciscan Order 1210-1323). Londres, 1961; • O'MAHONY, B. Franciscan Poverty Yesterday and Today. In: *Laurentianum 10.* 1969, p. 37-64; • ESSER, K. Mysterium Paupertatis. In: *Temi spirituali.* Milão, 1973, p. 67-92; • ESSER, K. Die Armutsauffassung des hl. Franziskus. In: FLOOD, D. *Poverty in the Middle Ages.* Op. cit., p. 60-70.

70. SÃO BOAVENTURA. *De perfectione evangelica.* Quaest. II ad 2 (Opera Omnia V, 148).

realiza de uma forma que causa perplexidade ainda hoje. Francisco postula uma expropriação total de todas as formas de propriedade, dos bens materiais, dos bens do espírito e dos bens religiosos.

Primeiramente expropriação dos *bens materiais*: os frades e ele devem vestir-se como os pobres, vale dizer, com uma única túnica, podendo usar remendos[71]. Não devem considerar nada de seu, nem casas, nem igrejas, nem conventos[72]. Mais tarde, com a evolução da pastoral da Ordem e com a assimilação dos frades como força suplementar dos párocos, permitiu que se aceitassem igrejas e conventos, mas com a condição de que se considerassem "peregrinos e estrangeiros"[73]. Suplica aos frades que não peçam de Roma nenhum privilégio de qualquer espécie, mas sejam simplesmente súditos de todos; se forem impedidos de pregar num lugar, fujam para outro. Devem trabalhar com suas mãos, e, se não receberem o salário correspondente, não o devem reclamar, mas pedir esmola na mesa do Senhor. Não devem receber dinheiro de qualquer espécie. Francisco havia intuído que o dinheiro é um verdadeiro fetiche, na sua linguagem plástica "um diabo e uma serpente venenosa"[74]. Em caso de manifesta necessidade é permitido aceitar esmolas "como os outros pobres". Não aceitava ninguém em sua companhia se primeiro não tivesse entregue tudo aos pobres e não se tivesse feito também radicalmente pobre[75].

---

71. Regra 2; Regra Não Bulada 2.

72. Regra 8; Regra Não Bulada 4.

73. Testamento; • cf. 2Celano 59.

74. 2Celano 20; • 1Boaventura VIII.

75. Regra 2; • 2Celano 80.

Francisco se dispõe a viver uma pobreza que o coloca na total insegurança, como os mais miseráveis que não possuem nenhuma economia, sequer para a subsistência do dia seguinte. Reduz a posse ao mínimo: ao vestuário, aos instrumentos da oração (breviário), aos instrumentos de trabalho[76] e aos objetos sagrados para guardar a Eucaristia.

O ser humano não possui apenas bens materiais; possui também *bens do espírito*, ciência, dotes naturais, funções que implicam honorabilidade, virtudes duramente conquistadas. Estes são os bens mais duradouros e preciosos porque personalizados. Francisco, finalmente, dá-se conta de que neste campo pode medrar, igualmente, o espírito de apropriação que nos afasta da comunhão com os pobres e com o Cristo empobrecido em identificação com os pobres. Assim aos doutos que querem segui-lo pede que abandonem a ciência para "oferecerem-se completamente nus ao amplexo do Crucificado"[77]. Ninguém se aproprie do ministério da pregação[78] nem dos cargos de superior cujo nome não deve existir na fraternidade, pois aquele que é guardião é como uma mãe, é como quem lava os pés dos outros qual um servo[79].

Pecam contra a altíssima pobreza aqueles que, embora paupérrimos, desprezam "os que virem usar roupas delicadas e coloridas, tomar alimentos e bebidas finas"[80]. "Ente-

---

76. Regra 3; apenas menciona o breviário. Os demais se encontram na Regra Não Bulada 3,7 e Carta aos Custódios.

77. 2Celano 194.

78. Regra Não Bulada 17.

79. Admoestação 4.

80. Regra 2.

soura" e por isso peca contra a pobreza quem se irrita por causa dos pecados dos outros[81], pois se faz fariseu que não se dá conta dos próprios pecados. Também não é pobre quem é zeloso e penitente, mas incapaz de suportar qualquer crítica, mostrando-se perturbado e irritado[82]. Pobreza verdadeira vem acompanhada de humildade que tudo suporta, tudo acolhe porque o eu já se despojou de toda vontade de autoafirmação, de justificação e de imposição. Não é sem razão que Francisco em seu elogio às virtudes reza assim: "Ó senhora, santa pobreza, o Senhor te salve com tua irmã a santa humildade"[83]. A verdadeira pobreza se testa na obediência, pois aí se trata da renúncia ao dom mais precioso que Deus entregou a cada um, a vontade e a liberdade. Na obediência não se trata tanto de fazer a vontade do outro, limitada sempre pelos imperativos éticos, mas em fazer de si mesmo dom ao outro por obra do amor.

Por fim há uma maneira sutil de alguém viver em propriedade e assim romper a fraternidade com os últimos e os demais homens: no alegrar-se interiormente com *suas* virtudes alcançadas, com *seus* esforços na perfeição e com *sua* certeza de fidelidade a Deus. Francisco é atento a este tipo de apropriação que implica "esconder o dinheiro de seu Senhor" (cf. Mt 25,18)[84], pois se esquece de referir tudo ao verdadeiro autor de tudo, Deus. Na Regra Não Bulada faz um apelo veemente aos irmãos: "Suplico na caridade que é Deus, a todos os meus irmãos, que pregam, oram ou traba-

---

81. Admoestação 9.

82. Admoestação 14.

83. Elogio das Virtudes. In: *São Francisco de Assis* (fontes), p. 116.

84. Admoestação 19.

lham, sejam clérigos ou leigos, que tratem de se humilhar em tudo, nem se desvaneçam, nem sejam presunçosos, nem se envaideçam interiormente de belas palavras ou obras, enfim de nada do que Deus às vezes diz, faz e opera neles e por eles"[85]. Não se aproprie o homem daquilo que é só de Deus. Até a certeza da própria salvação não é coisa nossa, mas unicamente de Deus. Apesar de toda a labuta de ascensão "seremos salvos unicamente por sua misericórdia"[86]. Até o nosso futuro está nas mãos de Deus e não devemos pretender assegurá-lo.

Na força desta radicalidade Francisco deslegitima a apropriação (*appropriatio*), alma do sistema do capital, da seguinte forma: a apropriação procura segurança, prejudica a comunidade e o próximo, orienta-se pelas paixões e pelo prazer, fere a alma, procura a própria vantagem, rebaixa o trabalho, exagera no corpo, entende a inteligência e a vontade como propriedade privada, é caminho para o pecado e para satã, é inimiga de todo o bem, coloca-se contra Deus e rejeita o Reino de Deus. Ademais mostra-se como vontade de lucro, de dominação, inveja, presunção, orgulho, fama, honra e glória e promove intrigas[87]. Ao contrário a *expropriatio* é renúncia à segurança, às preocupações deste mundo,

---

85. Regra Não Bulada 17,17-19: "Atribuamos ao Senhor Deus altíssimo todos os bens; reconheçamos que todos os bens lhe pertencem; demos-lhe graças por tudo, pois dele procedem todos os bens. E Ele, o altíssimo e soberano, o único e verdadeiro Deus, os possua como sua propriedade".

86. Regra Não Bulada 23.

87. Cf. ASPURZ, L. Iriarte de. "Appropriatio" et "Expropriatio" in doctrina S. Francisci. In: *Laurentianum 11*. 1970, p. 3-35 [que dá todas as referências].

ao dinheiro; é libertação para os outros, libertação de querer saber, ter razão e dominar, é ser pequeno; serve ao Reino de Deus e à conversão e representa a melhor forma de seguimento de Cristo. A expropriação se mostra na pobreza, na humildade, na alegria, no serviço, na obediência, na simplicidade e pureza de mente, no amor[88].

3) Ser radicalmente pobre para ser plenamente irmão

Um projeto assim radical implica virtudes heroicas, pois tem que conviver amigavelmente com a miséria, a fome, a doença, a exposição às intempéries e a toda sorte de privações. Um cronista da época, Buoncompagni, refere que os frades "suportavam martírios horríveis e inumanos"[89]. Mas não o suportavam tristemente como quem carrega um fardo pesado que não pode alijar. Viviam com uma jovialidade, alegria de ser, entusiasmo e cortesia que deixavam a todos perplexos[90]. Qual é a mística que sustentava e iluminava as agruras da pobreza? De que sentido secreto vive Francisco?

A seiva espiritual que animava a radicalidade da pobreza radica no impulso do *Eros* que busca identificação com os mais pobres e com o Cristo pobre. A pobreza para Francisco não é jamais um fim em si ou puro caminho ascético. É mediação para uma excelência incomparável: a união e a fraternidade com os últimos e com o Servo sofredor Jesus Cristo.

---

88. Ibid.

89. Apud ESSER, K. *Origens e espírito primitivo...* Op. cit., p. 152.

90. Cf. o testemunho do famoso cronista e cardeal VITRY, J. de. In: *São Francisco de Assis* (fontes). Op. cit., p. 1029s.

Francisco havia intuído – já o dissemos no capítulo anterior – que a fraternidade entre os homens e o encontro com Deus são obstaculizados e até destruídos pela vontade de posse. Interpomos entre nós e os outros as coisas possuídas egoisticamente, os inter-esses. Tememos expor-nos, coração a coração, olho a olho; preferimos as propriedades que nos asseguram, mas nos afastam dos outros e assim das raízes que alimentam nossa humanidade: a ternura, a convivialidade, a solidariedade, a com-paixão e o amor. O projeto de Francisco é *in plano subsistere*[91], vale dizer, viver no plano onde todos se encontram e se con-*frater*-nizam. A pobreza consiste no esforço de remover as propriedades de qualquer tipo para que daí resulte o encontro entre os homens e se possibilite a irmandade. Ser radicalmente pobre para poder ser plenamente irmão, eis o projeto de Francisco com referência à pobreza. Somente o *vere expropriatus*, quem se expropria verdadeiramente, pode tornar-se *frater minor*, irmãozinho de todos[92].

Esta ordenação da pobreza à fraternidade se encontra bem expressa em seu primeiro Testamento de abril/maio de 1226 no qual "quer expor em três frases breves... a sua mentalidade e o que queria"[93]: a) "em sinal de minha memória, de minha bênção e de meu testamento, sempre se amem; b) guardem sempre amor e fidelidade a nossa "senhora Santa Pobreza"; c) sempre se mantenham submissos e prontos a servir aos prelados e clérigos da santa Mãe Igreja". Em pri-

---

91. 2Celano 148.

92. Para toda esta questão cf. ESSER, K. *Origens e espírito primitivo...* Op. cit., p. 274-287.

93. É o Testamento de Sena. In: *São Francisco de Assis* (fontes), p. 173-174.

meiro lugar, em sua intenção, encontra-se a fraternidade; a pobreza radical é o caminho para alcançá-la.

A pobreza também é via para a identificação com o Jesus que passou entre nós. Já assinalamos a terna com-paixão que Francisco nutria para com o mistério da humildade de Deus na encarnação. Nu queria seguir o Cristo nu[94], "que não se envergonhou de se tornar para nós pobre e peregrino; e vivia de esmolas, ele mais a bem-aventurada Virgem Maria e seus discípulos"[95]. Muitas vezes falando da pobreza e do seguimento de Jesus citava a frase evangélica (Mt 8,20): "As raposas têm tocas e os pássaros do céu têm ninhos, mas o Filho do homem não tem onde repousar a cabeça"[96]. Isto já era suficiente para se propor a não possuir nada, para não ficar aquém do próprio Cristo.

O pobre concreto e o Cristo pobre constituem os critérios da verdadeira pobreza. Francisco jamais fala abstratamente da pobreza. Se a chama, na linguagem cortês da cavalaria, de "senhora dona Pobreza", estabelece-se um *sacrum commercium* com ela, não é num sentido de hipostatização ou substantivação da Pobreza pela pobreza; é seu estilo, imbuído de *Eros* e de *Pathos*, falar assim de todas as virtudes. Não se perde em especulações sobre o *quantum* se pode possuir para não violar a pobreza. Quando mais tarde, desgraçadamente, a Ordem toda foi dilacerada por querelas concernentes aos níveis da pobreza, se podiam ou não possuir isto ou aquilo sem deixar de observar a pobreza que to-

---

94. BERNARDS, M. Nudus nudum sequi. In: *Wissenschaft und Weisheit* 14, 1951, p. 148s.

95. Regra Não Bulada 9; Regra 6.

96. 2Celano 56.

dos professamos observar, era um indício claro de que a pobreza não era mais pensada em referência aos pobres concretos, mas como uma realidade em si mesma. Não admira, pois, que de um modo-de-ser globalizante tivesse decaído para uma virtude ascética e moral, uma entre outras virtudes.

Francisco mede a sua pobreza confrontando-se sempre com estas duas realidades objetivas: os pobres concretos e o Cristo pobre. Sempre que encontra um pobre mais pobre que ele despoja-se para poder estar plenamente junto dele e a serviço dele. Os relatos estão cheios de gestos, como os compilados em série pelo *Speculum Perfectionis*[97] e pela segunda biografia de Celano. Até o único livro do Novo Testamento para a meditação dos frades é dado a uma mãezinha pobre com o seguinte comentário: "É o próprio Novo Testamento que nos manda ajudar os pobres. Acho que Deus vai ficar mais contente com a esmola do que com a leitura"[98]. Se é para ajudar os pobres vale depenar de joias e ouro a estátua de Nossa Senhora. Quando estabelece normas concretas de como se vestir, de como construir as casas ou outras semelhantes, toma como referência os pobres e não alguma determinação abstrata, dizendo sempre: *sicut alii pauperes*, como os outros pobres ou "no estilo dos mais rudes"[99].

4) Humanização pela fraternidade

A vida conduzida nos parâmetros da estrita pobreza era pesada e dura. Francisco e seus companheiros pareciam-se

---

97. Toda a segunda parte dos capítulos 27-38; também 2Celano cap. 49-60.

98. 2Celano 91.

99. Regra Não Bulada 2; 2Celano 56, passim.

a *quasi silvestres homines*, como se diz na *Legenda dos Três Companheiros*[100], selvagens; outros os consideravam, efetivamente, "loucos porque suas vidas parecem sem esperança, usam pouco alimento, andam descalços e se vestem com as piores roupas"[101]. Perguntamos: Como para além da mística de identificação terna e compassiva com os pobres e com o Crucificado davam sentido à penúria constante? Ninguém vive só de mística. A existência no mundo tem suas exigências que não podem, permanentemente, ser contrafeitas. Como humanizar esta desumanização objetiva que comporta a pobreza? É exatamente num contexto de pobreza que Francisco planteia o problema da fraternidade. A pobreza de cada um devia significar para o outro um desafio para o cuidado, a ternura e para a criação de uma atmosfera de abrigo e segurança, negados pela radical pobreza. Para Francisco o *ter* é desbancado de sua pretensão de conferir segurança e humanização ao homem. Só o cuidado de um para com o outro humaniza verdadeiramente a existência, como aliás, finamente, o mostrou Martin Heidegger em seu *Ser e tempo*[102]. E o cuidado é o modo próprio do *ser* humano.

Diz Francisco na regra definitiva: "E onde quer que estiverem e se encontrarem os irmãos, mostrem-se afáveis entre si. E com confiança, manifeste um ao outro as suas necessidades, porque, se uma mãe ama e nutre seu filho carnal, com quanto maior diligência não deve cada um amar e nutrir a seu irmão espiritual?"[103] Na verdade, o texto latino

---

100. Ibid., 37.

101. *Legenda dos três companheiros* 34.

102. *Sein und Zeit*, parte I, c. 6, § 41-42; parte II, c. 3, § 64.

103. Regra 6; • Regra Não Bulada 9.

diz mais do que "mostrem-se afáveis", diz que devem se mostrar *domesticos invicem inter se*, devem comportar-se como membros de uma mesma família, como verdadeiros irmãos. Este espírito reconstitui o lar abandonado pelo amor aos pobres e ao Cristo pobre e devolve segurança afetiva, apesar da ausência dos bens materiais. Em caso de necessidade, entretanto, podem comer "de todos os alimentos que um homem pode comer", pois "a necessidade não conhece lei"[104]. Francisco é pela pobreza, mas é muito mais pela vida com a sensatez que ela pede.

A mesma sensatez revela com referência aos doentes: "os outros irmãos devem servi-los como gostariam de ser servidos"[105]. Para quem vivia absolutamente desprotegido, a comunidade significava, de fato, tudo. A despeito de seu tom idealizatório, Celano nos reporta a vivência desta fraternidade de pobres, mas alegres e cheios de humanidade: "Cheios de saudade procuravam se reunir, sentindo-se felizes, quando podiam estar juntos; a separação, pelo contrário, era dolorosa para todos; amarga a partida, triste a separação"[106].

O despojamento da pobreza desembocava numa grande libertação para o amor e o gozo desinteressado de todas as coisas. Só pode saborear o mundo, sem desnaturar as realidades nele contidas, quem renunciar ao instinto de posse delas. Elas deixam de ser ameaçadoras e são introduzidas no

---

104. Ibid., 9; • Regra 3. A mesma frase se encontra no famoso teólogo do tempo, Pedro, o Cantor, *Unum ex quattuor* 69: *nec eger solvens ieiunium peccat, necessitas enim non habet legem.* O manuscrito foi publicado por COUVREUR, G. *Les pauvres ont-ls des droits?* Roma, 1961, p. 157, nota 17.

105. Regra 6; • Regra Não Bulada 10.

106. 1Celano 39.

espaço da fraternidade humana. Como cantava o grande poeta franciscano do século XIII, Fra Jacopone da Todi:

Povertate é nulla havere
E nulla cosa poi volere
E omne cosa possidere
En spirito de libertade.

5. O desafio lançado por Francisco

O encontro com Francisco causa sempre um abalo antropológico, pois somos confrontados com o mais exigente, o mais alto e o mais radical. Neste sentido é um santo incomparável, como o chamou o grande historiador moderno Joseph Lortz[107] ou, como outros, o primeiro depois do Único (Jesus Cristo). Dos sentidos da pobreza por nós definidos acima, ele viveu, principalmente, o terceiro e o quinto, a pobreza como modo de ser evangélico de disponibilidade total (3) e a pobreza como expressão de amor pelos pobres contra sua pobreza (5). A disponibilidade total era expressa por ele como *minoridade*: procurar ser sempre o último e estar o mais embaixo possível para poder servir a todos, sem disputar lugar ou poder de quem quer que seja. Não é nenhum masoquismo, mas a forma mais alta de relacionamento que gera liberdade no outro; Francisco e a sua "gente poverella" viveram este minorismo com cortesia sem bajulação, com alegria sem falso dolorismo. Esta atitude foi vivida também face a Deus diante de quem Francisco se sente "o miserável vermezinho, vosso ínfimo servo".

Não deixa de pasmar a radicalidade com que realizou a identificação com os pobres. Só o amor para com os deser-

---

107. *Der unvergleichliche Heilige.* Düsseldorf, 1952.

dados deste mundo o manteve nesta fidelidade irreprochável. Nestes pobres se encontrava com Jesus pobre. O amor humanitário se transfigurava em amor cristão; nele a antropologia é pura teologia e cristologia.

Como veremos no próximo capítulo, a identificação com os pobres não levou Francisco a uma organização dos pobres em vista da superação de sua pobreza real. Não se deve pedir peras aos espinheiros. A consciência possível de seu tempo não colocava a questão nos termos políticos e sociais como nós hoje o fazemos e devemos fazê-lo em obediência à nossa consciência possível.

Mesmo assim, Francisco trouxe uma incomensurável libertação dos pobres. O que faz desumana a pobreza não é apenas a carência de satisfação mínima das necessidades básicas. É o desprezo, o rechaço, a reclusão do convívio humano, a permanente introjeção neles de uma imagem do pobre negativa e desqualificada, elaborada pelas classes não pobres. O pobre acaba crendo ser abjeto e desprezível. Ninguém é por ele; a sorte da vida e os homens lhe são contrários.

A libertação trazida por Francisco residiu no fato de ele, jovem rico, da fina flor da sociedade burguesa assisiense, assumir a situação de pobre e viver como um pobre. Serve os pobres, toca-os, beija-os, come com eles da mesma panela[108], sente a sua pele, estabelece uma comunhão dos sentidos. Tais contatos humanizam a miséria; devolve-se aos pobres o sentido de sua dignidade humana jamais perdida, embora negada pela sociedade dos sãos. Francisco criou sua fraternidade de irmãos aberta ao mundo dos pobres; entendeu ser vontade de Deus permanecer no mundo e não se

---

108. Cf. 2Celano 85.

retirar aos ermos ou aos conventos[109]. Estas práticas de Francisco encerram um protesto e um ato de amor. É um *protesto* contra uma sociedade que extrojeta de si os pobres e os retém nas periferias imundas; por isso o movimento de Francisco é do centro para a periferia; as igrejinhas que reconstruiu e os lugares onde os primeiros frades viviam localizam-se todos nas periferias da cidade de Assis: São Damião, Porciúncula, Rivotorto, Le Carceri. Mas é principalmente um *ato de amor*, pois não apenas se empenha *pelos* pobres, ficando na loja de tecidos de seu pai, mas se solidariza com eles até identificar-se com sua situação, vivendo *como* eles viviam.

Francisco deixou aos séculos uma grave interrogação: é possível a uma coletividade, como ele pretendeu, viver a utopia evangélica de uma radical pobreza como forma de estabelecer uma plena fraternidade?

Sabemos que ele e sua primeiríssima comunidade viveram de forma heroica e quase louca esta aventura evangélica. Eram dotados de suficiente carga de *Eros* místico, humano e evangélico para se fazer valer contra a inexorabilidade das forças históricas contrárias. Mas sabemos também que toda a história posterior do franciscanismo, a começar com os últimos anos da vida de Francisco[110], se moveu em outra direção. Mais e mais se abandonou a pobreza como um ideal de identificação com os pobres num viver na pura necessidade; passou-se a um nivelamento do conceito de pobreza como caminho ascético e místico de identificação

---

109. 1Boaventura XII.2; *Fioretti* 16.

110. K. Esser oferece uma boa visão de conjunto em *Origens e espírito primitivo...* Op. cit., p. 150-218.

com a pobreza do Deus encarnado, que sendo Deus se fez homem, e não tanto que sendo Homem-Deus se fez voluntariamente pobre[111].

Não se trata de traição do pai fundador, nem de má vontade, nem acomodação por mediocridade. Houve uma domesticação por imperativo da história[112]. Do momento que o carisma pessoal de Francisco se transformou num movimento, emergiu, por necessidade férrea, *nolens-volens*, a necessidade da organização com sua lógica inevitável que é a sensatez da racionalidade e o sentido da viabilidade em função dos mais fracos. Assim, Francisco teve que aceitar, sem muito entender, a necessidade de normas, de noviciados, de casas de formação mais para coibir abusos que para suscitar o carisma. O movimento desembocou em uma Ordem religiosa que se somou às demais Ordens. Sendo uma Ordem aprovada pela Sé Apostólica, foi obrigada a definir seu lugar dentro da dinâmica global da Igreja daquele tempo. Foi obra de fino sentido religioso dos papas Gregório IX e Honório III o ter respeitado ao máximo as intuições originais de Francisco. Mesmo assim, a Ordem teve que se deixar cooptar pelas exigências da estrutura mais funda e vasta do projeto eclesial que vinha sendo realizado desde Gregório VII (1073-1085), cujas raízes, no entanto, encontram-se na viragem constantiniana do século IV. A Igreja, como já acenamos acima, era uma Igreja em regime de cristandade. Significa que ela ocupava o lugar do poder político, econômico e religioso hegemônico no modo de produ-

---

111. ROTZETTER, A. *Die Funktion der franziskanischen Bewegung in der Kirche.* Tau-Verlag, Suíça, 1977, p. 282-289.

112. FLOOD, D. Domestication of the Franciscan Movement. In: *Franziskanische Studien* 60. 1978, p. 311-327.

ção feudal. Quem está no poder está condenado a exercer este poder na lógica de todo o poder, pois ele estabelece uma primeira divisão básica entre os que detêm o poder e os sem-poder.

Os pobres constituem por definição os sem-poder (*impotens*); encontram-se, portanto, à margem do sistema do poder. A Igreja em regime de cristandade jamais poderá ser uma Igreja de pobres; estruturalmente se comporta como uma Igreja *para* os pobres, caso for fiel à sua dimensão evangélica. O franciscanismo que em sua intuição original se apresentou ao mundo como uma vivência do Evangelho a partir dos pobres e com os pobres, no processo de domesticação inevitável dentro da Igreja, teve que sofrer uma violenta reviravolta: foi obrigado a espiritualizar-se e traduzir suas práticas históricas de solidariedade com os pobres dentro do mundo dos pobres em práticas de solidariedade para os pobres a partir do lugar dos ricos. O franciscanismo não olvidará jamais suas fontes, os pobres; mas sua presença no meio deles se fará a partir do lugar histórico-social da Igreja que é um lugar de poder. A partir do poder se relaciona com os pobres; ao invés de ser uma relação de identificação como o era a de São Francisco, passará a ser uma relação de assistencialismo e de paternalismo.

Hoje se dão condições históricas e teológicas diversas. A Igreja não é mais solicitada pelos poderes deste mundo para com eles dirigir os rumos do devir humano. Herdamos uma Igreja que se sentiu com forças para fazer uma opção preferencial e solidária pelos pobres. Ela pode hoje e efetivamente quer ser uma Igreja dos pobres e a partir dos pobres de todos os homens abertos à mensagem do Evangelho. Puebla (1979) sacramentou esta opção de valor para toda a Igreja Universal.

Puebla com sua opção pelos pobres significa uma interpelação formidável ao espírito franciscano. Primeiramente nos faz recuperar o sentido primitivo da opção de Francisco pelos pobres, com os pobres e como os pobres. Em segundo lugar nos desafia a fazermos uma leitura crítica das formas atuais de vivência da pobreza no interior do movimento franciscano mundial na herança da cooptação pela Igreja em regime de cristandade. Puebla nos pede: "É importante que revisemos, em comunidade, nossa comunhão e participação com os pobres, os humildes, os pequenos. Será, portanto, necessário escutá-los, acolher o mais íntimo de suas aspirações, valorizar, discernir, animar, corrigir, com o desejo de que o Senhor nos guie para tornar efetiva a unidade com eles num mesmo corpo e num mesmo espírito. Isto pede de nós... despojamento íntimo e efetivo, segundo o Evangelho, de nossos privilégios, modos de pensar, ideologias, relacionamentos preferenciais e bens materiais" (n. 974-975).

Como se vê, é um convite à conversão ao carisma fundacional de Francisco. Se em outro tempo o espírito franciscano foi, inexoravelmente, cooptado pelo projeto civilizador da Igreja feudal, hoje se impõe aos franciscanos deixar-se capturar pelo novo espírito da Igreja, que é, em termos evangélicos, muito mais vigoroso e transparente que aquele outro do poder[113]. Importa viver a pobreza franciscana novamente como solidariedade e compromisso com os pobres. No próximo capítulo detalharemos melhor esta exigência.

Independentemente da forma como os franciscanos resolvam para si sua fidelidade ao carisma do Poverello no

---

113. Cf. o meu pequeno estudo BOFF, L. *Pueblas Herausforderung an die Franziskaner*. Bonn, 1980.

contexto de uma Igreja e de uma sociedade modificadas, a vivência da pobreza de Francisco planteia um grande desafio antropológico e social. É comum admitir-se que formas sociais altamente participadas só são historicamente possíveis à condição de se construir previamente uma infraestrutura capaz de gerar abundância. Em termos da problemática atual: o socialismo democrático real (diverso daquele realizado no Leste) só seria viável no pressuposto de que o capitalismo tenha já realizado suficientemente sua missão histórica; esta seria criar uma agilização e animação de todo o processo produtivo visando criar os bens que seriam socializados a todos, ao nível econômico, político e cultural. A construção do socialismo somente seria real na base de uma sociedade de abundância. Caso contrário o socialismo, como a história tem mostrado, degenera no totalitarismo do Estado com sua burocracia, partido e exército, impedindo a participação coletiva do povo.

O extraordinário do ensaio de Francisco foi tentar viver uma plena fraternidade no pressuposto de uma pobreza voluntariamente assumida para estar junto com os pobres e com eles construir uma sociedade verdadeiramente comunista no sentido bíblico da palavra. Não seria um socialismo da abundância, mas da pobreza. Este ensaio de Francisco pressupõe pensar e construir todas as relações humanas sempre a partir dos que menos têm, na preocupação dos que menos são. O pobre é visto como uma aparição da divindade. Esta perspectiva, de si tradicional no cristianismo, jamais ganhou uma configuração social ou cultural; ficou adstrita à meditação religiosa e à caridade que daí se inspirou. Em algumas tribos da África onde os aleijados são considerados como uma aparição permanente da divindade, todos os adotam como filhos e se consideram como pais e mães deles; a sociedade os integrou, humanizou e os salvou como pessoas humanas, ao contrário de nossas sociedades que expelem, normalmente, os pobres e enjeitados.

O projeto de Francisco parece, historicamente, realizável em nível pessoal e do pequeno grupo. Isso porque pressupõe um teor ético, humanitário e místico impossível de ser cobrado a toda uma coletividade. Francisco tinha a consciência do inusitado de sua experiência; chama-se "pazzus", louco[114]; esta palavra ocorre muitíssimas vezes na literatura biográfica do tempo[115]. Entretanto, importa definir face a que ele se entende "louco". Não é face ao Evangelho e aos ideais da pregação de Jesus de radical fraternidade Com todos os homens, mas face à sensatez da história que privilegia a viabilidade no jogo dos interesses conflitantes. Consoante a sensatez histórica, a fraternidade humana somente é possível na base da abundância. Francisco passa por cima de semelhante racionalidade. Inflamado de *Eros* e *Pathos* procura realizar a fraternidade onde faltam as condições "objetivas" e sensatas, no meio dos pobres e com os pobres. Funda com esta "loucura" outro tipo de sensatez, a sensatez da utopia, a racionalidade própria do princípio-esperança, a lógica do desejo infinito.

Esta sua coragem para o impossível, vivida com total seriedade, mas sem fanatismo e sem rancor, gera a fascinação de Francisco. Para além da tragédia que se manifesta com tanta frequência na história, o que prova a limitação

---

114. *Legenda Perusina 114.*

115. Cf. *Espelho da Perfeição* 68; • 2Celano 30; 1Boaventura XI,3; • *Legenda dos três companheiros* 17 etc.

da sensatez da viabilidade histórica, permanece sempre o desafio dos grandes espíritos como o de Francisco que ousaram crer nas utopias. Valeu a pena o seu ensaio? O poeta maior da língua portuguesa, Fernando Pessoa[116], nos dá a condição para avaliá-lo:

> *Valeu a pena?*
> *Tudo vale a pena*
> *Se a alma não é pequena.*

---

116. *Obra Poética*, volume único. Rio de Janeiro, 1974, p. 82.

III
São Francisco: a libertação pela bondade

CONTRIBUIÇÃO DE SÃO FRANCISCO À LIBERTAÇÃO INTEGRAL DOS OPRIMIDOS

Um dia o bem-aventurado Francisco, perto de Santa Maria dos Anjos, chamou a Frei Leão e lhe disse: "Frei Leão, escreve". Este respondeu: "Eis-me pronto". Escreve – disse – "o que é a verdadeira alegria".

"Vem um mensageiro e diz que todos os mestres de Paris entraram na Ordem; escreve: não está aí a perfeita alegria. E igualmente que entraram na Ordem todos os prelados de Além-Alpes, arcebispos e bispos, o próprio rei da França e o da Inglaterra; escreve: não está aí a verdadeira alegria. E se receberes a notícia de que todos os meus irmãos foram pregar aos infiéis e converteram a todos para a fé, ou que eu recebi tanta graça de Deus que curo os enfermos e faço muitos milagres: digo-te que em tudo isso não está a verdadeira alegria."

"Mas, o que é a verdadeira alegria?"

"Eis que volto de Perusa no meio da noite, chego aqui num inverno de muita lama e tão frio que na extremidade do hábito se formaram caramelos de gelo que me batem continuamente nas pernas fazendo sangrar as feridas. E todo envolvido na lama, no frio e no gelo, chego à porta do convento, e, depois de bater e chamar por muito tempo, vem um irmão e pergunta: 'Quem é?' E eu respondo: 'Frei Francisco'. E ele diz: 'Vai-te embora; não é hora de se chegar, não entrarás'. E, ao insistir, ele responde: 'Vai-te daqui, és um ignorante e idiota; agora não poderás entrar; somos tantos e tais que não precisamos mais de ti!' E fico sempre diante da porta e digo: 'Por amor de Deus, acolhei-me por esta noite'. E ele responde: 'De jeito nenhum. Vai ao albergue dos leprosos e pede lá'.

Pois bem, se eu tiver tido paciência e permanecer imperturbável, digo-te, Frei Leão, que aí está a verdadeira alegria, a verdadeira virtude e a salvação da alma."

A radical pobreza vivida por Francisco em solidariedade para com os pobres e em seguimento de Cristo pobre nos abre o caminho para apreciar o tipo de libertação que daí se deriva e que contribuição sua prática pode trazer ao processo global de emancipação dos oprimidos de nosso tempo. A reflexão cristã da última década desenvolveu o que chamamos a teologia da libertação que significa uma vigorosa articulação do discurso da fé com o discurso da sociedade em vista da eficácia cristã em termos de libertação dos pobres que, em nosso Continente latino-americano, representam as grandes maiorias de nosso povo, simultaneamente oprimido e cristão[1].

A temática da libertação não é de hoje; na verdade, ela constitui quiçá a mola propulsora mais vigorosa da cultura moderna. Em grandes traços podemos afirmar que a histó-

---

1. Para toda esta questão cf. a obra clássica de GUTIÉRREZ, G. *Teologia da Libertação*. Petrópolis, 1975; • cf. também os escritos de BOFF, L. *Teologia da libertação e do cativeiro*. Petrópolis, 1979; • O *caminhar da Igreja com os oprimidos*. Rio de Janeiro, 1980.

ria dos últimos cinco séculos se concentra, em grande parte, nos processos de emancipação. A primeira emergência significativa se deu com Galileu Galilei; com ele se tratava de libertar a *razão* do interior da totalização religiosa que impedia o voo autônomo do pensamento na descoberta dos mecanismos de funcionamento do mundo. Em seguida se tratava de libertar o *cidadão* do absolutismo dos reis e de vê-lo como o real portador e delegador dos poderes políticos, como o pensou J.J. Rousseau. Com Hegel se pretende libertar o *espírito* alienado na matéria da história rumo à transfiguração do Espírito absoluto. Com Marx se visa libertar os *proletários* da dominação econômica capitalista rumo a uma sociedade socialista sem o estatuto das classes. Com Nietzsche se quer a libertação da *vida* cerceada e sepultada dentro da sofisticação da metafísica, da moral e da cultura. Freud elaborou todo um projeto de libertação da *psique* de seus amarramentos interiores (neuroses, psicoses etc.). Marcuse lançou o manifesto da libertação do *homem industrial* reduzido a uma só dimensão pelo processo produtivo de escala. O movimento feminista mundial promove a libertação da *mulher* contra a milenar cultura patriarcal e machista na direção de uma sociedade menos sexista e mais personalista[2].

Todas as revoluções modernas visaram e visam ao alargamento do espaço da liberdade humana: a revolução científica, a revolução burguesa, a revolução socialista, a revolução atômica e a revolução cibernética.

Se bem reparamos, todo este processo emancipatório se fez à revelia da Igreja, paralelamente a ela ou até contra

---

2. Mais detalhadamente em DUSSEL, E. *Filosofía de la liberación*. México, 1977.

ela. A contribuição dos cristãos católicos foi mínima. Apesar disso, nestes processos todos, não está ausente a inspiração judeu-cristã. Grandes nomes da libertação moderna são judeus: assim Marx, assim Nietzsche, assim Freud, assim Jung, assim Marcuse, assim Einstein. Neles fervilha ainda a seiva libertária dos profetas do Antigo Testamento e o sentido de que a história deve ser continuamente feita para ser digna do próprio Criador.

1. A teologia da libertação: os fiéis conferem eficácia libertadora à fé

A teologia da libertação se entende na esteira destes grandes processos emancipatórios que caracterizam a modernidade. Nasceu na periferia do mundo e da Igreja, na América Latina, e se está expandindo na África e na Ásia onde os pobres veem nela o grito articulado de sua pobreza que reclama libertação. Talvez seja a primeira vez, nos últimos séculos, que a fé se propõe ser um fator histórico de libertação dos oprimidos, de forma consciente e planejada.

Na base desta teologia dos pobres se encontra uma experiência espiritual de protesto e de amor. Primeiramente existe uma iracúndia sagrada, virtude própria dos profetas, contra as dimensões de miséria coletiva do nosso povo. Nas palavras do Papa Paulo VI da *Evangelii Nuntiandi*, reassumidas pelos bispos de Puebla: "carestias, doenças crônicas e endêmicas, analfabetismo, pauperismo, injustiças nas relações internacionais e especialmente nos intercâmbios comerciais, situações de neocolonialismo econômico e cultural, por vezes tão cruel como no antigo colonialismo político" (n. 30; 26). Esta realidade não agrada a Deus porque humilha a seus filhos. Importa mudá-la. Em segundo lugar, subjaz à teologia da libertação um amor comprometido que se traduz pela opção preferencial e solidária para com os empobrecidos. Esta opção, como consideramos no capítulo anterior, implica, em primeiro lugar, uma troca de lugar social que encerra, por sua vez, a conversão do lugar epistêmico: procura-se ver a realidade social e histórica a partir das angústias e esperanças dos pobres[3]. A partir deles patenteia-se com uma evidência palmar que a sociedade deve mudar e que, assim como vivemos, encontramo-nos numa situação de pecado social e estrutural. Em segundo lugar, a transformação da sociedade deve ser feita a partir dos pobres e de sua própria força histórica; eles constituem o novo sujeito histórico emergente. Para esta mudança, na direção de uma sociedade mais humana e justa para todos (não apenas para os oprimidos de hoje), componente fundamental é a própria fé cristã, já que nossos povos são em sua absoluta maioria cristãos e pobres. O Evangelho e a fé cristã não precisam fatalmente significar legitimação dos poderes constituídos (que analiticamente se revelam opressores) nem endormecimento das classes subalternas e oprimidas. Pelo contrário, por sua própria origem e essência, o Evangelho de Jesus Cristo constitui fator de libertação concreta e histórica. Só por uma perversão da vivência da fé ele é castrado de seu fermento libertador.

Fundamentalmente a teologia da libertação se propõe duas tarefas principais: primeira, apontar a relevância teológica dos processos emancipatórios. A libertação histórica jamais é somente histórica. Nela se dá graça ou pecado, ob-

---

3. Cf. GUTIÉRREZ, G. Teologia a partir do reverso da história. In: *A força histórica dos pobres*. Petrópolis, 1981, p. 245-313.

jetivamente, independentemente das intenções dos atores ou dos signos ideológicos sob os quais vêm inspiradas. Em outras palavras: a salvação divina e o Reino de Deus se realizam, objetivamente, dentro destes processos, *nolens-volens*, porque tudo está aberto e vem penetrado pelo desígnio último de Deus. Mas o Reino se faz presente e se antecipa na medida em que estes processos são eticamente defensáveis, vale dizer, significam a criação de um sentido humano verdadeiro e melhor[4]. Esta perspectiva permite reler os movimentos libertários dos últimos séculos e a cultura secular daí derivada como teologicamente relevantes, embora não fossem apoiados pela Igreja e até alguns deles (a revolução socialista e proletária) se tenham posicionado contra o cristianismo. A graça e o Reino não encontram na Igreja os portadores exclusivos, apenas privilegiados (na ordem da sacramentalidade). A fé cristã na presença universal de Deus e de Cristo dentro da história permite ler em chave teológica os processos emancipatórios que produzem humanização e maior espaço de liberdade. A Igreja é o lugar onde se elabora esta consciência e também onde se realiza de modo consciente e em forma de celebração a salvação que se dá no mundo e não apenas na Igreja. Sem esta explicitação consciente a libertação histórica seria real, mas não completa; seria teológica (teria sempre a ver com Deus), mas não seria sacramental (representada por um discurso adequado e celebrada na comunidade).

Em segundo lugar a teologia da libertação se propõe enfatizar todos os aspectos libertários que estão presentes

---

4. A melhor obra sobre esta questão é de BOFF, C. *Teologia e prática* – A teologia do político e suas mediações. Petrópolis, ²1981.

dentro do Evangelho, da vida e das práticas de Jesus e da grande tradição da Igreja. A fé é salvífica somente quando passa a práticas de amor; hoje estas práticas ultrapassam o caráter meramente personalista e devem assumir um caráter estrutural e social. A salvação não se dá apenas nos processos libertários, pois se dá em todas as articulações humanas; mas hoje é na dimensão social e política que ela encontra sua expressão dominante e mais preciosa, pois é neste campo que se dão as grandes decisões dos homens e onde Deus é maiormente servido ou ofendido. Com razão diziam os Bispos em Puebla: "A libertação vai se realizando na história, a libertação de nossos povos e a nossa própria libertação pessoal, e abrange as diversas dimensões da existência: o social, o político, o econômico, o cultural e o conjunto de suas relações" (n. 483). Mais ainda, a Igreja "critica aqueles que tendem a reduzir o espaço da fé à vida pessoal ou familiar, excluindo a ordem profissional, econômica, social e política, como se o pecado, o amor, a oração e o perdão não tivessem importância aí" (n. 515).

A grande questão que desafia a todos os cristãos nos meios pobres é esta: Como sermos verdadeiramente cristãos, como anunciarmos a alegria da fraternidade universal porque somos todos filhos do Pai celeste, num mundo de miseráveis e de explorados? Só o podemos, de fato, se vivermos a fé cristã em termos de promoção humana e de libertação. A fé, evidentemente, não se esgota nestas expressões, mas não seria fé verdadeira, nem a fé de Jesus Cristo e dos Apóstolos se não incluísse a libertação da miséria que significa desumanização e ofensa ao próprio Deus. Tentar uma evangelização libertadora, urgir uma prática cristã que implique também a transformação da sociedade, ajudar a gestar um homem novo dentro de estruturas histórico-sociais que gestem mais fraternidade, eis o que intenciona, fundamentalmente, a teologia da libertação.

Não basta, entretanto, a fé querer a transformação da sociedade. A eficácia depende de uma inteligente compreensão dos mecanismos sociais, especialmente daqueles que produzem o empobrecimento e dos passos necessários para uma mudança qualitativa na direção de formas mais humanas de convivência. Importa ter sempre em conta também a contribuição específica que a fé pode dar. Ela liberta, mas não de qualquer jeito, nem perdendo sua identidade própria. Ademais ela jamais liberta sozinha; ela oferece uma contribuição a um processo que possui outras frentes, com outros atores e interessados. Mas ela pode e deve, como expressão de sua fidelidade a Deus e aos irmãos, oferecer o seu aporte na libertação dos oprimidos.

Em função da eficácia da fé, a teologia da libertação desenvolveu uma metodologia, vale dizer, um procedimento específico de reflexão e de prática. Primeiramente importa *ver* analiticamente a realidade sócio-histórica. Aí se descobre que vivemos em uma sociedade de classes com interesses antagônicos. Os pobres são empobrecidos porque objetivamente, na forma como se organiza a própria sociedade, são postos à margem porque apenas possuem a força de trabalho e não o capital. Este é o que comanda não apenas a economia, mas toda a organização social, política, educacional, e impõe os valores próprios dos que detêm o capital. Os operários, para conseguirem os direitos mínimos, tiveram que derramar muito sangue. Pablo Neruda conta a luta dos operários das zonas desérticas chilenas, ricas em salitre, para conseguir o mínimo de higiene, pois milhares eram dizimados, precocemente, nas minas. "Numa destas greves, a polícia da companhia salitreira levou sete dirigentes. Os guardas iam a cavalo enquanto os operários, amarrados a uma corda, seguiam-nos a pé pelos areais solitários. Com algumas descargas foram assassinados. Seus corpos ficaram estendidos sob o sol e o frio do deserto até que foram encontrados e enterrados por seus companheiros... No ano 1906, em Iquique, os grevistas desceram à cidade dos escritórios salitreiros para pleitear suas reivindicações diretamente ao governo. Milhares de homens extenuados pela travessia juntaram-se para descansar numa praça defronte a uma escola. Pela manhã iriam ver o governador para expor-lhe suas pretensões. Mas nunca puderam fazer isso. Ao amanhecer, as tropas comandadas por um coronel rodearam a praça. Sem uma palavra começaram a disparar, a matar. Mais de seis mil homens morreram naquele massacre"[5]. Fatos semelhantes constituem rotina em nossas sociedades de capitalismo dependente e periférico. Desconhecer a sanguinária luta de classes, levada a efeito pelo capital contra os operários, é mostrar-se cruel para com o grito dos milhões de trabalhadores anônimos e permanentemente injustiçados. Neste momento do *ver* se desfataliza a pobreza e se mostra como ela é, no dizer dos bispos em Puebla, "não uma etapa casual, mas sim o produto de determinadas situações e estruturas econômicas, sociais e políticas" (n. 30), onde "ricos cada vez mais ricos se fazem às custas de pobres cada vez mais pobres" (n. 30). A análise põe à mostra estes mecanismos que, normalmente, permanecem ocultos ao olho descoberto ou à mera visão empírica.

---

5. NERUDA, P. *Confesso que vivi.* São Paulo, 1979, p. 171-172.

Feita esta descodificação analítica, importa, à luz da fé, *julgar* a realidade contraditória. Aqui entram critérios de ordem teológica e ética pelos quais se julga acerca do caráter de pecado ou de graça, de ordenação ou de negação ao projeto histórico de Deus de uma sociedade justa e fraterna, desta sociedade de classes. Aqui a fé elabora a sua própria compreensão do homem e da sociedade e em função disto organiza a sua intervenção no social.

Mais importante que o ver e o julgar é o *agir*, embora este último seja iluminado pelo ver e pelo julgar. Neste momento do agir a Igreja desentranha e tematiza as dimensões de libertação presentes na sua prática específica, na liturgia, na catequese, na teologia, na pastoral direta. A Igreja atua especialmente numa instância pedagógica, desbloqueando as consciências, levando os homens a assumirem um compromisso de libertação com seus irmãos, como obediência ao mandamento do amor em sua forma social, criando uma mística de transformação da sociedade como maneira de concretizar e antecipar já aqui no mundo o Reino de Deus, pois ele começa já agora na história e encontra sua culminância na eternidade. A partir de sua própria identidade de fé, organiza o povo em comunidades cristãs, onde os humildes se encontram, meditam a Palavra de Deus e, à luz dela, discutem seus problemas e encontram caminhos de solução. Estas comunidades cristãs de base possuem um valor religioso imediato e direto, mas também ganham importância social, porque elas constituem lugares de formação da consciência social, da responsabilidade e da vontade de mudança.

Além disso, busca-se uma articulação com outros grupos sociais que também visam a mudança estrutural da sociedade. Por isso, uma Igreja comprometida por uma opção preferencial e solidária com os pobres saúda e apoia os movimentos que nascem da base, os sindicatos livres, as associações populares que visam a defesa dos sem-poder, de sua cultura, de seus direitos. É importante também uma articulação com todos aqueles de outras classes sociais que optaram pelo povo e por suas lutas. Sem a cumplicidade deles, nenhuma libertação da base se sustentará.

Os bispos latino-americanos e o próprio magistério papal[6] tomaram consciência de que dentro de nossa situação, diversa de outros tempos, "a Igreja tem o dever de anunciar a libertação de milhões de seres humanos... o dever de ajudar a nascer esta libertação, de dar testemunho da mesma, de fazer que seja total; nada disto é estranho à evangelização" (Puebla n. 26, *Evangelii Nuntiandi* n. 30). Este empenho, acusado por não poucos como incentivo à luta de classes, implicou para a Igreja difamações, perseguições e até a morte de muitos agentes de pastoral, desde bispos até simples camponeses leigos. Se a libertação divina dos homens custou o sangue do Filho de Deus, quanto mais a libertação histórica dos oprimidos não irá custar a vida de muitas pessoas?! É o preço a pagar para toda a ação que procura libertar a liberdade cativa. A liberdade jamais é outorgada; é conquistada num árduo processo de libertação.

2. Francisco, homem libertado, libertador e livre

Se quisermos buscar a dimensão libertadora de Francisco devemos fazê-lo dentro de uma correta consciência epistemológica. Caso contrário, por falta de chaves de leitura

---

6. Cf. o estudo minucioso de MUÑOZ, R. *Evangelio y liberación en A. Latina*. Bogotá, 1980.

adequadas, pode-se chegar a conclusões totalmente equivocadas como esta: "Não se encontra em Francisco nenhuma preocupação social; ele não quis mudar nada, jamais pensou em contestar alguém nem estar contra nada"[7]. Cumpre situar Francisco dentro do seu tempo. No mundo medieval a dominância cabe à religião; ela organiza toda a sociedade. Embora não deixe de ser a última, a instância econômica vem interpretada a partir daquela teológica e religiosa. É ela que estabelece o campo teórico e é no interior dela que todos os demais temas são pensados, utilizando o código próprio da religião. O social como social, nos moldes como aparece nas páginas acima, não havia ganho, no tempo de São Francisco, a sua autonomia. Por isso procurar uma libertação social em São Francisco no verbete sociedade ou libertação significa não encontrar, de partida, nada. Deve-se buscar a temática nos verbetes pobreza, riqueza, regra, autoridade, fraternidade, dinheiro, obediência, sarracenos etc.

Ademais, estamos hoje conscientes de que o sujeito sempre guarda uma inter-relação com o seu meio social. Ele não precisa ter consciência disto, mas ela estrutura o próprio sujeito, independentemente de querer ou não querer. Descobriu-se o homem como *consciência possível*. Cada pessoa humana lança raízes dentro de uma situação determinada no tempo e no espaço; o destino próprio e irredutível de cada um se realiza dentro de condicionamentos não perfeitamente definíveis e abertos sobre o possível, mas atuantes sobre a trajetória pessoal. Um ator social não vive e pensa o que quer, mas aquilo que lhe é possível dentro das coordenadas histórico-sociais. Por consequência, ele deve ser com-

---

7. ROGGEN, H. Hizo Francisco una opción de clase?, In: *Selecciones de Teologia* 3. 1974, p. 287-295, aqui 288.

preendido sempre dentro de um processo maior, dialetizando sociedade-indivíduo, destino pessoal-destino coletivo.

Com referência ao tema da libertação importa conscientizar outro dado metodológico: a importância do ponto de vista. Para muitos a temática da libertação é irrelevante, porque não participam das angústias e esperanças do mundo dos pobres. Não se colocam no ponto de vista dos interessados na libertação que são os pobres e todos os que optaram por eles. Francisco fez, inegavelmente, uma opção pelos pobres. Sua presença no meio deles, considerada sua consciência possível, significa uma libertação objetiva. Resta definir o conteúdo e a forma desta libertação. Para captar a contribuição de Francisco à libertação, faz-se mister definir, portanto, previamente o interesse e o compromisso pelos pobres. Não se pense que isso prejudica a análise. Ao contrário, abre o espaço para que ela possa emergir.

Todo conhecimento humano remete a um ponto de vista ou a um lugar social, vale dizer, à consciente tomada de posição do sujeito que conhece. Conhecer é sempre interpretar e interpretar demanda a utilização de códigos ou chaves de leitura. Esta é a condição objetiva de todo o conhecimento. Querer ver tudo, globalmente, sem nenhum pressuposto, sem critérios seletivos, sem um determinado ponto de vista e interesse, implica condenar-se a não ver nada ou colocar tudo sob o mesmo plano como se tudo tivesse o mesmo valor, significa renunciar aos critérios de prioridade, negar-se ao sentido da prospectiva histórica e, finalmente, bloquear toda tentativa de crítica aos acontecimentos visualizados[8]. Conhecer, portanto, implica fazer-se

---

8. Cf. FERRAROTTI, F. *La società come problema e come progetto*. Milão, 1979, esp. p. 323-330.

participante, mas com distância crítica e sentido dos limites do próprio ponto de vista, porque todo o ponto de vista é a vista de um ponto[9]. É com esta embocadura epistemológica que queremos abordar a contribuição de Francisco para a temática da libertação e, eventualmente, para a teologia da libertação.

1) Francisco, homem libertado

Francisco, como personagem social, emerge num momento particularmente privilegiado e, por isso, crítico; é tempo de rupturas; algo de velho começa a morrer e algo de novo a nascer. O modo de produção feudal conhece estremecimentos porque sua hegemonia se vê ameaçada pelo emergente modo de produção mercantil da burguesia comunal. Francisco por sua prática de vida reflete a crise do tempo e às saídas possíveis confere sua versão pessoal[10].

---

9. Por falta de consciência epistemológica, muitas análises, embora minuciosas do ponto de vista histórico, são insuficientes porque não dizem tudo o que poderiam dizer; assim é com ROGGEN, H. Die Lebensform des hl. Franziskus von Assisi in ihrem Verhältnis zur feudalen und bürgerlichen Gesellschaft Italiens. In: *Franziskanische Studien* 46. 1964, p. 1-57; 287-321; • CLASEN, S. Franziskus von Assisi und die soziale Frage. In: *Wissenschaft und Weisheit* 15. 1952, p. 109-121; • bons são os trabalhos de SILVEIRA, I. São Francisco e a burguesia. In: *Nosso Irmão Francisco de Assis*. Petrópolis, 1975, p. 11-63; • de STIKER, H.-J. Un créateur en son temps: François d'Assise. In: *Christus* 80. 1973, p. 416-430; e de ANASAGASTI, P. *Liberación en San Francisco de Asís*. Aránzazu, 1976, entre outros.

10. Para todo este complexo de questões confira o estudo, bibliograficamente muito rico, de VOVK, M. Die franziskanische "Fraternitas" als Erfüllung eines Anliegens der hochmittelalterlichen Zeit. In: *Wissenschaft und Weisheit 39*. 1976, p. 2-25, esp. p. 3-7.

O sistema feudal se caracteriza pelo modo de produção servil. Há o senhor, dono do feudo, e o servo que dele tem a posse, trabalhando para o sustento do senhor e de si próprio. Todas as relações sociais se fazem dentro do código dos pactos, alianças, juramentos, gerando o sistema de mútuas fidelidades num quadro estritamente hierárquico. Cada um ocupa o seu lugar, o *maior* e o *minor*, e assim se forja a *ordo* piramidal, estável e imutável. Deus é invocado como o garante da ordem. Dionísio o Pseudoareopagita na esteira de Santo Agostinho criou a ideologia justificadora do sistema feudal com a sua *De sacra hierarchia*. À ordem terrestre corresponde a ordem celeste e assim vigora uma harmonia cósmica. O símbolo real desta unidade cultural é concretizado pela vida monástica; vive na terra e da terra e o princípio de agregação reside no voto de obediência ao abade e de vassalagem ao mosteiro. O cristianismo de corte feudal será nitidamente agrário.

No tempo de São Francisco florescem as comunas onde irrompe uma nova classe social, a burguesia baseada no comércio e nas corporações profissionais[11]. Não é mais o sistema da ordem que prevalece, mas o da liberdade das trocas e da livre associação e produção. O excedente populacional que se verifica na época acorre aos burgos juntamente com os expulsos das glebas, cavaleiros sem profissão e nobres decadentes. Os servos que podiam alcançar as cidades ganhavam a liberdade. Todo tipo de marginalizados e sobrantes, aventureiros e leprosos se aglomeram nas cidades. O que conta, porém, não é a posse da terra nem a titulatura

---

11. Cf. PIRENNE, H. *Storia economica e sociale del medioevo*. Milão, 1967, c. II, p. 53-74; • HODGETT, G.A.J. *História social e econômica da Idade Média*. Rio de Janeiro, 1975, p. 106-126; p. 192-213.

feudal, mas o trabalho, o dinheiro, o ouro, o comércio, a prosperidade material, produzindo confiança em si mesmo. Elabora-se também uma ideologia adequada a esta nova sociedade para lhe conferir coesão e organização: o valor do indivíduo, de sua experiência pessoal, apreço ao trabalho e às agremiações, a tudo que é novo[12]. O amor cortesão exprime esta liberdade que rompe a rigidez da estratificação feudal. É um mundo mais de leigos que de eclesiásticos. O cristianismo que se começa a viver é de característica acentuadamente urbana, assentado sobre a vivência pessoal que é considerada mais importante que a inserção na ordem hierárquica ou a aceitação pura e simples da tradição ou das doutrinas dos teólogos[13].

A Igreja hierárquica com Inocêncio III realiza a utopia presente em Gregório VII: a criação de um papado universal, dotado de plenitude do poder religioso e civil. O *sacerdotium* submete a si o *imperium*. A conquista dos lugares santos da terra de Jesus pelos sarracenos é sentida como vergonha e humilhação coletiva. São os Papas que movem guerras santas, as cruzadas, mobilizando ideologicamente toda a Europa com os apelos de veneração à humanidade de Jesus, peregrina e sofrida[14].

A este cristianismo novo, nascido dos burgos e da atividade mercantil, que tipo de discurso religioso pode apresentar uma Igreja assentada no poder e na preocupação de

---

12. A importância da categoria "novo" foi posta à luz pela obra de CHENU, M.-D. *La théologie au douzième siècle*. Paris, 1957, p. 323-365.

13. GRUNDMANN, H. *Religiöse Bewegungen im Mittelalter*. Hildesheim, 1961, p. 14.

14. LORTZ, J. *Geschichte der Kirche in ideengeschichtlicher Betrachtung*, Bd. I, Münster, 1965, p. 328-336.

assegurar a dominação do mundo? Praticamente nenhum. Existe um vazio de liderança oficial, porque até então a religião cristã era feudal e não burguesa, era rural e não urbana. Para atender as demandas do tempo, fazia-se necessária uma evangelização do povo que fosse sustentada pelo testemunho da pobreza e tivesse raízes evangélicas e não tanto na repetição da doutrina comum, produzida pelo poder religioso imperante. Só assim se salvaguardaria uma credibilidade mínima e se elaboraria um sentido religioso reclamado pela situação[15].

É neste contexto que se devem entender os movimentos religiosos do tempo imediatamente anterior a São Francisco dos valdenses, albigenses, cátaros, pobres de Lyon, humilhados etc. A grande maioria são leigos (fora do poder sagrado), enraizados no meio do povo pobre, falam a linguagem popular (não a oficial, o latim), ocorrem nas cidades e apresentam uma resposta à demanda religiosa e social do tempo. Articulam uma temática mordente para a situação: levar uma vida evangélica e apostólica que se traduzia pela pregação ambulante e pela vivência da pobreza. Não apenas homens, leigos e clérigos, mas muitíssimas mulheres saíam para pregar e viver uma vida evangélica e apostólica[16].

É a partir deste transfundo que se deve situar a prática de Francisco. Não se apresenta como um agente do sistema daquele tempo seja social seja religioso. Isso é bem expresso em seu Testamento com a palavra *exivi de saeculo* (saí do

---

15. Cf. LITTLE, K.L. Evangelical Poverty, the New Money Economy and Violence. In: PLOOD, D. *Poverty in the Middle Ages*, Werl/West., 1975, p. 11-26.

16. GRUNDMANN, H. *Religiöse Bewegungen*. Op. cit., p. 508s.

mundo); não abandonou o mundo, mas *aquele* mundo, isto é, aquele tipo de relações e de interesses. Não o faz mediante uma estratégia teórica e prática da consciência, formulando verbalmente uma alternativa e pondo em marcha um modelo novo. Isso é próprio de nossa epocalidade e de nossa consciência possível. Na época de Francisco seria de todo impossível. Apesar disto devemos dizer que foi um grande revolucionário e não um mero reformador. O reformador continua ainda agente do sistema, reproduzindo-o mediante correção de abusos e introdução de reformas. O sentido analítico de revolucionário implica fantasia criadora para projetar e viver algo de novo ainda não ensaiado. Francisco, revolucionário, começou a fazer o seu próprio caminho; ele mesmo confessa no Testamento: "ninguém me disse o que devia fazer". Mas o que faz representa por um lado uma radical crítica às forças dominantes do tempo e por outro uma resposta vigorosa às exigências da situação.

Visto a partir do sistema que define o que é possível e o que não é, o que é sensato e o que não é, o caminho de Francisco aparece como loucura. O Poverello tem nítida consciência disso. Reconhece literalmente: "O Senhor me disse que Ele queria que eu fosse um novo louco no mundo"[17]. Entretanto, esta "loucura" funda uma nova forma de convivência, abre a possibilidade para um mundo novo. É o que o *Fratello* efetivamente propiciou.

Face ao sistema feudal centrado nos "maiores", Francisco se apresenta como "minor" e quer que sua Ordem se chame dos frades menores, sujeitos a toda humana criatura.

---

17. *Legenda Perusina* 114; *Espelho da Perfeição* 119: *Et dixit mihi Dominus, quod volebat quod ego essem novellus pazzus in mundo.*

Face à burguesia organizada sobre o eixo da riqueza, Francisco propõe o ideal da pobreza radical e da renúncia total ao uso do dinheiro. Face à Igreja do tempo sob a hegemonia do *sacerdotium*, Francisco se apresenta como leigo; mesmo feito diácono mais tarde, não está ligado a nenhum benefício.

Apresenta-se como um homem *libertado* das vinculações dos distintos sistemas. Esta consciência se manifesta por ocasião da disputa com o pai que foi aos cônsules de Assis para que estes obrigassem Francisco a restituir o dinheiro que havia distribuído entre os pobres. Intimam-no a que compareça diante deles. Em resposta diz Francisco que "por graça de Deus já foi feito livre (*iam factum liberum*) e não estava mais obrigado a obedecer aos cônsules, por ser servo somente de Deus altíssimo. E os cônsules disseram ao pai: desde que se pôs ao serviço de Deus saiu de nosso poder" (*de potestate nostra exivit*)[18]. Esta saída do poder representa uma forma de libertação de Francisco. Na própria constituição do grupo inicial se nota esta vontade de libertação do conjunto das relações sociais do tempo. Dos 13 irmãos, seis provêm da aristocracia, dos quais dois são doutores da universidade de Bolonha e quatro são "boni viri" (pessoas formadas juridicamente e capacitadas a serem juízes); um é sacerdote, jurista e membro do cabido da catedral; três vêm de classes baixas e pobres, dois de origem ignorada e o próprio Francisco da burguesia comercial afluente[19].

---

18. *Legenda dos Três Companheiros* 19; 1Celano 43: fica indiferente quando junto à sua choça no Rivotorto passa o Imperador Otão, "apesar do ruído e da pompa"; apenas lhe envia um irmão para lhe recordar a fugacidade do poder temporal.

19. FORTINI, A. *Nuova vita di San Francesco I*. Assis, 1959, p. 357-360.

Todos fazem uma opção radical pelos pobres e pelo Cristo pobre, rejeitando de antemão secundar a nova sociedade nascente. Antes de se entregarem à esmola, trabalham nos leprosários, como empregados nas casas ou no campo. Mesmo como esmoleres se atinham ao estritamente necessário. Francisco dizia de si mesmo: "Nunca fui um ladrão de esmolas, recebendo-as ou gastando-as além do necessário; sempre aceitei menos do que me ofereciam, a fim de não lesar outros pobres, pois de outra maneira seria agir como ladrão"[20].

O grupo de penitentes leigos (Ordem Terceira) sob a inspiração de São Francisco, mesmo permanecendo no século, de certa forma se subtraem ao sistema feudal: fazem o propósito de não usar arma de qualquer espécie e se negam a fazer qualquer juramento e assim entrar na ordem hierárquica feudal[21]. Com sucessivas bulas os papas Honório III (em 1221 e 1226) e Gregório IX (1227) defendem os membros da Ordem Terceira contra perseguições movidas pelos *podestà* de várias cidades porque escapavam da ordem feudal[22].

Mais importante que liberar-se da organização social daquele tempo é liberar-se para uma nova forma de sociabilidade. Francisco funda uma fraternidade verdadeiramente utópica[23] radicada na radical igualdade de todos: "nenhum

---

20. *Espelho da Perfeição* 12.

21. Trata-se das determinações 16 e 18 do *Propositum*.

22. Cf. o minucioso estudo de ROTZETTER, A. Kreuzzugskritik und Ablehnung der Feudalordnung in der Gefolgschaft des Franziskus von Assisi. In: *Wissenschaft und Weisheit* 35. 1972, p. 121-137, aqui 136.

23. ROTZETTER, A. Der utopische Entwurf der franziskanischen Gemeinschaft, em *Wissenschaft und Weisheit* 37. 1974, p. 159-169; • CERVERA, D. Ensayo sobre la actualidad de Francisco de Asís. In: *Verdad y Vida 34*. 1976, p. 386-410.

irmão tenha poder ou domínio algum, máxime entre si... mas quem quiser ser maior dentre eles, seja ministro e servo de todos"[24]. Quem assumir uma função de coordenação se comporte como uma mãe; revoluciona a relação dos súditos para com os ministros: os súditos podem falar "como senhores a seus servos, pois assim deve ser, que os ministros sejam servos de todos os irmãos"[25]. Trata a seus confrades de cavaleiros da Távola Redonda[26] para representar plasticamente a igualdade entre todos. A obediência se inscreve dentro do mesmo espírito de fraternidade: "os irmãos por amor espiritual se sirvam e obedeçam voluntariamente entre si"[27]. Face às rupturas e pecados na comunidade a medicina igualmente é ditada no espírito de fraternidade: "não perturbar-se ou enraivecer-se por causa do pecado ou do mau exemplo", "admoestar com humildade e prudência, advertir e repreender". Quando tudo isto se mostrar inoperante, cabe ao ministro "dar-lhe um tratamento que melhor lhe pareça diante de Deus"[28].

---

24. Regra Não Bulada 5; 22.

25. Admoestação 4; Carta aos fiéis (II) 41s.

26. *Espelho da Perfeição* 72.

27. Regra Não Bulada 5. Há três níveis de obediência na compreensão de São Francisco. O primeiro atende às relações interpessoais em termos de desejo, vontade, necessidade do outro que cada um deve, com sensibilidade e atenção, secundar, sendo um disponível e serviçal ao outro (Regra Não Bulada 5 e 16). Num segundo nível obediência atende às relações de superior e de súdito, mas com uma versão tipicamente franciscana: obediente deve ser o superior para com os seus súditos; ele é servo e os outros senhores (c. 10). Por fim, o sentido convencional: a obediência do súdito ao seu superior que para Francisco é apenas ministro ou guardião.

28. Regra Não Bulada 5.

Esta fraternidade está aberta para fora. Ao andar pelo mundo, os irmãos devem andar, evangelicamente, pobres, anunciar a paz, comer o que a gente tiver, e renunciar a qualquer tipo de violência e dar a quem pedir[29]. O sair do mundo (*exire de saeculo*), como se depreende, implica um entrar mais profundamente num mundo novo. A forma mais expressa disso é "ir entre os sarracenos e outros infiéis" (*ire ad sarracenos et alios infideles*). O sentido da missão para Francisco não é, em primeiro lugar, para converter os infiéis e expandir o sistema cristão. É para viver o evangelho da fraternidade universal, "submetendo-se a todos os homens por causa do Senhor e confessando-se serem cristãos". Portanto, a vivência da fraternidade e do serviço para além das diferenças de religião e de cultura está mais próxima da verdade do Evangelho do que a simples aceitação doutrinária dele. Somente depois, "quando o julgarem agradável ao Senhor, podem anunciar a Palavra de Deus"[30]. Como se vê, o critério não é eclesiástico ou de reforço ao sistema cristão, mas é teológico, "agradar a Deus". Esta perspectiva de não violência para com os sarracenos põe em xeque a prática cristã das Cruzadas com sua conhecida violência.

Esta fraternidade não seria totalmente aberta e libertada se não se abrisse para baixo, numa verdadeira democracia cósmica com todas as criaturas. Para ser realmente irmão importa viver fraternalmente com os pássaros, o fogo, a água, a cigarra, o lobo, a lesma da estrada, cercando tudo com respeito e devoção, ternura e com-paixão. Em outras palavras, a relação primeira para com as coisas da natureza

---

29. Ibid., 14.
30. Ibid., 16.

não é de posse e de pertença, mas de con-vivência e convivialidade. Todos nos pertencemos mutuamente em relações de igualdade e de simetria. Se por acaso houver algum privilégio com respeito à universalidade dos bens, será em favor dos pobres, indefesos e fracos.

Com referência aos pobres Francisco possui uma visão libertária, evitando o assistencialismo como forma de presença no meio deles. Não assinalou aos seus seguidores nenhuma atividade apostólica específica. Não criou hospitais, lazaretos ou obras de assistência aos pobres, porque não os considerava, primeiramente, como objeto de ajuda. Ser pobre *como* os pobres está a serviço do estar *com* os pobres em profunda solidariedade. Francisco se empobrece voluntariamente para poder con-viver com eles e formar uma comunidade de vida. Não raro saíam os frades a pregar o Evangelho de dois em dois pelo mundo e um deles era um leproso. Está aqui em ação não uma pedagogia para o oprimido, mas uma pedagogia do oprimido[31]: resgata-se o valor do pobre, sua força de evangelização; evita-se uma ajuda que não aproveita sua criatividade e seus valores.

Já acenamos anteriormente para a profunda libertação em termos de humanização que significa a solidariedade física para com os pobres. O fato de compartilhar de suas misérias, investir afetividade, abraçar e beijar, consolar e socorrer suas necessidades restitui à pobreza uma dignidade humana imperceptível ao insensível. Em outras palavras, a humanidade negada aos pobres e miseráveis não é destruída; ela está lá presente sob signos contraditórios; uma vez

---

31. Célebre livro do grande pedagogo brasileiro Paulo Freire, com o mesmo título *Pedagogia do oprimido*. Rio de Janeiro, 1975.

assumidos estes signos, rompe-se como que o véu e rutila, calorosa, a humanidade com sua sede de participação, de respeito, de comunicação, de solidariedade, de ascensão para o alto, para além da luta da pura sobrevivência, na direção da captação do belo, do justo e do sagrado. Então se aquilata a verdade daquilo que disse Dom Helder Camara, o grande atualizador de São Francisco em nosso meio: "Ninguém é tão pobre que não possa dar, como ninguém é tão rico que não possa receber". No dar e receber se nutre e se constrói a vida humana como humana, para além das diferenças de classe. No dar e receber compartidos o pobre sente humanizada sua própria pobreza. É neste contexto que ganham relevância a cortesia, "irmã da caridade e uma das qualidades de Deus"[32], a disponibilidade, o serviço humilde e a profunda com-paixão e ternura de Francisco para com os mais necessitados. São formas de comunicação que humanizam e libertam.

2) Francisco, homem libertador

Um dos valores globais vividos por Francisco ao lado da pobreza e da minoridade é aquele da paz. Não passa ingenuamente pelo mundo; sabe que ele constitui a *regio dissimilitudinis*[33] e por detrás das dissemelhanças se camuflam as injustiças e as violências. Especialmente a propriedade guarda um vínculo indisfarçável com a violência ou a perda da paz e da tranquilidade do coração. O bispo de Assis Guido entendeu por bem advertir Francisco sobre a rudeza de sua vida por causa da renúncia a todo tipo de bens. Francisco

---

32. *Fioretti* 37; 2Boaventura V,7.

33. IRIARTE, L. *Vocação franciscana*. Petrópolis, 1977, p. 124.

responde com senso de realidade: "Senhor, se possuíssemos haveres, ser-nos-iam necessárias armas para nossa proteção. Pois é daí que surgem litígios e contendas que de muitas maneiras costumam impedir o amor de Deus e do próximo. Portanto, neste século não queremos possuir nada de temporal"[34].

Sempre que Francisco começa suas pregações, invoca a paz, dizendo: "O Senhor vos dê a paz"[35]. A saudação que os companheiros levam pelo mundo afora é "paz e bem". Aponta a toda a Ordem uma verdadeira missão de paz (*legatio pacis*)[36]. Pede aos irmãos uma atitude de paz irrestrita, a ponto de recomendar-lhes: "Todo aquele que se aproximar, seja amigo ou inimigo, ladrão ou bandido, recebam-no com bondade"[37]. Numa sociedade turbulenta como aquela de Francisco, cheia de bandos de salteadores entre uma cidade e outra, tal atitude pareceria verdadeiramente ousada e revolucionária. Mais ainda: "A paz que anunciais com a boca mais deveis tê-la em vossos corações. Ninguém seja por vós provocado à ira ou ao escândalo, mas todos, por vossa mansidão, sejam levados à paz, à benignidade e à concórdia. Pois é para isto que fomos chamados"[38].

---

34. *Legenda dos três companheiros* 35. Para esta questão o estudo aprofundado de THIER, L. Der Friede erwächst aus der Armut. In: *Wissenschaft und Weisheit* 39. 1976, p. 108-122; • ROBINOT, L. Saint François chante le pardon des offenses. In: *Evangile aujourd'hui*, n. 77. 1973, p. 47-55.

35. 1Celano 23.

36. *Legenda dos três companheiros* 39.

37. Regra Não Bulada 7.

38. *Legenda dos três companheiros* 58.

O que se pede, portanto, é que os irmãos sejam fatores de libertação das fraturas e ódios entre os homens. Francisco mesmo tomou muito a sério esta missão de mediação, vale dizer, engajou-se pela paz como um verdadeiro libertador, em Perusa, Bolonha, Arezzo, Sena e em Assis. Em Perusa solicita os cavaleiros que se treinavam para combater a vizinha cidade a que "sejam mais bondosos com os vizinhos"[39], mas em vão. Em Bolonha se empenha para chegar a um novo tratado de paz[40], suplantando os ódios que dividiam a cidade. Conseguiu com Frei Silvestre pacificar a cidade de Arezzo, "afogada numa luta intestina"[41]. Em Sena trouxe a paz a um grupo de homens que se guerreavam e se matavam, mediante sua pregação ardente e persuasiva[42]. Conhecida é a reconciliação conseguida por Francisco entre o bispo de Assis e o prefeito da cidade. O bispo havia excomungado o prefeito e este proibira vender ou comprar qualquer coisa que fosse ao bispo ou de fazer com ele qualquer contrato. Francisco soube do ocorrido e penalizado comenta: "É uma vergonha grande para nós, servidores do Senhor, que o bispo e o prefeito se odeiem a este ponto sem que ninguém se interponha em favor da paz". Embora doente no leito de morte, acrescentou um verso alusivo a esta circunstância ao Cântico das Criaturas: "Louvado sejas, meu Senhor, pelos que perdoam por amor de ti e suportam injustiças e tribulações. Bem-aventurados os que perseve-

---

39. 2Celano 37.

40. SPALATO, Tomás de. In: *São Francisco de Assis* (fontes), Petrópolis, 1981, p. 1022.

41. 2Celano 108.

42. *Fioretti* 11.

ram na paz porque por ti, Altíssimo, serão coroados"[43]. Enviou dois de seus companheiros à casa do prefeito, convocando-o ao palácio do bispo. Enviou todos os demais frades ao palácio para cantarem todo o Cântico das Criaturas mais a estrofe acrescentada. Bispo e prefeito se encontram ao som da cantoria dos frades. Perdoam-se mutuamente, "abraçando-se com grande bem-querer e afeição"[44].

Não menos famosa apresenta-se a mediação de Francisco junto ao sultão Melek-al-Kamel, por ocasião da quinta cruzada[45]. Em junho de 1219 se junta aos cruzados em Damieta; dá-se conta da violência reinante e tenta impedir a continuação da guerra, sem qualquer efeito, chegando a assistir o total fiasco dos exércitos cristãos[46]. Mas valeu seu empenho pela paz. Em seguida, sem qualquer proteção de armas, apresenta-se, a descoberto, ao exército muçulmano. Encontra-se com o sultão. O evento vem cercado de legendas, mas o resultado seguro está no profundo impacto que Francisco causou ao soberano, graças à sua simpatia, tolerância, respeito e amor à paz. A liberdade de os frades poderem ir e vir e guardar os lugares sagrados da Palestina está ligada a este gesto de pacificação não violenta iniciada pelo *Fratello*.

Com referência aos grupos heréticos, pobres e evangélicos também eles como Francisco, mas críticos face à insti-

---

43. Todo o relato com os detalhes se encontra no *Espelho da Perfeição* 101.

44. Ibid.

45. 1Celano 57; 1Boaventura IX,7-9; *Legenda Perusina* 37; *Fioretti* 24. O melhor estudo sobre o tema é ainda de LEMMENS, I. De sancto Francisco Christum praedicante coram Sultano Aegypti. In: *Archivum Franciscanum Historicum* 19. 1926, p. 559-578.

46. 2Celano 30.

tucionalidade da Igreja poderosa, guerreira e rica, comporta-se o Poverello com grande respeito e discrição. Tais heréticos se encontravam em Assis, Spoleto e chegavam até a infiltrar-se no movimento franciscano. Nos escritos de Francisco se percebe somente de forma indireta que protege sua Ordem contra eles; jamais os ataca de frente, pois não quer destruir possíveis pontes nem enfrentá-los com as armas como era a política do tempo[47].

Esta mesma atitude criadora e restauradora de paz é vivida para com os animais. Francisco libertava os pássaros presos, a ovelhinha levada ao matadouro, se indignava com aqueles que maltratavam os animais.

3) A estratégia libertadora de Francisco

Qual a estratégia utilizada por Francisco para libertar os homens daqueles sentimentos e práticas que os levavam ao ódio e à violência? Tocamos aqui no ponto, quem sabe, mais original de sua perspectiva face aos conflitos sociais e históricos. Queremos abordar o tema referindo-nos a duas legendas que, como todas as legendas, guardam o espírito melhor do que a letra dos fatos: a legenda dos ladrões do Borgo San Sepolcro[48] e aquela do lobo de Gúbio[49].

Na primeira se trata de uma pedagogia da conquista e da libertação. Ladrões se homiziavam nos bosques saqueando a redondeza e assaltando os transeuntes. Movidos pela

---

47. Cf. ESSER, K. Franziskus von Assisi und die Katharer seiner Zeit. In: *Archivum Franciscanum Historicum 51*. 1958, p. 225-264.

48. *Legenda Perusina* 90; *Espelho da Perfeição* 66.

49. *Fioretti* 21.

fome, pedem pão no eremitério dos frades. Comovidos pela necessidade deles os frades atendem, mas não sem remordimentos: "Não está certo que estejamos a dar esmola a esta casta de ladrões que tanto mal fazem neste mundo!" Apresentam a questão a Francisco. Este apresenta vários passos de aproximação e de libertação dos ladrões: a) levar ao bosque pão e vinho, dos melhores, e gritar: "Irmãos ladrões, vinde cá! Nós somos irmãos e trazemo-vos bom vinho!" Os ladrões se aproximam, são servidos pelos frades e comem; b) só então falarão de Deus, mas não pedem que abandonem a vida de ladrões; seria pedir demais e não conseguir nada; pedem o que, efetivamente, podem fazer: ao roubar, não bater ou fazer mal a pessoa alguma; c) no dia seguinte far-se-á o mesmo rito de aproximação, mas mais enriquecido ainda, com ovos e queijo; d) os ladrões comem e ouvem uma exigência maior: convém largar esta vida de sofrimento e de fome; a quem o serve, Deus dá o necessário para o corpo e a salvação para a alma; e) enfim, por causa da cordialidade e da bondade dos frades os ladrões se convertem, alguns dos quais se fizeram frades.

Como se depreende, há uma renúncia explícita à acusação, ao dedo em riste apontando para o malfeito e à condenação. A estratégia privilegia a bondade, a cordialidade, a paciência, a confiança na energia sã que demora dentro de cada um e que pode ser ativada pelo cuidado e pela compreensão. Esta perspectiva pressupõe a superação de todo farisaísmo e maniqueísmo que distribuem esquematicamente a bondade toda de um lado e o mal todo do outro. Supõe que em cada pessoa humana mora um ladrão possível e em cada ladrão vive um frade possível. E o frade santo e bom dentro do ladrão pode ser resgatado desde que investirmos ternura, compreensão e cuidado. É a estratégia de São Francisco, a libertação pela bondade.

Mais claramente emerge esta estrutura na legenda do lobo de Gúbio. Para além de seu fundo histórico, há nesta legenda um interesse analógico muito grande[50]. Se repararmos bem, não nos deparamos face ao lobo mau de um lado e a boa gente do outro. O que, na verdade, ocorre é a vigência do lobo da selva "grandíssimo, terrível e feroz", como o pinta a legenda, e do outro lobo da cidade, armado e cheio de medo. Em outras palavras, trata-se de dois atores que se enfrentam e cuja única relação é de violência e de mútua destruição. Qual é a estratégia de Francisco? Sua perspectiva não é forçar uma trégua, uma espécie de equilíbrio de armas sob a égide do medo. Nem sua estratégia reside em tomar partido de um ou de outro lado. Sabe evitar o farisaísmo facilmente detectável em situações de conflito nas quais cada agente social pensa mais ou menos assim e conformemente age: perversos são os outros, não eu, por isso devem ser destruídos. Ninguém questiona a própria posição com receio de descobrir o lobo mau dentro de si mesmo, ao lado da boa gente, convivendo tensamente. O caminho de Francisco é evangélico, caminho novo que aparece somente quando cada um se dispõe a mudar na direção do outro. O desafio libertador é fazer das duas espécies de lobos, homens novos. Assim procede Francisco, o pobre-impotente e o pobre-desarmado. Toma o caminho do lobo. Não vai representando os cidadãos armados. Vai pobre, cidadão do Reino dos céus, fascinado pela novidade do Evangelho. Fe-

---

50. Esta perspectiva foi agudamente percebida por BERGAMASCHI, A. Saint-François, Gubbio, le loup et la lutte des classes. In: *Études Franciscaines* 15. 1965, p. 84-92 [em quem nos inspiramos nesta exegese].

cha as fauces do lobo com a linguagem da fraternidade: "Irmão lobo, vem cá!" Faz o lobo reconhecer sua situação de "digno da forca, ladrão e homicida péssimo". Mas também sabe que é "pela fome que fizeste tanto mal". Com a promessa de receber o alimento necessário, o lobo promete também jamais lesar alguém. Converteu o lobo em *irmão lobo*, em ser novo.

A estratégia de Francisco para o lobo da cidade (os cidadãos armados e medrosos) segue os mesmos passos. Não lhes dá razão, mas cobra-lhes conversão: "Voltai, pois, caríssimos, a Deus e fazei digna penitência dos vossos pecados, e Deus vos livrará do lobo no tempo presente e do fogo infernal no futuro!"

Desta mudança em ambos pode eclodir a paz: o lobo da selva frequenta a casa dos homens e os homens lhe dão o necessário para a vida. Esta paz não é a vitória de um lado, mas é a superação dos lados e dos partidos. É a paz verdadeira que significa, na expressão feliz de Paulo VI, o "equilíbrio do movimento". Este movimento não se orienta contra o outro, mas para o fundo e para a frente; para o *fundo* pela conversão de cada um, para a *frente* pela criação de uma convergência que não é uma terceira via, mas a via nova da fraternidade e da paz que, de si, ninguém possui, mas a qual todos são convidados a construir.

Novamente o procedimento próprio de Francisco não reside em acirrar as contradições nem remexer na dimensão de sombras da existência, lá onde se acoitam os ódios, as vinganças e o espírito de dominação. Dá um voto de confiança na capacidade libertadora da bondade, da ternura, da paciência e da compreensão. "Francisco compreende as situações. Onde nós, as mais das vezes, não vemos senão vício e maldade, imediatamente descobre ele alguma secreta amargura, um fundo de bondade ignorada, uma criatura, enfim, a salvar. Numa palavra, é um homem bom de verdade"[51].

Para conseguir a paz exclui toda violência, empenha, como vimos nos vários exemplos acima, a própria pessoa, a força de sua palavra persuasiva, a poesia e a canção. A paz não é apenas uma meta a alcançar, mas também um método a seguir. Por isso, com razão enfatizam as primeiras biografias que anunciou sempre "o evangelho da paz"[52], fez-se "o anjo da paz"[53], começava os sermões sempre com a expressão: "O Senhor vos dê a paz"[54], admoestava os irmãos, dizendo: "Ide e anunciai aos homens a paz"[55]. "E esta paz – comenta Celano – ele a anunciava sempre sinceramente aos homens e às mulheres, a todos os que encontrava ou vinham a ele. Deste modo, obtinha frequentemente com a graça de Deus que os inimigos da paz... se tornassem eles mesmos filhos da paz"[56].

4) Francisco, homem livre

Das reflexões articuladas acima aparece, cristalina, a dimensão da liberdade em Francisco. Ele foi, fundamentalmente, um homem livre. O frescor da liberdade irradia de seus gestos e de suas palavras. Esta liberdade significa uma conquista, ao longo de um oneroso processo de libertação.

---

51. LECLERC, E. *Desterro e ternura*. Braga, 1974, p. 23-24.

52. 1Boaventura, prólogo 1.

53. Ibid.

54. 1Boaventura III,2.

55. Ibid., III,7.

56. 1Celano 23.

E a conquista da liberdade revela a madureza de uma personalidade que sempre buscou a ascensão e o mergulho na própria profundidade. Celano vê já no próprio nome – Francisco – a expressão "de um coração franco e nobre; os que experimentaram sua magnanimidade sabem como foi generoso, liberal para com todos, como se mostrou firme e impávido em tudo e com que força e vigor pisou todas as coisas do mundo"[57]. Todas estas qualidades concretizam a prática de uma imensa liberdade, origem primordial do fascínio do Poverello.

A própria Regra dos frades menores exprime a soberania da liberdade; nela vigora um mínimo de lei com um máximo de espiritualidade, um mínimo de organização com um máximo de evangelho[58]. Quando, mais tarde, frades "notáveis pela ciência e doutrina" junto com o Cardeal Hugolino sugeriram-lhe normas e prescrições para facilitar a organização da comunidade, Francisco, trêmulo, toma o cardeal pela mão, conduze-o perante a assembleia dos frades e defende a liberdade com estas palavras memoráveis: "Irmãos meus, irmãos meus, o Senhor convidou-me a seguir a via da humildade e mostrou-me o caminho da simplicidade. Não quero que me faleis noutra Regra, nem de Santo Agostinho, nem de São Bento, nem de São Bernardo. O Senhor me disse que queria fazer de mim um novo louco no mundo e não quer conduzir-nos por outro caminho senão por esta sabedoria"[59]. O caminho da simplicidade e a via da

---

57. 1Celano 120.

58. ROTZETTER, A. Die weltzugewandte Spiritualität des Franz von Assisi – eine Provokation für heute. In: *Diakonia* 7. 1976, p. 30-37.

59. *Legenda Perusina* 114.

humildade constituem os sendeiros da liberdade, pois implicam um processo de simplificação, vale dizer, uma libertação dos elementos supérfluos e acessórios e uma centração no essencial[60]. Para Francisco o essencial é Cristo e Cristo se encontra no Evangelho que ele quer seguir à maneira dos pequenos, que imitam os grandes, com simplicidade, conforme é dado a cada um. Esta vida evangélica é traduzida por Francisco como um "andar pelo mundo", como peregrino e hóspede das pessoas sem qualquer estabilidade. Quando a Dona Pobreza perguntou aos frades onde moravam, estes a conduziram a uma alta montanha. Com um gesto largo lhe mostraram o mundo e disseram: "Senhora, este é o nosso convento!"[61]

Como o mundo é vasto, há lugar para todos e para o caminho de cada um na observância do Evangelho. Em Francisco se percebe um respeito profundo de cada individualidade, pois cada um é conduzido pelo Espírito do Senhor. As regras (bulada e não bulada) estão cheias de expressões que incitam à liberdade, à criatividade e ao respeito às próprias decisões: "como te parecer *melhor* a ti e a Deus"[62], "o que o Senhor te inspirar", "faze-o com a bênção de Deus" ou "conforme o Evangelho", "consoante o teu agrado". Por exemplo, quando se trata da entrada na Ordem, os candidatos "vendam tudo o que possuem e tratem de distribuir entre os pobres, mas se o não puderem, *basta-lhes a boa-vontade*. E abstenham-se os irmãos e seus ministros de se inco-

---

60. Cf. IZZO, L. *La semplicità evangelica nella spiritualità di S. Francesco d'Assisi.* Roma, 1971, p. 185-207.

61. *Sacrum commercium* 63.

62. Regra Não Bulada 22; Carta a Frei Leão.

modar com as suas coisas temporais, para que eles, *como o Senhor lhes inspirar*, disponham delas *com liberdade*"[63]. Assim se deixa à liberdade de cada um remendar ou não os hábitos, ter ou não os livros necessários para a oração litúrgica, ter ou não os instrumentos de trabalho, liberdade de comer de todas as comidas que forem apresentadas, liberdade de escolher um trabalho que não vá contra a simplicidade da vida franciscana, liberdade de associar ou dissociar o trabalho com o sustento da vida, liberdade de ficar no meio cristão ou de ir entre os infiéis, liberdade de escolher a forma de estar presente entre os infiéis, seja pelo serviço seja pela pregação e assim por diante[64].

Não é sem razão que, à luz desta liberdade vivida, Francisco quisesse que o Espírito Santo fosse o verdadeiro ministro-geral da Ordem[65], porquanto "acima de tudo está o Espírito do Senhor e sua santa operação"[66] e importa sempre obedecer ao Espírito.

Se por um lado Francisco é radical em sua opção de pobreza e simplicidade, por outro é profundamente livre face a si mesmo e aos outros. Veste-se miseravelmente e come as sobras das refeições dos outros, mas se mantém livre de qualquer inveja ou farisaísmo interior. Por isso exorta os irmãos a que "não desprezem nem julguem os homens que virem usar vestes delicadas e coloridas, tomar alimentos e be-

---

63. Regra 2.

64. As passagens todas foram recolhidas e analisadas por ROTZETTER, A. Der franziskanische Mensch zwischen Autorität und Freiheit. In: *Franziskanische Studien* 59. 1977, p. 97-124, esp. p. 120-121.

65. 2Celano 193; • cf. PAGLIARA, G. *Incontro a Dio Amore*. Itinerario di spiritualità francescana. Assis, 1979, p. 301-325.

66. Regra Não Bulada 10.

bidas finas, mas julgue e despreze cada qual a si mesmo"[67]. Da mesma forma, admoesta a não pensar mal dos ricos, apesar da profunda ambiguidade de toda a riqueza. De tal maneira é livre que frequenta a casa e a mesa dos poderosos deste mundo, que "lhe oferecem e impõem mesmo a hospitalidade" como ele mesmo diz[68], mas nem por isso, para escândalo do Cardeal Hugolino[69], ele deixa de, antes de comer com eles, sair e pedir esmolas e assim deixar claro qual é a sua opção básica, a pobreza; é a partir dos pobres que está presente entre os ricos.

Francisco dá as razões desta liberdade face a todos e também face aos ricos, considerados senhores e irmãos, "porque eles são irmãos enquanto criados pelo mesmo Criador e são senhores enquanto ajudam os bons a fazer penitência, ministrando tudo o que é necessário ao corpo"[70]. Como se denota, Francisco se situa numa dimensão de profundidade, a partir da qual as diferenças entre os homens são segundas ou terceiras, apesar de sua verdade e de seu peso. Há um laço umbilical de fraternidade que não pode ser rompido entre os homens, o fato de estarmos permanentemente ligados a Deus e nas mãos do Pai de bondade. Compreender isto é viver livre de todas as rupturas que a história e a vontade de poder introduziram, gozar de uma unidade com todos para além das divisões sempre dolorosas. Mais ainda, Francisco se mostra de tal maneira livre que postula conviver alegremente com todas as contradi-

---

67. Regra 2.

68. *Legenda Perusina* 61.

69. Ibid. 61; cf. 60.

70. *Legenda Perusina* 58.

ções. Ao ministro dos frades menores, que se queixa dos aborrecimentos e até das violências de que é vítima, responde: ama aos que assim procedem contra ti, nem mesmo desejes que se tornem cristãos melhores; se o irmão pedir misericórdia, por piores que tenham sido os pecados, faze misericórdia e, se não a pediu, pergunta-lhe se não a quer receber. E se for reincidente sem conta, ama-o mais do que a mim. E tem sempre piedade de tais irmãos[71].

Novamente é a bondade e não o espírito de vingança que comanda a relação. Não se honra ao Criador maldizendo as criaturas. Francisco não quer que se fale demasiadamente das misérias humanas, para que, com nossas razões, não cheguemos a ser injustos para com Deus[72].

A expressão suprema da liberdade de Francisco está contida na legenda da verdadeira e perfeita alegria. Se tiver acolhido as coisas mais sublimes (converter todos os infiéis, curar enfermos, expandir a Ordem) e muito mais ainda os desprezos e a rejeição de sua própria casa, "se tiver tido paciência e permanecer imperturbável, aí está a verdadeira alegria, a verdadeira virtude e a salvação da alma"[73]. A verdadeira liberdade se realiza lá onde a pessoa se autodetermina a con-viver com todas as criaturas, indistintamente de sua situação, a servi-las com cortesia, até mesmo os animais, como o queria Francisco[74].

---

71. Carta a um ministro dos frades menores, em *São Francisco de Assis* (fontes). Op. cit., p. 90-91.

72. Cf. LAVELLE, L. *Spiritualità francescana*. Milão, 1967, p. 30-35.

73. *São Francisco de Assis* (fontes). Op. cit., p. 174.

74. Elogio às virtudes. In: *São Francisco de Assis* (fontes). Op. cit., p. 167.

Por causa da liberdade que conquistou para si, São Francisco anima todos os verdadeiros processos de libertação que buscam pela ação solidária criar e alargar o espaço da liberdade.

IV
São Francisco: criador de uma Igreja popular e pobre

CONTRIBUIÇÃO DE SÃO FRANCISCO PARA UMA IGREJA NA BASE

Corria o ano 1216 em Perusa. Sons lúgubres de canto gregoriano chegam da catedral pontifícia. Executa-se o grave *planctum super Innocentium*. Havia morrido o Papa Inocêncio III após 18 anos de pontificado glorioso. Com ele a Igreja atinge o *dominium mundi*, o sacerdócio submete, finalmente, o império. O Papa é suserano de quase todos os reis e príncipes. A honra, a glória, o poder, a pompa e o brilho, o triunfo e a riqueza enfunam o barco do pescador de outrora.

Nada detém a morte que é a senhora de todas as vaidades. O esquife do Papa jaz à frente do altar-mor. Coberto de ouropéis, joias, ouro, prata e os signos do duplo poder sagrado e secular. Cardeais e príncipes, monges e fiéis se sucedem na vigília. É meia-noite. O Papa está só com as trevas. Ladrões penetram na catedral. Em poucos minutos espoliam o cadáver de todas as vestes preciosas, do ouro, da prata, das insígnias. Jaz o corpo desnudo já quase em putrefação. De fato, verifica-se, isto é, fica verdade aquilo que ele ainda como cardeal escrevera tão cruamente "acerca da miséria da humana condição".

Um pobrezinho, fétido e miserável, se escondera num canto escuro da catedral para vigiar, rezar e passar a noite. É a lenda que conta. Tirou a túnica rota e suja, túnica de penitência que o Papa

Inocêncio III, seu amigo, aprovara para ele e seus companheiros em 1209. E cobre as vergonhas do cadáver violado. Eis o destino das riquezas deste mundo, eis a salvação da pobreza evangélica. A primeira não salvou do saque, a segunda salvou da vergonha.

O futuro cardeal Jacques de Vitry, santo e sábio, narra: "Entrei na Igreja e me dei conta, com plena fé, quanto é breve a glória enganadora deste mundo!"

O pobrezinho que todos chamavam com ternura de Poverello nada disse nem pensou; apenas fez: ficou nu para cobrir o nu de seu amigo. Francisco de Assis, o Santo.

O Vaticano II (1962-1965) significou, principalmente, um esforço coletivo de codificação da fé cristã em resposta às exigências do homem moderno; é o seu grande valor teológico. Ao mesmo tempo encerra, oficialmente, uma era da Igreja, aquela do regime de cristandade, com o tipo específico de presença cristã dentro da sociedade; é o significado cultural do Concílio. O regime de cristandade, como o explanamos anteriormente, caracteriza-se pela aliança entre o poder sagrado, corporificado pela Hierarquia, e o poder civil concentrado no Estado e nas classes hegemônicas[1]. A mensagem cristã se faz presente no meio do povo pela mediação das instituições eclesiais em articulação com as instituições estatais ou controladas pelos setores dominantes da sociedade. Neste modelo a Igreja se estrutura ao redor do eixo do poder sagrado, coligado com o poder civil.

---

1. RICHARD, P. *Mort des chrétientés et naissance de l'Eglise*. Paris, 1978.

1. De uma Igreja de clérigos rumo a uma Igreja todos-povo-de-Deus

A partir do século IV, com a viragem constantiniana, toda a Igreja (comunidade dos fiéis com sua hierarquia) é solicitada a assumir a condução política e cultural do Ocidente. Na medida em que a Igreja se desincumbia desta tarefa, mais e mais se fazia necessário um corpo de especialistas que, com coesão e coerência, levasse avante este desafio histórico imposto pelas injunções do tempo. Este corpo de peritos era constituído pelo clero. Por interesse de eficácia histórica e para fazer frente a outros concorrentes (com o esfacelamento do Império Romano, a Igreja era o único corpo universal) foi-se concentrando progressivamente o poder, tanto religioso quanto civil, nas mãos do clero. A partir do século VIII ele foi se constituindo num corpo sociológico à parte até realizar seu pleno domínio sob Gregório VII e Inocêncio III, na época de São Francisco[2]. Erige-se então o clericalismo que significa a concentração total do poder sagrado nas mãos do clero. Ele monopoliza a gestão dos bens de salvação e se transforma no detentor exclusivo da competência necessária para a produção e reprodução do capital simbólico. *Pari passu* se realiza uma desapropriação crescente dos leigos, até serem reduzidos a mera massa de fiéis, fregueses dos cultos, destituídos de meios para produzirem bens religiosos[3]. Até na própria linguagem se opera este

---

2. CONGAR, Y. *L'ecclésiologie du haut moyen-âge*. Paris, 1968, p.97; • FAIVRE, A *Naissance d'une hiérarchie*. Paris, 1977, p. 411-423.

3. A dinâmica deste processo foi estudada competentemente, do ponto de vista da sociologia da religião, por BOURDIEU, P. *A economia das trocas simbólicas*. São Paulo, 1974, p. 27-78 esp. p. 39s.; • MADURO, O. *Religião e luta de classes*. Petrópolis, 1981, p. 125-136.

processo de concentração e expropriação: *clérigo* irá significar o letrado e o intelectual e *leigo* o iletrado e ignorante[4].

Ao lado destas práticas sob o signo do clericalismo se elabora a correspondente justificativa teológica (ideológica). Não se reflete mais a partir do Jesus histórico, fraco em poder e forte no serviço, deixando a utopia de uma comunidade de irmãos (cf. Mt 23,8), mas a partir da unicidade de Deus, criador do cosmo. Este Deus único é representado pela única cabeça do Papa, "Deus visível sobre a terra", como dizia o Papa Gregório II[5]. Ou então em termos cristológicos: a única cabeça invisível do corpo da Igreja, Cristo, torna-se visível no Papa, cabeça visível da Igreja. A Igreja se transforma no domínio da *monarchia sancti Petri*. É a famosa teoria da cefalização da Igreja[6]. De uma Igreja-comunhão de povo e ministros se passa lentamente para a compreensão de uma Igreja piramidal; a Igreja é principalmente o clero do qual o Papa é a cabeça. Antes o sacrifício da missa era oferecido por todos os fiéis mediante o sacerdote (*tibi offerunt*), agora o sacerdote oferece sozinho em nome e no lugar dos fiéis (*pro quibus tibi offerimus*). Introduz-se, definitivamente, a distinção dos dois gêneros de cristãos, como se diz no Código de Graciano (por volta de 1140), pai da canonística católica: os clérigos que receberam o poder de Cristo e os leigos que não o receberam; os primeiros se dedicam ao serviço divino, à contemplação e à oração, livres do contágio do mundo; aos segundos, os leigos, é "concedido

---

4. Diz-se na linguagem comum: "esta pessoa é leiga no assunto".

5. Cf. os textos referidos em CONGAR, Y. *L'ecclésiologie*. Op. cit., p. 389; • CONGAR, Y. Le monothéisme politique et le Dieu Trinité. In; *Nouvelle Revue Théologique* 103 .1981, p. 3-17.

6. Ibid., p. 81-85; p. 190-195; p. 267-271.

esposar-se, cultivar a terra... defender as próprias causas, depositar ofertas sobre os altares, pagar o dízimo, podendo assim salvar-se se evitarem, todavia, os vícios e praticarem o bem"[7]. Aqui se verifica uma completa expropriação dos leigos em termos eclesiais. Além disso, impõe-se a interpretação de que os ministérios eclesiais, assim como se dão na Igreja, são de instituição divina, por vontade explícita de Jesus Cristo[8], conferem uma realidade ontológica própria que os demais cristãos não possuem e, por isso, são substancialmente irreformáveis.

Destarte o clericalismo como prática histórica do poder do clero na Igreja e na sociedade ganha sua legitimação teórica e sua sacralização. Mas importa não esquecer que este processo é histórico, vale dizer, surgiu um dia dentro de uma determinada estrutura e conjuntura, e que deve, corretamente, ser interpretado com as categorias da lógica do poder e dos mecanismos da ideologia.

O Concílio Vaticano II procurou devolver equilíbrio à compreensão teológica da distribuição do poder na Igreja[9]. Por isso dizíamos que significa, em nível da teoria teológica, o fim da era do clericalismo. Estabelece, inicialmente, que a Igreja é um mistério total, cujas raízes não se encontram na história dos homens, mas no seio da SS. Trindade

---

7. C. 7, c. XII, q. 1.

8. Para uma compreensão teológica da vontade fundadora de Jesus e o lugar dos ministérios dentro da Igreja, cf. BOFF, L. *Eclesiogênese*. Petrópolis, 1977, p. 47-73 [com a bibliografia aí citada].

9. Especialmente a *Lumen Gentium*; cf. a melhor coletânea de estudos sobre a Igreja do Vaticano II, com este mesmo título, editada por BARAÚNA G. Petrópolis, 1965; • KLOPPENBURG, B. A *Eclesiologia do Vaticano II*. Petrópolis, 1972.

(*ecclesia a Trinitate*); vem apresentada como o sacramento universal da salvação, abraçando todas as dimensões da história, "desde o justo Abel até o último eleito". No tempo emerge como o povo de Deus em marcha; porque toda a Igreja é o sacramento de Cristo, toda ela representa Cristo; cada batizado participa do poder (*exousia*) de Cristo, de ensinar, de governar e santificar. Ao lado do fundamento cristológico que dá conta da estabilidade na Igreja (serviços essenciais) vigora também o fundamento pneumatológico que responde pelo dinamismo histórico da comunidade eclesial (carismas).

Apesar deste esforço considerável, permanece no Vaticano II a coexistência do princípio clerical, quando se expõe a teologia do múnus hierárquico, sem tomar coerentemente em apreço o que se havia explanado sobre o povo de Deus e a participação dos fiéis no múnus de Cristo[10]. Mas fica, pelo menos, aberta uma brecha teológica pela qual passa a renovação das formas de distribuição do poder sagrado na comunidade eclesial.

No primeiro pós-Vaticano II (1965-1970) verificou-se uma dinamização extraordinária do clero, procurando despir-se dos signos do poder, inserir-se mais profundamente no meio do povo, vivendo seu ministério não como uma instância acima e fora dos fiéis (sacerdote), mas como princípio de animação, unidade e serviço (ministro ordenado).

No segundo pós-Vaticano (1970-1980) ocorreu uma renovação vigorosa nas bases da Igreja. Leigos começaram a participar ativamente na vida da Igreja. O povo simples e

---

10. ACERBI, A. *Due ecclesiologie* – Ecclesiologia giuridica ed ecclesiologia di communione nella Lumen Gentium. Bolonha, 1975.

pobre organizou-se em comunidades eclesiais de base, onde vive a experiência de uma verdadeira eclesiogênese[11]. Assume a palavra, formulando suas orações e comentando a Escritura Sagrada, exerce distintos ministérios laicais, se compromete em nome da fé em processos de promoção e libertação dos oprimidos. Este movimento das bases logrou captar para si e, em alguns casos, literalmente converter religiosos, sacerdotes, bispos e cardeais, que em contato com o povo cristão das comunidades redefiniram melhor seu serviço ministerial e se inseriram na caminhada rumo a uma Igreja mais evangélica, serviçal, comprometida com os pobres e em direção também a uma sociedade mais participada e fraterna[12].

Especialmente na América Latina verificou-se uma convergência admirável: as bases reclamam a presença da hierarquia e dos religiosos em suas comunidades eclesiais, acolhe-os com grande amizade e apreço religioso e a hierarquia e os religiosos, por sua vez, aceitam, apoiam e dinamizam a criação e ampliação das comunidades de base[13]. A hierarquia ganha, desta forma, concreção histórica e as comunidades universalidade. A Igreja toda deixa mais e mais de ser clerical, transforma-se numa comunidade de fé, esperança e amor, comunidade organizada sob a coordenação do clero que se entende, teologicamente, como serviço ao interior da comunidade, não fora e acima dela, acumulando tudo, mas integrando e respeitando os carismas que o Se-

---

11. GUIMARÃES, A. Ribeiro. *Comunidades de Base no Brasil*. Petrópolis, 1978.

12. Cf. SALEM, H. *Igreja dos oprimidos*. Rio de Janeiro, 1981; • BOFF, L. *O caminhar da igreja com os oprimidos*. Rio de Janeiro, 1980.

13. BOFF, C. *Comunidade cristã - Comunidade política*, Petrópolis 1978.

nhor ressuscitado por seu Espírito faz suscitar para o benefício de todos[14].

Esta prática eclesial produziu também sua justificativa teológica. Propiciou uma reavaliação do caminhar da Igreja pelos séculos nas suas distintas formas de organização, adequada às exigências dos tempos, e favoreceu a elaboração de modelos eclesiológicos que iluminam e enriquecem as práticas em curso. O clericalismo, como apropriação de todo poder sagrado na mão dos que receberam o sacramento da Ordem, aparece como patologia que deve ser sanada.

Nos primeiros séculos, na Igreja prevalecia o polo comunitário, a Igreja da *sacra communio* com uma participação ativa e diferenciada de todos os cristãos, inclusive nas eleições dos bispos e do Papa[15]. Depois, em regime de cristandade, a Igreja se organizou como *sacra potestas*, ao redor de categorias de poder, o que conduziu a um exacerbado desenvolvimento da canonística e à hegemonia distorcida do clero sobre os fiéis. Hoje predomina mais e mais a perspectiva de *Igreja-Povo-de-Deus*, alimentado por duas fontes salvíficas: o Cristo pascal (morto e ressuscitado) e o Espírito Santo. A comunidade cristã nasce da totalidade do evento da salvação: tem em seus fundamentos a prática do Jesus histórico (*verba et facta*), sua morte e ressurreição e, especialmente, a presença do Espírito Santo. Existe uma imanência do Ressuscitado e de seu Espírito permanentemente dentro da comunidade. Ela se entende como o espaço histórico-social (sacramento) de atuação destes dois princí-

---

14. BOFF, L. *Igreja*: Carisma e poder. Petrópolis, 1981.

15. Cf. todo o número da revista *Concilium* n. 157 (1980) dedicado à participação da Igreja local na eleição dos bispos.

pios. Todos se encontram mergulhados no Ressuscitado e no Espírito. São eles que fazem suscitar na comunidade toda sorte de serviços, alguns que atendem premências de caráter permanente (unidade e condução pela hierarquia nos distintos graus do sacramento da Ordem), outros mais ligados a situações e momentos (os vários carismas). Estas diferenças se dão todas no interior da comunidade de iguais, todos irmãos, todos enviados a testemunhar, todos responsáveis pela doutrina e santidade eclesial, todos respeitando as distintas manifestações do Espírito sem destruir a unidade.

Esta Igreja que se deixa orientar pelo Espírito e pela força estruturante do carisma[16] não pode enrijecer seus próprios limites; estes são flexíveis, pois a realidade da Igreja se realiza para além de sua própria consciência, particularmente na situação dos pobres. Objetivamente, independente de sua situação moral ou religiosa, pelo simples fato de serem pobres, se constituem em sacramentos de uma presença privilegiada de Cristo (Mt 25,31-46), como Juiz escatológico que julga a cada um em conformidade do amor que liberta da pobreza ou se nega ao seu apelo. Onde está Cristo, aí está a sua Igreja, rezava um adágio antigo. Vale dizer, se Cristo está nos pobres, como está, então há aí uma realização da Igreja que não depende da fé dos pobres nem da organização dos hierarcas. A comunidade que nasce da fé no Cristo e no seu Espírito (Igreja da ressurreição) deve acolher e estar em comunhão com a Igreja que se realiza nos pobres (Igreja da crucificação). E esta comunhão somente é verdadeira se obedece ao apelo do Cristo nos po-

---

16. HASENHÜTTL, G. *Charisma Ordnungsprinzip der Kirche*, Friburgo-Basileia-Viena, 1969.

bres: "estava nu, estava faminto, estava encarcerado e me libertastes, me saciastes e me vestistes!"[17] Pela primeira vez na história, os pobres ganham valor eclesiológico e não apenas caritativo.

Esta prática e teoria eclesiológicas não deixam de criar impasses frente à persistência de bolsões clericalistas. Aqui e acolá vigem ainda relações de uma estrutura clerical, onde o hierarca aparece facilmente a braços com o poder, na primeira página dos jornais e nunca no meio dos pobres, como seu *defensor et procurator* conforme a praxe antiga; organiza a pastoral no estilo de um califado, reduzindo os leigos a mera força auxiliar do clero. Há o grave risco de um paralelismo de vidas eclesiais e de rupturas da unidade quando não de pura e simples repressão da Igreja que nasce da fé do povo.

Dada semelhante situação, importa enfrentá-la com as armas do Evangelho e não reproduzindo os esquemas clericalistas com o recurso fácil ao uso do poder simbólico. Importa, como se faz com frequência nas próprias bases, compreender tais reações; relevá-las no espírito das bem-aventuranças, jamais romper com o pastor mesmo quando os grupos, no exercício da profecia, que possui sua legitimidade na Igreja, sentem-se no dever de denunciar a prepotência e o abuso de poder. Mais importante, entretanto, é continuar, positivamente, trabalhando na construção de uma Igreja cada vez mais fraterna, mais referida ao Evangelho e mais comprometida com o mundo dos pobres e com a causa da justiça.

---

17. SANTA ANA, J. De. *A Igreja e o desafio dos pobres*, Petrópolis 1980, p. 133-149; • MOLTMANN, J. *La Iglesia fuerza del Espíritu*. Salamanca, 1978, p. 157-161.

2. Francisco: obediente à Igreja dos papas e criador de uma Igreja popular

Neste contexto de preocupações é útil interrogar a experiência eclesial de São Francisco e aprender a lição de liberdade evangélica e ao mesmo tempo de fidelidade que ele nos deixou[18]. Em Francisco encontramos, coexistindo com grande tensão e equilíbrio, o não conformismo com a obediência, a aceitação da Igreja dos clérigos com um alargamento corajoso do espaço dos leigos, o respeito pela piedade litúrgica oficial com a criatividade de uma cultura religiosa popular.

A concomitância destes polos de difícil articulação permitiu duas correntes de interpretação da atitude de São Francisco. A primeira, inaugurada pelo grande franciscanólogo francês, o pastor Paul Sabatier[19], enfatiza a contestação do Poverello à Igreja de seu tempo e sua paulatina domesticação pela Cúria Romana até a total absorção nos quadros da oficialidade clerical. A segunda sustenta a absoluta obediência do Poverello à *sancta mater Ecclesia romana*,

---

18. Sobre o tema existe farta bibliografia como se pode ver em Bibliographia Franciscana. In: *Collectanea Franciscana* XIII (1964-1973), p. 841-844; • cf. especialmente ESSER, K. Sancta Mater Ecclesia Romana. La pietà ecclesiale di San Francesco d'Assisi, In: *Temi spirituali*. Milão, 1972, p. 139-188; SCHMUCKI, O. Franziskus von Assisi erfährt Kirche in seiner Brüderschaft. In: *Franziskanische Studien* 58. 1976, p. 1-26; • ROTZETTER, A. *Die Funktion der franziskanischen Bewegung in der Kirche*. Tau-Verlag Schwyz/Schweiz, 1977; • BENZ, E. *Ecclesia spiritualis*. Kirchenidee und Geschichtstheologie der franziskanischen Reformation. Stuttgart, 1934.

19. Sua *Vie de Saint François*. Paris, 1893, constitui, apesar de todas as críticas, uma das mais brilhantes biografias do Poverello.

pois foi um *vir totus catholicus et apostolicus*, negando à tese de um conflito entre Francisco e a Cúria Romana qualquer apoio nos escritos do santo ou nas biografias do século XIII; toda a vida e a ação do *Fratello* se endereçaram a serviço da Igreja e pela Igreja, sendo a eclesialidade uma característica essencial à novidade franciscana[20].

Pensamos que as duas tendências têm razões e afirmam verdades que não podem ser negadas por nenhuma posição. Importa, entretanto, estabelecer em que nível cada posição é verdadeira. Não se trata de irenismo fácil, mas trata-se de uma recusa de colocar tudo num mesmo nível e assim tornar impossível aquela coexistência de polos que fazem a riqueza da personalidade espiritual de São Francisco. Ele foi mais que um contestador e um não conformista, foi um revolucionário radical e, ao mesmo tempo, viveu a obediência de maneira heroica, como uma forma total de despojamento para com a Igreja institucional.

1) *Não conformismo e obediência*

Há dois níveis da experiência de Igreja que cumpre considerar. Primeiramente a Igreja constitui uma realidade dentro da qual nos encontramos. Recebemos a fé, os sacramentos, os hábitos cristãos junto com o leite materno. Ela perfaz a estrutura do nós e desta forma entra na constitui-

---

20. Assim ESSER, K. Sancta Mater Romana Ecclesia. Op. cit.; para toda esta questão cf. os estudos minuciosos de SELGE, K. Franz von Assisi und die römische Kurie. In: *Zeitschrift f. Theologie und Kirche* 67. 1970, p. 129-161; • do mesmo autor: Franz von Assisi und Ugolino von Ostia. In: *San Francesco nella ricerca storica degli Ultimi ottanta anni* (Convegni dei Centro di studi sulla spiritualità medievale, p. 13-16 ottobre 1968). Todi, 1971, p. 157-222.

ção de nossa própria identidade espiritual e religiosa. Não é, portanto, uma realidade exterior, antes e acima de nós. Nesta perspectiva ela apresenta-se como organismo de vida e como carisma, como evangelho e utopia que alimentam nossos sonhos e nossas vidas.

Em segundo lugar, a Igreja emerge como uma realidade que nos ultrapassa por todos os lados; provém antes de nós, possui uma institucionalidade secular, está à nossa frente e se impõe objetivamente como algo que está fora e acima de nós. É a Igreja como organização religiosa e como instituição ainda de características clericais. Enquanto grandeza histórica se identifica por uma série de opções, possui um determinado perfil institucional, no caso, caracterizado pela centralização do poder sagrado, elabora certo tipo de autoconsciência doutrinária, moral e canônica, numa palavra, aparece como um corpo histórico ao lado de outros corpos.

Estas duas experiências de Igreja convivem dentro de cada fiel, ora predominando uma ora outra, sem, entretanto, reduzirem-se mutuamente. Em Francisco vigora uma expansão inaudita da primeira experiência; nele fala o carisma da radicalidade evangélica com um frescor matinal e um vigor estivo. Os ideais que a Igreja anuncia em sua pregação e celebra em suas ações litúrgicas são entendidos por Francisco como algo diretamente dirigidos a ele. As biografias do tempo insistem neste tipo de atitude de Francisco. Não ouve o Evangelho em si mesmo, mas no contexto eclesial. A Igreja não lhe aparece, primeiramente, como realidade exterior, mas como a sua própria atmosfera que ele mesmo respira. Neste nível experiencial não se coloca qualquer sombra de não conformismo de Francisco.

Como se comporta o carismático santo de Assis com a institucionalidade poderosa da Igreja de seu tempo? No tempo de São Francisco, sob o Papa Inocêncio III[21], ela chegara ao supremo grau de secularização, com interesses explícitos de dominação do mundo. Era a Igreja, por excelência, do *Imperium*, dos grandes senhores feudais. Mais da metade de todas as terras europeias se constituíam em benefícios eclesiásticos. A vida monacal se feudalizara largamente; ser monge não era entrar *in partibus pauperum*, mas sim no sistema de poder, de terras e de bens. Não a *peregrinatio evangelii* caracteriza os monges, mas a *stabilitas loci*[22]. Não admira, pois, que a Igreja estivesse mais ocupada em defender e gerenciar os próprios bens a evangelizar a classe nova emergente dos artesãos e dos mercadores nos burgos. O vazio de evangelização propiciou o surgimento dos movimentos religiosos de profundo conteúdo evangélico levados avante por muitíssimos leigos, profetas populares e místicos arrebatados. Por falta de compreensão dos bispos locais, da Cúria Romana e dos vários Papas e Concílios (II e III do Latrão) não se soube canalizar a força deste fermento para renovar a vida da Igreja; a maioria acabou na excomunhão ou foram liquidados, vergonhosamente para a história eclesiástica, pelas cruzadas movidas contra eles[23].

Como se comporta Francisco? Surge não no centro do poder, mas na periferia. Não pertenceu ao quadro clerical

---

21. MACCARRONE, M., San Francesco e la Chiesa di Innocenzo III. In: *Approccio storico-critico alie Fonti Francescane*. Roma, 1979, p. 31-43.

22. Cf. SILVEIRA, I. São Francisco e a burguesia. In: *Nosso Irmão Francisco de Assis*. Petrópolis, 1975, p. 11-47, esp. p. 17-20.

23. Cf. GRUNDMANN, H. *Religiöse Bewegungen im Mittelalter*. Hildesheim, 1961, p. 10-11; p. 50-69.

nem ao quadro monacal. Inicia o movimento na igrejinha da Porciúncula que por si mesma constitui um símbolo, pois "é a mais pobre das igrejas de todo o território de Assis"[24]. É na periferia, onde o poder não constitui o parâmetro estruturante e o princípio controlador de tudo, onde a vida aflora com toda sua exuberância e desafio, onde estão os pobres e aqueles que esperam e vivem à margem de toda organização, é na periferia que se oferece o húmus necessário para a criatividade e para a emergência do novo ainda não ensaiado. Pois é para a periferia que se desloca Francisco. É da periferia que começa a falar para o centro, pedindo conversão. É na periferia que eclodiram os grandes profetas, nasceram os movimentos reformadores e onde viceja o Espírito. A periferia possui um privilégio teológico, pois nela nasceu o Filho de Deus.

Francisco vive a *antítese do projeto dominante de Igreja.* O modelo feudal de cristianismo, particularmente a partir de Gregório VII, articulou-se ao redor dos polos do sacerdócio e do império colocados nas mãos do Papa e dos bispos. A institucionalidade da Igreja alcança o auge do poder sagrado e profano e luta para consolidá-lo, estendê-lo, aprofundá-lo e consagrá-lo com a invocação de Deus e de Cristo como seus garantes. Jamais na história da Igreja o poder foi buscado com tanta ansiedade e eficácia. A Igreja clerical se sente herdeira das promessas e da glória do Império Romano (*Donatio Constantini*). Contrariamente a isto, Francisco vive o projeto da loucura, o caminho do seguimento de Cristo crucificado em absoluta pobreza e simplicidade. Não é uma Igreja dos senhores e dos *maiores* que o seduz, mas uma Igreja dos servos, dos *minores.* Sua ordem chamar-se-á

---

24. *Legenda Perusina* 8.

dos "irmãos menores"[25], sem poder algum, nem sobre si próprio e muito menos sobre os outros[26]; tudo o que significar poder deve ser negado ao grupo, a ponto de na Regra Não Bulada prescrever a exclusão de trabalhos que impliquem posto de mando, como "tesoureiros, capatazes, administradores nas casas em que servem"[27]. Com acerto diz Joseph Ratzinger: "O não de Francisco àquele tipo de Igreja não poderia ser mais radical, é o que chamaríamos de protesto profético"[28]. Ao evangelho do poder, Francisco apresenta o poder do Evangelho. Francisco jamais tolerou que seus irmãos assumissem qualquer prelatura ou cargo na Igreja: "sua vocação é ficar embaixo, seguindo os passos de Jesus Cristo; se quereis (falando Francisco a um bispo) que produzam fruto na Igreja de Deus, conservai-os no estado de sua vocação, reduzindo-os aos graus inferiores, mesmo contra a sua vontade"[29].

---

25. *Espelho da Perfeição* 26.

26. Regra Não Bulada 6.

27. Ibid., 7.

28. RATZINGER, J. Bemerkungen zur Frage der Charismen in der Kirche. In: *Zeit Jesu*, Friburgo-Basileia-Viena, 1970, p. 258-272, aqui p. 269.

29. 2Celano 148; crítica velada contêm os seguintes episódios: depois de pregar ao povo, segundo a *Legenda Perusina* 60, frequentemente reunia-se à parte com os sacerdotes, "para não ser escutado pelos seculares", e os admoestava sobre a cura d'almas e o cuidado das sagradas espécies; não quer rescritos papais, visando privilégios (Testamento); comporta-se de maneira totalmente diferente diante do Sultão, contrastando da estratégia dos cristãos que era a da violência; segundo 2Celano 73, ao ser convidado pelo Cardeal Hugolino e estando à mesa lauta, levanta-se e vai recolher esmolas e, somente depois, se põe à mesa, distribuindo o fruto das esmolas entre os convivas, com o comentário: "Tenho mais prazer numa mesa pobre, posta com poucas esmolas, do que nas grandiosas, em que mal dá para contar o número de pratos".

Francisco viveu também a *antítese do clericalismo*. Não devemos esquecer que Francisco foi um leigo e quis permanecer leigo para evangelizar os leigos abandonados pastoralmente, especialmente os pobres. Se mais tarde foi ordenado diácono, foi, certamente, para mais livremente poder pregar, já que havia uma proibição conciliar contra a pregação dos leigos sobre assuntos doutrinários[30]. Jamais foi um agente do sistema clerical. O penetrante historiador Eduardo Hoornaert[31] chama a atenção contra o erro de perspectiva, ao se considerar Francisco como um homem de Igreja, isto é, um clérigo com penetração popular. Ele tinha alma de leigo e criou, como veremos mais abaixo, um cristianismo popular. Até hoje sua figura sintoniza com a cultura popular de quase todos os países, especialmente no Brasil do Norte e Nordeste, onde penetrou fundo na alma popular[32], na sua cultura folclórica e no artesanato.

Francisco viveu igualmente a *antítese da vida religiosa monacal* do tempo. Esta vida se caracteriza pela estabilidade

---

30. Cf. ZERFASS, R. *Der Streit um die Laienpredigt*. Eine pastoralgeschichtliche Untersuchung zum Verständnis des Predigtamtes und zu seiner Entwicklung im 12. und 13. Jahrhundert, Friburgo, 1974; acusou-se a Francisco de que "estaria usurpando o ofício da pregação": BOURBON, E. de. In: *São Francisco de Assis* (fontes). Op. cit., p. 1036; os primeiros frades que foram à Alemanha e à França em 1217 foram acusados de albigenses e "heréticos da Lombardia": *Crônica de Frei Jordão de Jano* 4-5; *Legenda dos três companheiros* 16.

31. HOORNAERT, E. Origem da "vida religiosa" no cristianismo. In: *Perspectiva Teológica* 3. 1971, p. 223-233, aqui p. 227-228.

32. Para a visita do Papa à favela do Vidigal no Rio de Janeiro, em julho de 1980, construiu-se uma capelinha. Fez-se uma votação popular para a escolha do padroeiro. Curiosamente, São Francisco ganhou a grande maioria dos votos, acima de Cristo e de Maria.

do local e pela autonomia; a partir da reforma de Cluny os monges já não faziam trabalhos pesados nos campos; transformaram-se em senhores feudais que tinham seus colonos, cobravam os dízimos, rendas das vilas, dos moinhos, tributos dos servos da gleba. Tudo se passava dentro dos muros do convento, pequena Jerusalém terrestre, espelho da Jerusalém celeste. A evangelização era feita a partir deste lugar, que é lugar do poder e da cultura. Francisco dá origem a uma vida religiosa no meio do povo; a cela é o mundo, os confrades são todos os homens, principalmente os pobres. Peregrinam pelos burgos, de dois em dois, anunciando um evangelho sem glosas e comentários mirabolantes da exegese simbólica do tempo. Vive-se do trabalho do dia a dia em pobreza, simplicidade e alegria.

Francisco vive, pronunciadamente, a *antítese da cultura livresca* da época. As pregações eram feitas em latim, linguagem pouco compreensível ao povo, o Evangelho vinha acompanhado de erudição e de um tipo de alegoria que mais escondia ou enfraquecia a sua força que a realçava. Francisco quer o Evangelho anunciado *ad litteram*. Se permite o estudo das Escrituras, é com uma condição bem precisa: "contanto que não estudem unicamente para saber *como* falar, mas para pôr em prática primeiro aquilo que tiverem aprendido e, depois de terem posto em prática, para ensinar aos outros aquilo que eles devem fazer"[33]. Quer seus irmãos, não discípulos desta ou daquela escola ou mestre, mas "discípulos do Evangelho e que seus progressos no conhecimento da verdade sejam tais, que eles cresçam ao mesmo tempo na pureza e na simplicidade"[34]. Ele mesmo se

---

33. 1Boaventura XI,1.
34. Ibid.

apresenta como "idiota", quer dizer, iletrado, com o mínimo necessário para poder ler e escrever com dificuldade[35].

Francisco vive igualmente uma *antítese do espírito da canonística* de então. Ao comprometer-se profundamente com o poder temporal e a condução da história, a Igreja sentia a exigência do direito que, estruturalmente, tem a função de ordenar e legitimar em práticas do poder em curso em relação com os demais poderes. Com efeito, a partir do século XII desenvolve-se uma rica reflexão canônica que encontra em Graciano seu genial codificador. É no interior do direito que se elabora a eclesiologia, especialmente ao redor do eixo do Papa e de suas atribuições. Esta canonística, como já acenamos, havia ordenado o *corpus christianorum* em dois gêneros, por um lado os clérigos que tudo detêm em termos religiosos, por outro os leigos totalmente despotenciados. Francisco abre as portas do seu movimento a todos indistintamente. Ao fazerem-se irmãos menores, apagam-se as diferenças de origem; todos, seja presbíteros, senhores nobres, mercadores, juristas, burgueses, seja pobres servos, en-

---

35. SCHMUCKI, O. Ignorans et idiota. Das Ausmass der schulischen Bildung des hl. Franziskus von Assisi. In: *Studio, historico-ecclesiastica.* Festgabe an Prof. L.G. Spätling. Roma, 1977, p. 282-309. Segundo este pesquisador, Francisco com a idade de 9-10 anos estudou na *Schola Minor,* junto à Igreja de São Jorge, nos anos 1190-1191. Com a ajuda do saltério, aprendeu a ler e a escrever, também um pouco de aritmética, alguns cânticos litúrgicos e os elementos básicos da vida e da doutrina cristã. Não superou o estádio das primeiras noções da língua latina. Devia fazer esforço para falar e escrever em latim. Falava e escrevia com erros; aprendeu também um pouco de francês. Não foi um homem culto, mas alimentou sua cultura de base com a leitura da Sagrada Escritura. Os "ignorans et idiota" eram desprezados. Francisco faz questão de contar-se no número deles.

tram numa fraternidade de iguais e radicalmente fraterna[36]. Não apenas os homens são chamados ao seguimento radical do Evangelho. Seu movimento está aberto também às mulheres que, a começar por Clara e Inês, vivem também a radicalidade da pobreza, sem exigir qualquer dote ou postular qualquer fundação que garanta seu sustento. Também elas vivem do trabalho e da esmola. À visão hierárquica da comunidade cristã, Francisco propõe o modelo fraterno à moda dos cavaleiros da Távola Redonda.

Francisco vive a antítese do *patriarcalismo e monarquismo* da estrutura institucional da Igreja. A prática do poder levou à concentração nas mãos do clero dos meios de produção religiosa; elaborou-se também a compreensão justificadora e adequada a esta prática; aqui foram acionadas categorias de antiquíssima tradição imperial manejadas pela teologia política cujas raízes se encontram no Egito e no Oriente Médio. O único Deus-Pai é representado pelo monarca, pai de seu povo. Todos os demais são súditos, organizados em hierarquia descendente; é o reino dos filhos. Não se tematiza a relação dos filhos entre si, o que abriria o espaço para a percepção da fraternidade, mas unicamente a relação dos filhos para com o único pai. A consequência é a inflação do princípio do pai, gerando o patriarcalismo e a concepção da plenitude do poder em uma pessoa só. A Igreja, pensada neste modelo do monoteísmo político, apresentar-se-á como uma sociedade, de princípio, desigual e hierárquica[37].

---

36. Regra Não Bulada 17.

37. PETERSON, E. Der Monotheismus als politisches Problem. In: *Theologische Traktate*. Munique: 1951, p. 45-148.

Francisco vive outra experiência de fé, ligada às fontes mais genuínas do Novo Testamento. Porque é pobre e desarmado, não procurando impor-se a ninguém, mas servir a todos, até aos animais, descobre a radical fraternidade de todos os seres da criação. Deus não deixa de ser Pai. Mas este Pai possui um Filho unigênito que é sua imagem substancial e o único representante do Pai. Este Filho se encarnou e está no meio dos filhos adotivos. É o grande Irmão no meio dos irmãos. Francisco vive esta experiência de Cristo como Irmão[38]. Daí resulta a descoberta dos laços umbilicais que unem todos os homens entre si; aflora a consciência da Igreja como fraternidade e da confraternização universal. Todos representam o Pai na medida em que todos são filhos no Filho que está no nosso meio; esta representação não é mais monopolizada por ninguém e, se porventura persistir (como certa compreensão dos ministérios eclesiais postula), deverá ser vivida no interior da comunidade de iguais e de irmãos e não acima dela.

Neste contexto de ideias ressalta lógica a petição de Francisco: "No nosso gênero de vida ninguém seja *prior*, mas todos sejam designados indistintamente como *irmãos menores* e se lavem os pés uns dos outros"[39]; em seguida, apelando para conhecidos textos evangélicos contra o poder (cf. Mt 20,25-26; Lc 22,26), deslegitima o princípio do poder como relação entre os irmãos e com outros homens, também irmãos, substituindo-o pelo princípio do serviço mútuo[40]. Esta experiência possui profundas consequências eclesiológicas, pois traduz o mistério da Igreja nas catego-

---

38. Carta aos fiéis (II) 56.

39. Regra Não Bulada 6.

40. Ibid., 5.

rias da prática de Jesus e menos naquelas do monarquismo e monoteísmo do Antigo Testamento e das teologias políticas do imperialismo antigo.

Como se depreende, estamos face a um radical não conformismo de Francisco, mas um não conformismo da prática e não da palavra. Francisco não elabora, teoricamente, um modelo alternativo de ser cristão; como "ignorante e idiota", iletrado, não tendo passado pela escola do *ius canonicum* e da *sacra doctrina*, seria incapaz desta diligência. Por isso, não é um contestador no estilo moderno, porque não parte de uma compreensão teórica alternativa da Igreja e da sociedade, e em função disso passa a práticas consequentes. Francisco respeita, profundamente, a estruturação que encontra. Seu declarado amor e obediência irrestrita à Igreja e ao Papa, no exórdio das duas regras conservadas e no seu Testamento, sua veneração pelos sacerdotes, por mais pobrezinhos e indignos que fossem[41], não é retórica enganadora, nem tática de despiste de seu projeto diferente. É profundamente sincero e leal. Mas esta obediência não lhe impede de ser obediente também ao carisma que Deus fez irromper nele. Sua intuição da verdade da fé e do Evangelho lhe permite entender que nenhuma configuração de Igreja exaure todo o mistério da Igreja. Cada configuração histórica concretiza a força do Evangelho, por isso deve ser respeitada e amada; mas o Evangelho é maior do que a história; por isso ele evoca a liberdade para ir além da concretização eclesial, não contra ela nem apesar dela, mas exatamente para além dela. Com lucidez no leito da morte recomenda "conservar a pobreza e a fidelidade à Igreja romana, mas pondo acima de todas as outras normas o Santo

---

41. Admoestação 26; 1Celano 62; 2Celano 201.

evangelho"[42]. O Evangelho é a instância suprema para toda a Igreja e para cada cristão, como o leigo Francisco.

Existe, portanto, um inegável inconformismo em Francisco; seu projeto não é da institucionalidade daquele tempo; é o projeto do Evangelho. Mas ele é suficientemente homem do Espírito para dar-se conta de que o Evangelho não é monopólio de ninguém, nem dele, Francisco, nem da Igreja feudal e imperial. O Evangelho é um fermento que vivifica, permanentemente, todo o corpo, penetra tanto a instância institucional quanto o momento carismático da comunidade.

O amor evangélico de Francisco, superando todo resquício de farisaísmo, lhe permite amar a Igreja apesar de suas profundas limitações, de modo particular concernentes à evangelização dos pobres. Este amor não foi fácil nem livre de tensões. No Testamento, nas vascas da morte, podia sinceramente confessar: "Ninguém me mostrou o que eu deveria fazer, mas o Altíssimo mesmo me revelou que eu devia viver segundo a forma do Santo Evangelho"[43]. Francisco foi um dom enviado por Deus à sua Igreja; ela o acolheu não sem hesitações, como hesitara demasiadamente face aos demais movimentos evangelistas anteriores, quase todos, não sem culpa da inflexibilidade e mundanismo da Cúria Romana, condenados e extrojetados da comunhão eclesial[44]. "O fato de que a instituição tenha hesitado, des-

---

42. 2Boaventura XV,5; 2Celano 216.

43. Testamento 4.

44. Cf. VOLPE, G. *Movimenti religiosi e sette ereticali*, pirenze, 1977, p. 81-87; • GRUNDMANN, H. *Religiöse Bewegungen*. Op. cit., p. 50-69; • BOLTON, B.M. Tradition and Temerity. Papal Attitudes to Deviants 1159-1216. In: *Schism, Heresy and Religious Protest*. Cambridge: O. Baker, 1972, p. 79-92.

confiado e procurado reduzir o radicalismo original", nos diz Thaddée Matura, "mostra a reação de quem se sente ameaçado. A aceitação final da Igreja dada ao evangelismo franciscano manifesta, porém, que a contestação e o apelo à liberdade fazem parte de seu ser profundo e que, longe de a destruir, renovam-na"[45].

Francisco entendeu seu chamamento como serviço à Igreja e não como oposição a ela. Entendeu ouvir na igrejinha de São Damião o próprio Cristo falar-lhe: "Francisco, vai e repara minha Igreja porque, como vês, está em ruínas"[46]. Vive sua vocação não para secundar o projeto eclesial do poder, porque isto não é reparar, mas deixar a Igreja em ruínas. A recriação da substância teológica da Igreja provém do embeberamento na fonte donde vive a fé eclesial, isto é, o Evangelho e o seguimento do Jesus humilde e pobre. Foi o que fez, intuitivamente, Francisco. Que a Igreja tenha entendido esta linguagem mostra-o, na gramática simbólica dos sonhos, a atitude de Inocêncio III; segundo a legenda, o Papa vira em sonhos a Igreja do Latrão, mãe e cabeça de todas as igrejas, prestes a ruir. Mas "fora sustentada por um religioso, homem insignificante e desprezível, que a firmara com seu ombro para não cair; e disse: verdadeiramente este é o homem que, por sua obra e sua doutrina, haverá de sustentar a Igreja"[47]. Inocêncio III, sensível às demandas do tempo e compreensivo à mensagem dos movimentos pauperistas, bem diferente nisso de seus predecessores Alexandre III e Lúcio III que condenaram porque se

---

45. O *projeto evangélico de Francisco de Assis*. Petrópolis, 1979, p. 26.

46. 2Celano 10; 1Boaventura II,1.

47. 2Celano 17; 1Boaventura III,10; *Legenda dos três companheiros* 12.

sentiam ameaçados, aprovou o caminho de Francisco e seus companheiros em 1209-1210. Esta aprovação não propiciou apenas a floração de uma nova Ordem na Igreja, mas uma recriação da própria Igreja nas bases, especialmente entre os pobres. É o que nos toca agora aprofundar.

2) Uma Igreja na base com os pobres

Para se entender a eclesiogênese de Francisco faz-se mister considerar a extraordinária consciência que possuía de sua missão. Há um paradoxo curioso em sua vida: por um lado apresenta-se como "o menor de todos os servos", como "homem inútil e indigna criatura do Senhor Deus" que "beija os pés de todos", submisso "a toda humana criatura", incluindo os próprios animais[48]; e por outro revela a consciência de sua importância histórico-salvífica: equipara as suas palavras às de Cristo[49], diz que possuem força salvífica (*ad salvationem animae nostrae*)[50] sendo invocadas no dia do juízo[51] e possuindo validade até o fim do mundo (*nunc et semper donec finierit mundus iste*)[52]; dirige-se, consequentemente, a todos os cristãos, "a todos os que habitam no universo mundo", a "todos os podestás, cônsules, juízes e governantes do mundo inteiro"[53]; o Testamento que dei-

---

48. Carta aos Fiéis (II) 87; • Carta a toda a Ordem 47; Elogio das Virtudes 17.

49. Carta aos fiéis (II) 87.

50. Regra Não Bulada 24.

51. Carta aos clérigos 14.

52. Carta a toda a Ordem 47.

53. Carta aos fiéis (II) 1; • Carta aos governantes dos povos 1.

xa é entendido por ele num sentido bíblico como uma aliança na linha daquela de Moisés e de Cristo[54]. Se Francisco não equilibrasse esta *hybris* religiosa com a confissão constante de sua pequenez e insignificância, diríamos que se trataria de alguma patologia grave. Na verdade, encontramo-nos face a um gênio cristão de sedutora humanidade e fascinante ternura, pondo a descoberto o que há de melhor dentro de nossa humanidade.

A presença deste mesmo paradoxo se revela igualmente em sua experiência de Igreja: por um lado é fidelíssimo à Igreja que encontra e na qual vive, "Frei Francisco promete obediência e reverência ao senhor Papa Honório"[55], propõe-se, juntamente com o seguir os vestígios de Jesus Cristo, também "seguir os vestígios augustos da santa mãe Igreja"[56] e pede que "todos os irmãos sejam católicos e vivam e falem segundo a doutrina católica"[57]; por outro tem a nítida consciência de que foi enviado para recriar a Igreja conforme o espírito do Sermão da Montanha e no sentido dos pobres.

O texto mais famoso de sua eclesiogênese nos foi conservado na *Legenda Perusina* e no *Espelho da Perfeição* e, segundo os críticos, possui um cerne histórico seguro[58]: "A Ordem e a vida dos frades menores é um pequeno rebanho

---

54. VAN CORSTANJE, A. *Gottes Bund mit den Armen*, Werl/West., 1964; • ESSER, K. *Das Testament des heiligen Franziskus von Assisi.* Münster, 1949; • ROTZETTER, A. *Die Vunklion der franziskanischen Bewegung.* Op. cit., p. 98-104.

55. Regra, prólogo.

56. 2Celano 24.

57. Regra Não Bulada 19-21.

58. SCHMUCKI, O. *Franziskus von Assisi erfährt Kirche.* Op. cit., p. 13.

que o Filho de Deus nestes últimos tempos pediu a seu Pai celeste, dizendo: 'Pai, eu quero que reúnas e me concedas um povo novo e humilde que, pela sua pobreza e humildade, se distinga, no presente, de todos os que o precederam; e que, como sua riqueza, não tenham senão a mim'. E o Pai respondeu ao Filho amado: 'O que pediste foi-te concedido...' Não é maravilhoso que o Senhor haja querido um pequeno povo, diferente daqueles que o precederam, que se contenta com ter a Ele só, Altíssimo e glorioso Senhor?"[59]

Francisco, consoante este texto, define seu movimento com os termos pelos quais definimos a Igreja, pequeno rebanho (*pusillus grex*) e povo novo (*populus novus*). Propriamente não pretendeu fundar uma Ordem com uma estruturação própria e missão definida dentro da Igreja. Sua intenção primordial era viver aquilo que todo batizado é convocado a realizar: o seguimento de Jesus Cristo e uma existência norteada pelo *ethos* do Evangelho. O ideal de Francisco consiste em querer ficar na base (*in plano subsistere*)[60], não introduzir nenhum corpo novo na Igreja ao lado de outros corpos. Queria viver o mistério da Igreja que é o mistério de Jesus pobre e humilde. Mas face à dinâmica e intencionalidade estrutural da Igreja imperial daquele tempo, tem consciência da novidade de seu estilo de vida. Sua atuação ao criar comunidades de pobres não intenciona gestar uma *ecclesiola* dentro da *Ecclesia*, mas dinamizar aquilo que sempre deve ser a Igreja no seguimento do Cristo pobre, isto é, uma Igreja de pobres, pobre e desnuda. O *Sacrum Commercium* faz deste propósito uma de suas teses

---

59. *Legenda Perusina* 67; • *Espelho da Perfeição* 26.
60. 2Celano 148.

centrais: a função da comunidade pobre e fraterna de Francisco é realizar a Igreja dos pobres, Igreja que pertence somente a Deus porque se desnudou de todos os bens terrenos (por isso pobre) e pobre porque se libertou de toda propriedade e vive somente com aquilo que é indispensável a uma existência nua[61]. Toda a literatura biográfica antiga se orienta por esta tese de que o movimento de Francisco significa a manifestação da Igreja renovada, concretizada nos três ramos da Ordem, nos homens, nas mulheres e nos penitentes. Não se trata, pois, de criar uma nova Igreja, que não pode ser criada desde que Cristo e o Espírito a colocaram no mundo, mas de configurar uma eclesiogênese, isto é, conferir expressão nova à essência cristológica e pneumática da Igreja. E esta expressão, diferente daquela do tempo, rica e triunfante, deve ser pobre e humilde.

Francisco entende as duas expressões da Igreja, rica e pobre, como duas formas diferentes de manifestação do mesmo Cristo. Na Igreja rica está o Cristo que dá e ajuda com seus bens os pobres (*Christus largiens*); na Igreja pobre está o Cristo que recebe e é socorrido (*Christus accipiens*). A novidade de Francisco foi ter intuído a necessidade da Igreja pobre para a conjuntura do tempo, caracterizada pela ruptura do sistema feudal, a emergência de um novo sujeito histórico (a burguesia) com a liberação de muitíssimos pobres produzidos pelos dois sistemas. Estes pobres precisavam uma evangelização específica, uma experiência de Igreja adequada à sua situação. Francisco articulou esta eclesiogênese. Mas não se fecha sobre sua vivência de Igreja, abraça também e compreende a outra manifestação do

---

61. Cf. ROTZETTER, A. *Die Funktion*. Op. cit., p. 177-182; 249.

mistério da Igreja. Por isso nele convivem dialeticamente as duas fidelidades, à Igreja do senhor Papa e à Igreja dos pobres, ambas compondo o único mistério da Igreja. Vejamos algumas características da eclesiogênese de Francisco:

a) Igreja de relações fraternas

Já acentuamos em outros lugares a importância da fraternidade em Francisco. As relações não devem ser hierárquicas, de distribuição desigual do poder, mas absolutamente fraternas, sendo todos irmãos, mesmo quando haja funções diferentes, como refere a Regra Não Bulada: os irmãos que pregam, oram, trabalham, clérigos e leigos[62]; que não haja prior, mas ministros e servos. Esta fraternidade que concretiza a Igreja deve estar aberta a todos indistintamente até "ao ladrão ou bandido, amigo ou adversário"[63]. Os possíveis ministérios que se realizam ou emergem de seu interior não fundamentam nenhum privilégio. Nas regras, os sacerdotes franciscanos e os demais irmãos não clérigos são equiparados. Francisco recusa entrar no esquema clerical vigente em sua época. Todo seu movimento, também os sacerdotes que tiverem entrado nele, são entendidos como força auxiliar na pastoral: "fomos mandados para ajudar os clérigos (*ad adjutorium clericorum*) na salvação das almas, para suprir o que eles tiverem de menos"[64]. A clericalização posterior da Ordem até os dias de hoje se deve a motivos outros que aqueles de Francisco, à sua inserção dentro da hegemonia clerical da Igreja.

---

62. Regra Não Bulada 17.

63. Ibid. 7.

64. 2Celano 146; ESSER, K. *Sancta Mater*. Op. cit., p. 168-179.

b) Igreja que se alimenta da Palavra

O que reúne a fraternidade é a escuta da Palavra, o seguimento do Cristo pobre e a solidariedade para com os pobres. O que mais ressalta em Francisco não é uma piedade marcadamente sacramental. Evidentemente há nele um amor terno pela Eucaristia que prolonga a humildade do mistério da encarnação: visitava quando podia as igrejas e comungava com assiduidade[65]. Mas a novidade, num tempo de clero desleixado, semi-ignorante e pouco dado à reflexão evangélica, é seu amor à Palavra da revelação; ela urde todos os textos de Francisco. "Sua maior intenção, seu desejo principal e plano supremo era observar o Evangelho em tudo e por tudo... Estava sempre meditando, por isso, suas palavras e recordava seus atos com atenção"[66]. Famosa era a sua penetração, embora não tivesse nenhuma cultura livresca[67]; é que via com o coração. Nas perplexidades da vida consulta o Evangelho; toda sua pregação não é outra coisa que um anúncio do Evangelho; dividiu as folhas do único volume para que cada frade pudesse meditar; mandava não pisar papéis soltos com as palavras sagradas e recolhia-os com veneração e cuidado[68]. Como as nossas comunidades eclesiais de base, assim as comunidades dos primeiros irmãos se estruturavam ao redor da Palavra e do seguimento de Jesus pobre.

---

65. A Carta a todos os clérigos é inteiramente dedicada ao tema.

66. 1Celano 84.

67. 2Celano 102.

68. *Legenda Perusina* 62; 65.

c) Igreja da mútua ajuda

A fraternidade pobre se apoia não sobre a posse, mas sobre a mútua caridade, a sensibilidade para com as necessidades de uns e de outros. É neste contexto que Francisco introduz um elemento materno na comunidade. Cada um deve ser mãe para com o outro[69], solícito nas urgências e nas enfermidades. Esta ajuda não se reduz às necessidades materiais, mas abrange também os problemas interiores. Que os irmãos se abram mutuamente com confiança, confessem-se uns aos outros, se alegrem pelo que Deus faz com cada um[70]. Pela pregação e bom exemplo todos nos fazemos esposos, irmãos e mãe de Jesus Cristo[71]; até o "meu irmão pobrezinho que não recebeu na Igreja o encargo de gerar filhos" se faz mãe porque converte a outros com suas orações[72].

d) Igreja que celebra a vida

Francisco era uma pessoa profundamente sacramental no sentido de que criava, intuitivamente, gestos, símbolos e ações significativas. Sua própria concepção de base concernente ao seguimento de Cristo se orientava para a representação e teatralização da vida e atitudes do Jesus histórico. A celebração da fé não se restringia às celebrações litúrgicas. Francisco não reza apenas como os monges no interior do espaço sagrado; sua experiência de Deus se dá no mundo, em contato com as pessoas, os pobres e a natureza.

---

69. Regra 6; Regra Não Bulada 9.

70. Admoestação 7; 17.

71. Carta aos fiéis (II) 50s.

72. 2Celano 164.

As várias orações que nos deixou mostram sua profunda criatividade espiritual. Em suas pregações "usava comparações materiais e simples... e usando gestos e expressões ardorosas, arrebatava os ouvintes". Os relatos estão cheios da linguagem dos gestos, seja que se vista como esmoler e peça esmolas em francês, seja que se deixe conduzir pelas ruas em trajes menores enquanto grita: "vejam o comilão que se diz irmão da penitência"[73], seja que na Páscoa brinque de peregrino, com chapéu e bastão, típicos dos peregrinos, seja que coloque cinza na cabeça ou na comida para dar uma lição de humildade aos irmãos. A vida é celebrada como liturgia, já que em todas as coisas detecta acenos de Deus, de Cristo ou de cenas evangélicas. O Cântico do Irmão Sol mostra o sentido novo da oração em contato com a vida e seus dramas.

e) Igreja de piedade popular

Identificado com o mundo dos pobres, Francisco assume o universo de representação dos pobres. Este se organiza pela lógica do inconsciente e se expressa por via de símbolos. Toda a linguagem de Francisco vem carregada de simbologia arquetípica. Os mistérios de Jesus são representados por ele de forma plástica, bem a gosto popular. Assim foi ele quem introduziu a celebração viva do Natal na forma do nosso presépio[74] com feno, o boi e o burro. Foi a partir de sua piedade à humanidade de Cristo que se começaram a representar os crucifixos, não mais com o Cristo em pé qual Senhor triunfante, mas com o Cristo agonizante, com as marcas do sofrimento e da tortura. A via-sacra foi incenti-

---

73. 1Celano 52.
74. Ibid. 84-87.

vada graças à presença dos franciscanos nos lugares sagrados da Palestina[75]. A devoção à Imaculada Virgem Maria, aos anjos, especialmente São Gabriel e a tudo que estiver ligado à humanidade de Jesus recebeu por Francisco um impulso decisivo. A indulgência da Porciúncula (o perdão de Assis, como também é chamada) está ligada à sua terna devoção a Maria. Mostra também grande criatividade, apesar de todo o respeito, para com a piedade litúrgica; cria um ofício da paixão para os irmãos rezarem ao lado do ofício canônico; comenta o Pai-nosso; introduz uma forma de celebração da missa no meio do povo com o privilégio do altar portátil, novidade para o tempo[76]. Uma atmosfera popular, simples, colorida e vigorosa entra pelas janelas do velho e secular edifício cristão do século XIII, graças à liberdade do Poverello. Esta liberdade chegou a sua expressão maior quando, no leito de morte, celebra sua ceia de despedida dos irmãos. Embora fosse apenas diácono, imita a ceia derradeira de Jesus, como uma espécie de celebração e aliança: "mandou trazer um pão; abençoou-o, partiu-o e deu um pe-

---

75. Cf. CASAGRANDE, G. Una devozione moderna: la via-crucis. In: *Francescanesimo e società cittadina, l'esempio di Perugia.* Perusa, 1979, p. 265-288; o iniciador foi o dominicano Ricoldo de Monte Croce em 1294, posteriormente foram os franciscanos a introduzir esta devoção, a começar pela Espanha.

76. Cf. DELARUELLE, E. Saint François d'Assise et la piété populaire. In: *San Francesco nella ricerca storica degli Ultimi ottanta anni.* Op. cit., p. 125-155; • HEFELE, H. *Die Bettelorden und das religiöse Volksleben Oben- und Mittel-Italiens im XIII. Jahrhundert.* Leipzig-Berlin, 1910; • ROTZETTER, A. Franz von Assisi zwischen Basis und Hierarchie der Kirche. In: *Katholische Akademie Augsburg* (Akademie Protokolle), *Franz von Assisi – ein Heiliger für unsere Zeit?* Augsburg, 1976, p. 28-57.

dacinho para cada um comer"[77]. Celano comenta que "fez tudo isto para celebrar a sua memória, demonstrando todo o carinho que tinha para com seus irmãos"[78].

f) Igreja missionária

É extraordinária a difusão da primitiva comunidade ao redor de Francisco, ainda ao tempo de sua vida, por quase toda a Europa. Depois de uma década, de 12 passam para 3.000, e segundo outras fontes para 5.000[79]. Os cronistas do tempo dizem que os irmãos enchem o mundo e que não há uma província da cristandade na qual não houvesse alguns dos seus irmãos[80]. Eles partem de dois em dois pelas vilas e burgos e em poucos anos já estão na França, Alemanha, Hungria e Inglaterra. Os motivos desta expansão são múltiplos, mas principalmente o impacto da figura de Francisco e a resposta que sua mensagem e modos de viver a fé davam às expectativas de seu tempo. Jacques de Vitry, cardeal amigo dos frades, diz com precisão: "Esta Ordem se espalha com tanta rapidez por toda a terra, porque imita com tanta decisão a vida da Igreja primitiva e toda a vida dos apóstolos"[81]. O *Chronicon Normanniae* está certo ao dizer que a difusão se deve, principalmente, "ao modo de vida inteira-

---

77. 1Celano 217; • 1Boaventura XV,5; • para toda esta questão: ESSER, K. Missarum solemnia. In: *Temi spirituali*. Op. cit., p. 281-284.

78. 2Celano 217.

79. Cf. WENDELBORN, G. *Franziskus von Assisi*. Viena-Colônia-Graz, 1979, p. 247-250; • ESSER, K., *Origens e Espirito Primitivo da Ordem Franciscana*. Petrópolis, 1972 , p. 57-62.

80. Testemunhos arrolados por ESSER. Op. cit., 57.

81. O texto se encontra em *São Francisco de Assis* (fontes). Op. cit., p. 1030.

mente novo" que atraía, sobretudo, a juventude[82]. Mas a razão principal se encontra no espírito missionário de Francisco e dos primeiros seguidores; entendiam sua vocação como envio de Deus para uma vivência evangélica de toda a Igreja. Como dissemos, não se entendiam como parte, mas como a própria Igreja fermentada pelo sopro evangélico. Por isso a comunidade era essencialmente missionária, como o é toda a Igreja.

g) Igreja, sacramento do Espírito

Onde vigora tanta espontaneidade e criatividade, onde são invocadas atitudes maternais de cuidado e ternura para com os outros é natural que se viva uma presença forte do Espírito Santo, fonte de toda vida e princípio feminino da salvação[83]. Francisco apresenta-se como um homem do Espírito por excelência[84] e sua espiritualidade bebe do Espírito sua água mais cristalina[85]. Há em Francisco uma dupla descoberta, da santa humanidade de Jesus e da presença e decisiva importância do Espírito do Senhor[86]. Não é sem razão que queria o Espírito Santo como o verdadeiro ministro-geral da Ordem[87]. Para Francisco o Espírito do Senhor

---

82. Ibid., p. 1028.

83. BOFF, L. *O rosto materno de Deus*. Petrópolis, 1979, p. 106s.

84. BRADY, J. *San Francesco, uomo dello Spirito*. Vicenza, 1978.

85. CICCARELLI, M. *I capisaldi della spiritualità francescana*. Milão, 1955, p. 54-60 [onde coloca o Espírito Santo como a primeira fonte da espiritualidade franciscana].

86. Cf. os principais textos com os respectivos comentários em ESSER, K. *Os escritos de São Francisco de Assis*. Petrópolis, 1979, p. 228-233.

87. 2Celano 193.

produz, fundamentalmente, duas liberdades: liberdade do velho homem, com sua centração no eu, com seus vícios, com sua "ânsia de sobrepor-se aos outros"[88]; mas produz principalmente a liberdade para os outros, no amor e serviço mútuos, na entrega irrestrita ao Pai, na obediência às moções do mesmo Espírito que leva a fazer maravilhas. A liberdade vivida por Francisco dentro de um sentido profundo de adesão à substância teológica da Igreja e da tradição se deriva de sua experiência do Espírito[89]. A comunidade é portadora deste Espírito; daí Francisco respeita, fundamentalmente, o caminho de cada um e pede aos irmãos que se respeitem mutuamente por causa do Espírito. A comunidade eclesial, concretizada na comunidade franciscana, será assim um sacramento do Espírito.

h) Igreja de catolicidade plena

A encarnação da comunidade em meios pobres, assumindo as concreções dos lugares e vivendo aí o Evangelho, pode trazer um risco para uma dimensão essencial da Igreja, sua catolicidade e universalidade. Pelo seu modo de ser, pelas opções básicas que viviam, os seguidores de Francisco tinham muito em comum com os movimentos populares evangelistas do tempo, posteriormente qualificados de heréticos. Estes sentiam-se interpelados pelo fascínio de Francisco e agregaram-se à comunidade, trazendo preocupações de unidade. Quanto mais se particulariza a Igreja mais necessita de referências explícitas para com o centro de uni-

---

88. Admoestação 9.

89. Especialmente no Elogio às Virtudes, final.

dade, o Papa, para assegurar sua universalidade. É o que fez Francisco por um instinto de catolicidade. Por isso diz na Regra Não Bulada: "Todos os irmãos devem ser católicos, vivendo e falando como católicos. Mas se alguém se afastar da fé e da vida católica em palavras e obras, seja excluído totalmente da nossa fraternidade"[90]. A obediência ao Papa e seus sucessores visa resguardar desde o início a perspectiva universal. A forma quase inquisitorial com que no Testamento manda tratar quem dos irmãos não seja católico[91] faz supor problemas graves de ortodoxia na Ordem. Esta referência a Roma não é apenas jurídica e doutrinária; possui também um aspecto mais afetivo, com a presença do Cardeal protetor da Ordem e com a reza do ofício das horas em conformidade com a capela do palácio do Papa no Latrão[92]. Tais manifestações de fidelidade não têm nada de subserviente, pois Francisco não deixa de seguir seu caminho de simplicidade e de identificação com os pobres. Mas esta transdescendência para o não mundo não o fez perder o sentido do mundo da Igreja institucional que é assumido como um dado que deve ser assumido na caminhada da fé católica. Assim sua catolicidade é plena, porque não se restringe apenas a uma fidelidade institucional, mas se abre para baixo, para uma fidelidade teológica para com a presença de Cristo no povo e nos pobres a quem serve e com quem partilha sua fraternidade.

---

90. Regra Não Bulada 9; • cf. SCHMUCKI, O. *Franziskus von Assisi erfährt Kirche*. Op. cit., p. 14-16; 21-23; • ESSER, K. *Origens e espírito e primitivo...* Op. cit., p. 158-163.

91. Testamento 10.

92. Regra 3; • Regra Não Bulada 3.

3. A importância da experiência eclesial de Francisco para a nossa eclesiogênese

A experiência eclesial de Francisco apresenta-se extraordinariamente sugestiva para o momento atual que vivemos. A Igreja como totalidade mais e mais está se deslocando do centro para a periferia; progressivamente entra no mundo dos pobres, permite que estes se sintam Igreja e se insere nas particularidades de cada região; valoriza-se assim a Igreja local. Este passo encarnatório somente é possível sob a condição de que haja coragem evangélica e liberdade de Espírito. Foi o que mostrou ter Francisco de Assis. Não teve diretor espiritual nem um caminho previamente palmilhado. Seu guia foi o Evangelho, seu mestre Jesus Cristo e sua inspiração o Espírito Santo. Bispos, cardeais e papas entraram em sua vida porque necessários à legitimação de seu caminho, nunca para pedir privilégios ou facilitações[93]. Manteve-se livre dos livros e distante das grandes regras monásticas testadas pela história. Tinha consciência da originalidade e do risco de seu empreendimento. Jamais perdeu altura ou encurtou os horizontes; por isso pôde conviver com uma Igreja imperial e, sob certos aspectos, escandalizante. Não lhe negou, verbalmente, em nenhum momento, o monopólio dos bens da salvação ou a aptidão do corpo sacerdotal, por mais simoníaco que fosse. Mas nem por isso deixou de seguir o seu caminho que, *na prática*, implicava produzir e distribuir bens de salvação de forma nova dentro de outra distribuição do poder sagrado, em seu caso, circular, igualitária e fraterna. O que permitiu manter esta tensão e não ser destruído por ela? Foi seu evangelismo.

---

93. Cf. as belas reflexões de GEMELLI, A. *San Francesco d'Assisi e la sua "gente poverella"*. Milão, 1946, p. 82-83.

A Igreja encerra dentro de si uma permanente tensão: anuncia como sua uma mensagem que jamais pode verter totalmente na prática: a utopia de Jesus Cristo do Reino e da radical fraternidade entre os homens. Ora, foi sobre estes valores que trabalhou São Francisco. O evangelismo sincero, simples, ingênuo, mas radical até as últimas consequências, permitia a ele ser obediente à Igreja da tradição e também à Igreja dos pobres. As duas, embora sob signos diferentes, vivem da mesma vontade de ser fiel ao Evangelho. Francisco não optou pela Igreja do projeto imperial dos Papas feudais; sua opção foi pela Igreja dos lascados e últimos. Mas respeitou, venerou e considerou também como sua a Igreja de Roma. Jamais a detratou nem permitia que se apontassem os defeitos e pecados de seus ministros, "porque neles reconheço o Filho de Deus e são os meus senhores e assim procedo porque do mesmo altíssimo Filho de Deus nada enxergo corporalmente neste mundo senão o seu santíssimo corpo e sangue que eles consagram e somente eles administram aos outros"[94]. Sua estratégia não era aquela do dedo em riste, mas da conquista pela bondade e pela radicalidade da vivência do Evangelho. Quando alguém é evangélico e até as perseguições por parte da Igreja suporta no espírito das bem-aventuranças, continuando a amar e a sentir-se unido a ela ("mesmo que me perseguissem, quero recorrer a eles, os sacerdotes")[95], então não há como excluí-lo da comunidade eclesial nem como impedi-lo de renovar e inovar na Igreja.

Francisco manteve sempre estas duas fidelidades, aos pobres e à institucionalidade eclesial; não traiu nem a um

---

94. Testamento 3.

95. Ibid.

nem a outro polo; por isso pode dignificar a ambos: aos pobres fazendo-os sentir a mensagem do Evangelho, consolando-os e constituindo com eles comunidades eclesiais; à institucionalidade eclesial trazendo-lhe a permanente inquietação evangélica e entendendo seu próprio carisma como riqueza da Igreja e não sua.

Sempre que encontra os caminhos dos pobres e nos caminhos os pobres, se solidariza com eles, acolhe-os como quem acolhe Jesus Cristo, a Igreja realiza sua própria essência e se sabe fiel ao seu Senhor que se fez pobre neste mundo e quis ser servido neles e por eles salvar a todos.

À luz da práxis eclesial de Francisco, o caminhar da Igreja com os oprimidos não perde rumo, mas dentro do vale das lágrimas choradas pelos empobrecidos anuncia e antecipa a terra prometida.

Francisco mostrou por sua prática que a substância teológica da Igreja não pode ser exaurida e pretensamente aprisionada dentro da institucionalidade oficial. Igreja não se realiza somente onde há ministros, ritos, cânones, doutrinas, numa palavra, a instituição. Realiza-se também e, principalmente, quando homens ouvem a interpelação que vem da Palavra de Deus, reúnem-se, descobrem-se como filhos de Deus e irmãos uns dos outros, colocam-se no seguimento de Jesus Cristo e no serviço dos outros homens. Em outros termos, a Igreja é também acontecimento. O acontecimento não goza da permanência e coesão da instituição; ele irrompe, produz uma significação humana e religiosa e pode desaparecer, para eclodir sob outra forma num outro tempo. O acontecimento significa a presença do Espírito na comunidade; é a força do carisma que recupera o sabor de novidade e de transparência do Evangelho que na forma da institucionalidade da Igreja corre o risco de se tornar opaco, tradição e repetição. Porque Francisco abraçou uma e outra forma de concretização da Igreja – como instituição e como acontecimento – pode com razão ser chamado de *vir totus catholicus et apostolicus*.

V
São Francisco: a integração do negativo da vida

CONTRIBUIÇÃO DE SÃO FRANCISCO AO PROCESSO DE INDIVIDUAÇÃO

Ouvi um velho confrade razoável e bom, perfeito e santo dizer:

"Se sentires o chamado do Espírito, atende-o e procura ser santo com toda a tua alma, com todo o teu coração e com todas as tuas forças.

Se, porém, por humana fraqueza não conseguires ser santo, procura então ser perfeito com toda a tua alma, com todo o teu coração e com todas as tuas forças.

Se, contudo, não conseguires ser perfeito por causa da vaidade de tua vida, procura então ser bom com toda a tua alma, com todo o teu coração e com todas as tuas forças.

Se, ainda, não conseguires ser bom por causa das insídias do Maligno, então procura ser razoável com toda a tua alma, com todo o teu coração e com todas as tuas forças.

Se, por fim, não conseguires nem ser santo, nem perfeito, nem bom, nem razoável, por causa do peso dos teus pecados, então procura carregar este peso diante de Deus e entrega tua vida à divina misericórdia.

Se isso fizeres, sem amargura, com toda a humildade e com jovialidade de espírito por causa da ternura de Deus que ama os ingratos e maus, então começarás a sentir o que é ser razoável, aprenderás o que é ser bom, lentamente aspirarás a ser perfeito e, por fim, suspirarás por ser santo.

Se tudo isto fizeres, cada dia, com toda a tua alma, com todo o teu coração e com todas as tuas forças, então eu te asseguro, irmão: estarás no caminho de São Francisco, não estarás longe do Reino de Deus!"

Dentro de um grande santo convive sempre um grande demônio. Os píncaros da santidade contracenam com os abismos da humana fragilidade. As virtudes são eminentes porque as tentações vencidas foram grandes. Não se bebe a santidade como se bebe na infância o leite materno. Por detrás do santo se esconde um homem que conheceu os infernos dos abismos humanos e a vertigem do pecado, do desespero e da negação de Deus. Lutou como Jacó com Deus (Gn 23) e saiu marcado deste embate. Por isso é ingenuidade e desconhecimento de si próprio imaginar a vida de um santo como ridente, fácil e translúcida. A santidade é um dom de uma conquista penosa.

No coração de cada um moram anjos e demônios; a passionalidade vulcânica se ramifica em toda a tessitura humana; instintos de vida e de morte dilaceram o interior de cada pessoa; impulsos de ascensão, de comunhão com o diferente e de doação convivem com pulsões de egoísmo, de rechaço, de mesquinharias. Tudo isto não está ausente na vida dos santos. E se são santos é porque sentiram tudo isto, mas não con-sentiram com as energias destruidoras; antes, pelo contrário, souberam enfrentar-se com elas, não recalcá-las, canalizando-as para um projeto de bondade. Não é sem razão que os santos representam o que há de melhor na raça humana. Ninguém pode subtrair-se ao seu fascínio e ao secreto desafio que eles lançam.

Esta situação agônica[1] pode ser observada exemplarmente em São Francisco, considerado o primeiro depois do Único, Jesus Cristo[2]. Ao longo de nossas reflexões deixamos claro como Francisco era, por obra e graça do Mistério, um *vir desideriorum*, isto é, um homem possuído pela força do desejo, incendiado pela vulcanicidade do *Eros* e do *Pathos*. Os antigos bem como os modernos diriam que o Poverello era habitado por um poderoso *daimon* ou por um *genius* especialmente benfazejo[3]. Nele vige "uma força da natureza" polarizada na comunhão e identificação com a natureza, com os pobres, com o Crucificado e com Deus, força que se irradia sobre nós até os dias de hoje.

Por sua própria natureza o *Eros* e o *Pathos* – por constituírem a energia básica da vida humana – se expandem em todas as direções. Em razão disso, temos sempre a ver com uma força que se presta tanto para a construção como para a destruição. Pode tomar as pessoas, endemoninhá-las, tanto para as expressões mais altas do amor como as mais baixas do ódio. Ódio e amor são articulações da mesma passionalidade; é a mesma energia que corre num e noutro, embora em direções diferentes. Freud mostrou bem que é a

---

1. A palavra vem do grego – *agon* – e significa luta.

2. Frase usada pelo conhecido exegeta Allo a propósito de São Paulo em relação a Cristo e aplicada a São Francisco pelo Pe. CONGAR, Y. Saint François d'Assise ou l'Absolu de l'Évangile. In: *Les voies du Dieu vivant*. Paris, 1962, p. 247-264, aqui p. 264.

3. Cf. as pertinentes reflexões de Rollo May sobre o amor e o demoníaco em seu livro *Love and Will*, 1969 (em português: *Eros e repressão*. Petrópolis, 1972, p. 136-197).

apatia que se opõe ao *Pathos* como a indiferença ao amor (*Eros*). Com razão a mulher Diotima no diálogo platônico do *Banquete* diz ser o *Eros* um *daimon*, quer dizer, uma força que pode ser anjo como demônio, mas sempre arrebatadora como constatamos nos artistas, nos apaixonados e nos santos ou nos grandes vilões, nos líderes carismáticos fanatizados e nos loucos. A coexistência destes polos não pode ser destruída. Ela pode e deve, entretanto, ser canalizada e orientada. Já refletimos qual é a função primordial do *Logos* (razão ou estrutura de significação): domesticar o *daimon*, conferir-lhe direção sem pretender aprisioná-lo na rede de seus canais. Por isso, a razão e o projeto da liberdade têm que enfrentar um adversário que mora dentro da vida, o outro polo do *Eros* e do *Pathos*. Em consequência sempre se manifestam as tentações que são as outras possibilidades não realizadas do *Eros* e do *Pathos*. Grandes virtudes vêm acolitadas de terríveis tentações. E isso é assim não por interferência de forças extra-humanas, mas por causa da estrutura mesma da passionalidade da vida.

Quando a arte do *Logos* consegue nortear as energias sem recalcá-las nem negá-las, então aflora a ternura, a com-paixão e o cuidado que conferem brilho e sabor à existência humana. Mas há distintos caminhos de realização e formas diferentes de relação entre o *Eros* e o *Logos* em vista da santidade.

1. O santo: um homem perfeito ou um homem integrado?

A questão sobre a qual queremos refletir é esta: Qual é a atitude humanamente mais adequada face à ambiguidade radical da passionalidade? Em outras palavras: qual é o comportamento que melhor faz crescer na identidade e mais alarga o espaço da liberdade? Há duas estratégias que se apresentam como *idealtypus* e que produzem dois estilos de santos, um o perfeito e outro o integrado. Um segue pelo modelo da canalização e outro pelo modelo da enucleação, um se orienta pela figura da flecha que direciona e aponta e outro pela figura do círculo que engloba e integra.

A estratégia da canalização significa que o *Eros* e o *Pathos* são assumidos em sua força demoníaca, somente na medida em que secundam um projeto elaborado pela razão. Há o risco, embora não seja fatal, de que dimensões que não entram nos moldes daquilo que chamamos perfeição sejam reprimidas, negadas e recalcadas. Isto não significa que as forças negadas desapareçam ou deixem de existir. Elas estão presentes como negadas e não aceitas. Continuamente querem emergir, dramatizam a vida consciente, pois reclamam seu direito à existência. Quanto maior for a força do controle, maior é a ameaça que o *Eros* e o *Pathos* fazem à consciência. Este modelo se orienta pela busca da perfeição mediante o desenvolvimento das virtudes. Só a dimensão de luz, de bondade e de positividade tem direitos. As demais dimensões de sombra que também pertencem à realidade humana são continuamente colocadas sob controle. No cristianismo pós-tridentino (do século XVI em diante) predominou este estilo de ideal cristão e de santidade. É um tributo pago à modernidade sob a dominação da razão. O santo cristão é um controlador perfeito de todos os seus instintos; segue inflexível seu ideal de perfeição; castiga e reprime a passionalidade que se opõe às virtudes. É um perfeito, mas rígido, duro e, por vezes, sem coração. Não há ternura em muitos santos da modernidade. Mas há a impecabilidade da perfeição, conseguida com sacrifício da humanidade nas atitudes e nas relações.

A estratégia da integração segue outro caminho. Tenta assumir toda a complexidade do *Eros* e do *Pathos*. A função da razão é enuclear a partir de um centro vivo, de uma intuição básica, todas as demais forças da passionalidade humana. Não se quer recalcar nada, mas fazer girar como satélites ao redor de um centro todos os impulsos da vida. O esforço incide no equilíbrio. Não se temem as paixões, elas são encaradas com naturalidade; trabalha-se sobre os dois polos, sem recalcar nada. O negativo assumido perde sua virulência e se comporta como uma fera domesticada. A energia liberada reforça o polo positivo, objeto da intencionalidade do santo. O resultado é o perfil de um santo, homem integrado, senhor de suas energias porque segura a todas elas pelas rédeas; é capaz de ternura e de gestos profundamente humanitários porque não foi enrijecido pela racionalidade e pelo controle. Como reconhece Rollo May: "Ser capaz de sentir e viver a capacidade para um amor terno exige uma confrontação com o demoníaco. Os dois parecem opostos, mas, se um for negado, o outro também está perdido"[4]. Para chegar a esta integração que não é fruto de uma síntese teórica, precisa-se conhecer e experimentar os anjos e os demônios que habitam a vida. A integração resulta de idas e vindas, ascensões e quedas, renúncias e retomadas, até cristalizar-se um centro forte que tudo atrai e harmoniza[5]. Quando o santo se considera pecador vilíssimo, indigno da salvação e de Deus, diz a verdade, porque fala da dimensão de sombras, daqueles po-

---

4. Ibid., p. 166. É neste contexto que May cita a famosa frase do poeta Rilke: "Se meus demônios me deixarem, temo que também meus anjos fugiriam".

5. Cf. a sugestiva obra de NEUMANN, E., *Tiefenpsychologie und neue Ethik*. Zurique, 1968.

rões sinistros nos quais reinam nossos demônios. Pelo projeto de santidade, eles estão amarrados, mas não mortos, e precisam sempre ser integrados para que sua força não nos desestruture, e sim nos ajude a crescer rumo à terra da promissão de nós mesmos.

Francisco foi um santo que integrou a totalidade de sua energia de modo arquetípico. Especialmente o negativo foi incluído como caminho de harmonização com todas as direções para onde quer que ele se dirigisse. Queremos enfatizar alguns traços desta integração do negativo, pois do positivo já nos ocupamos amplamente no primeiro capítulo. Queremos crer que Francisco, com sua perfeita alegria, com seu caminho de humildade jovial, vividos no interior da noite escura dos sentidos e do espírito, pode evocar em nós forças insuspeitadas de harmonia e conquista de nosso próprio coração.

Há um quociente de sofrimento, de incompreensão e de absurdo existencial que é inerente à vida humana, assim como a conhecemos. Cada um passa por crises fatais que lhe oferecem a chance de acrisolamento ou que podem significar também traumas nunca digeridos[6]. Cada pessoa humana deve resolver o complexo de Édipo, quer dizer, conseguir sua autonomia e tornar-se pai e mãe de si mesmo, tarefa cercada de dramas para todos e de tragédia para alguns. Ninguém consegue por todo o tempo de sua vida despistar a grande interrogação da morte pessoal e deixar de definir-se pessoalmente face ao sentido da esperança humana, daquilo que podemos esperar. Domesticar estas questões é mais

---

6. BOFF, L. Elementos de uma teologia da crise. In: *Credo para Amanhã* III. Petrópolis, 1972, p. 169-198.

que elaborar uma teoria que logo acabamos por esquecer. Significa construir um caminho que deve ser andado dia após dia, sem ilusões e com uma sóbria resignação (*atarraxia*) que é expressão da sabedoria de um espírito adulto.

O homem contemporâneo fez progressos inauditos na compreensão dos mecanismos produtores de sofrimento, especialmente da injustiça social; projetou mil formas de proteger a vida e técnicas terapêuticas para suas patologias psicológicas e uma imensa farmacopeia para obviar ou aliviar a dor. Mas, apesar disto, não é nada seguro que ele saiba melhor do que um medieval enfrentar-se com o problema da existência e elaborar um *modus vivendi* que lhe assegure as razões para viver e a alegria de conviver. Talvez nesta diligência Francisco de Assis nos possa iluminar.

2. O sim-bólico e o dia-bólico como caminhos para Deus

Queremos relevar apenas alguns pontos significativos da exuberante biografia de Francisco que mostram sua convivência com o irmão dia-bólico que acompanha o irmão sim-bólico[7] na caminhada da vida. As biografias e relatos do tempo estão repletos de palavras de Francisco nas quais se humilha a si mesmo, se confessa pecador e indigno servo de todos[8]. Mandava a seu íntimo amigo Frei Leão recordar-lhe: "ó irmão Francisco, praticaste tanto mal, tais peca-

---

7. Termos de origem grega; *syn-ballein* significa reunir, unir, compor; *dia-ballein* é o antônimo, portanto, desagregar, desestruturar.

8. Cf. o estudo de ESSER, K. com a referência dos principais textos sobre o tema: L'insegnamento di San Francesco sul "rinnegamento di se". In: *Temi spirituali*. Milão, 1973, p. 37-65.

dos no século que és digno do inferno"[9]. Outras vezes, pedia que o pisassem na boca ou ele mesmo beijava os pés de quem imaginava haver ofendido. Sua concepção da minoridade implicava gestos que traduziam o completo despojamento do eu, como deixar-se ficar nu, o alegrar-se com ofensas, incompreensões e calúnias, aceitar alegremente que "era um homem muito desprezível pelo seu exterior, pequeno de corpo e por isso reputado um vil pobrezinho por quem não o conhecia"[10]. Quando um confrade lhe pergunta: "Pai, qual é a tua opinião a respeito de ti mesmo?", ele responde: "Acho que sou o maior dos pecadores porque, se Deus tivesse demonstrado a algum criminoso toda a misericórdia que teve comigo, ele seria dez vezes mais espiritual que eu"[11].

Tal reconhecimento é um duro golpe contra todo narcisismo[12]. O eu em seu afã de afirmar-se não tende a reconhecer seu contrapeso negativo, mas a ocultá-lo e até a negá-lo. Francisco com esta explícita acolhida do dia-bólico libera uma experiência mais completa de sua própria realidade e assim permite uma integração sem recalques. Sabemos de quanto é terapêutico para a psique identificar-nos com aquilo que não gostamos de nós mesmos, não tanto para combatê-lo, mas para assumi-lo como parte integrante de nossa realidade. A morte de Narciso propicia o

---

9. *Fioretti* 9.

10. Ibid., 13.

11. 2Celano 123; • *Fioretti* 10.

12. Este narcisismo se manifestou, segundo Celano, na primeira juventude de Francisco ao dizer, por exemplo: "Por que vocês pensam que estou contente? Eu ainda vou ser venerado como santo por todo o mundo": 2Celano 4.

nascimento do homem adulto, daí integrado, vivendo na verdade de seu ser que, quando confrontado com Deus, descobre-se sempre pecador. Francisco coloca a suprema meta do caminho ascético no perfeito domínio sobre si mesmo que implica aceitar o lado desprezível que está também em nós. Em função disso, punha-se a servir os mais pobres, a comer na mesma escudela que o leproso e a "transformar-se em escravo das pessoas miseráveis"[13], como uma escola de aprendizado à santidade enquanto integração do mais distante, baixo e repugnante.

O seguinte discurso de Francisco é ilustrativo desta sua inclusão do negativo: "Acho que não sou um frade menor se não estiver na situação que te vou descrever: Sendo superior dos irmãos, vou ao capítulo, prego, admoesto os frades e, no fim, dizem contra mim: 'Não nos convém um iletrado e desprezível, por isso não queremos que reines sobre nós, porque não sabes falar, és simples e idiota'. Afinal, sou vergonhosamente posto para fora, desprezado por todos. Pois eu te digo, se não ouvir essas palavras com a mesma afeição, com a mesma alegria interior, com a mesma vontade de ser santo, não sou frade menor"[14].

Este paradoxo está continuamente presente nas palavras e gestos de Francisco: por um lado a consciência de uma missão única e ao mesmo tempo da fragilidade do portador. Acolhia com sentido de realidade e sem nenhuma ilusão o fato de ser, efetivamente, "paupérrimo, desprezado e iletrado"[15] como o reconhece o bispo de Terni quando

---

13. 2Boaventura 8.
14. 2Celano 145.
15. *Espelho da Perfeição* 45.

contrapõe Francisco aos santos do passado que iluminaram a Igreja com ciência e santidade. O Poverello indo-lhe ao encalço lhe diz: "Todos os homens dizem que sou um santo e me atribuem a glória da santidade em vez de atribui-la ao Criador. Vós, ao contrário, homem de discernimento, distinguistes o vil do precioso". Tal atitude não era somente expressão de humor, mas de uma consciência atenta ao outro lado da própria realidade. Por isso, logo acrescentou, como comentário: "Ainda não estou seguro de que jamais terei filhos e filhas. A qualquer momento o Senhor poderá retirar-me o tesouro que me confiou"[16].

O mais curioso, entretanto, é que a consciência do negativo não vem acompanhada, como sói acontecer, por sentimento de tristeza e de amargura, mas de jovialidade e profunda alegria. É verdade que Francisco chora nos bosques os seus pecados a ponto de o povo ouvir os lamentos. Mas a referência que confere a tônica não é dada pelos pecados senão pela terna misericórdia de Deus. Sai clamando: "O Senhor não é amado, o Senhor não é amado". Segundo ele "é necessário amar muito o amor daquele que muito nos amou"[17]. Na oração famosa do *Absorbeat* conclui maravilhosamente: "que possa morrer por vosso amor, ó Deus, que por meu amor vos dignastes morrer".

1) A alegria pela inclusão do negativo

A alegria, tão característica da espiritualidade franciscana, nasce de uma profunda experiência da misericórdia

---

16. Ibid.
17. 1Boaventura IX,1.

de Deus; e a misericórdia significa o amor compadecido e terno do Deus que é infinitamente maior que todos os nossos pecados, porque Ele é maior que nosso coração; por isso, segundo Jesus no Evangelho, o Pai misericordioso "ama os ingratos e maus" (Lc 6,35)[18]. Francisco faz a experiência pessoalíssima desta misericórdia incomensurável de Deus. Os pecados, por piores que sejam, não conseguem ofuscar o consolo que advém desta revelação: Deus nos ama, apesar de nossos pecados e quando ainda éramos seus inimigos. A consequência concreta que Francisco deriva da experiência do Deus Pai de Nosso Senhor Jesus Cristo, Pai das misericórdias e Deus de todas as consolações, é que o pecado assumido na humildade e simplicidade pode ser também caminho de encontro com Deus. Não que o pecado seja buscado por ele mesmo, o que seria um contrassenso; mas o pecado vem compreendido como expressão de nossa situação decadente, não totalmente inserida no mistério da redenção, pecado chorado e lamentado, mas sem amargura inconsolável e desespero dilacerador porque ele não consegue impedir que Deus continue a amar e a oferecer o perdão. A graça que se mostra como alegria sempre superabunda ao pecado. Foi mérito de São Francisco não apenas saber, mas saborear, alegremente, este excesso de Deus revelado em sua misericórdia.

Porque Deus é assim misericordioso para com os homens e porque Jesus crucificado foi, por excelência, crucificado por causa de sua misericórdia, queria Francisco que as relações entre os irmãos se caracterizassem por uma miseri-

---

18. Cf. as reflexões de BEYSCHLAG, K. sobre a misericórdia em São Francisco, em *Die Bergpredigt und Franz von Assisi*. Gütersloh, 1955, p. 189-200.

córdia ilimitada. Já comentamos a carta do *Fratello* a um ministro dos frades menores, uma das páginas mais ternas da espiritualidade ocidental. O ministro, decepcionado por causa dos irmãos que não o obedeciam, queria retirar-se para o eremitério e consulta o seráfico Pai. E recebe dele este conselho de radical humanidade: "Ama aos que procedem assim contra ti, não exigindo deles outra coisa senão o que o Senhor te der. E justamente nisso deves amá-los, nem mesmo desejando que eles se tornem cristãos melhores. E isto te valha mais do que a vida em eremitério. E nisto reconhecerei que amas realmente o Senhor e a mim, servo dele e teu, se fizeres o seguinte: não haja irmão no mundo, mesmo que tenha pecado a não poder mais, que, após ver os teus olhos, sinta-se talvez obrigado a sair de tua presença sem obter misericórdia, se misericórdia buscou. E se não buscar misericórdia, pergunta-lhe se não a quer receber. E se depois disto ele se apresentar ainda mil vezes diante de teus olhos, ama-o mais do que a mim, procurando conquistá-lo para o Senhor. E tem sempre piedade de tais irmãos"[19].

Como se depreende, não postula a mudança dos outros, mas a mudança no espírito do ministro. Cobra dele a atitude típica do Deus do Novo Testamento que é a de ser onipotente em poder suportar e amar para além do bem e do mal (cf. Mt 5,45; Lc 6,35). Francisco mesmo vivia este tipo de misericórdia quando ainda era ministro-geral. Tem consciência que poderia, se quisesse, dominar como ninguém[20], mas optou em ser, deveras, "o menor da Ordem". Entende que o cargo é "exclusivamente espiritual e consis-

---

19. Cf. *São Francisco de Assis* (fontes). Petrópolis, 1981, p. 91.

20. *Espelho da Perfeição* 46.

te em dominar os vícios e em corrigi-los e emendá-los espiritualmente. Todavia, se não puder corrigi-los e emendá-los com minhas exortações, observações e exemplos, não me quero tornar um carrasco que pune e fustiga como os *podestà* deste mundo"[21]. Em outras palavras, Francisco quer até o extremo respeitar o negativo dos outros e manter a fraternidade apesar de todas as rupturas. Acolher as sombras dos outros significa, na linguagem da psicanálise, acolher as suas próprias sombras. A única maneira de vencer o dia-bólico reside "em enfrentá-lo francamente, integrando-o no próprio sistema... Isso torna a pessoa mais 'humana', rompendo seu farisaísmo e desligamento que são as habituais defesas do ser humano que nega o demoníaco"[22].

A suprema expressão desta integração encontra-se espelhada na legenda da perfeita alegria, também comentada por nós anteriormente em chave de libertação. Ela se reporta diretamente ao Francisco histórico, como a crítica moderna o assegura[23]. No relato genial dos *Fioretti* fica claro que a perfeita alegria não reside na positividade, por mais excelente, do ponto de vista religioso, que apresentar se possa, mas na negatividade assumida com amor. A alegria

---

21. Ibid. 71; • *Legenda Perusina* 76.

22. MAY, R. *Eros e repressão*. Op. cit., p. 149.

23. Cf. *São Francisco de Assis* (fontes). Op. cit., p. 174; uma forma mais ampliada com acréscimos de grande conteúdo teológico se mostra nos *Fioretti* 8, redigidos entre 1327 e 1340. Confira os paralelos em outros horizontes religiosos e espirituais: SUDBRACK, J. Die vollkommene Freude. Aus den Legenden um Gotamo Buddho und Franz von Assisi. In: *Geist und Leben* 45. 1972, p. 213-218; • LANG, J. Die vollkommene Freude. Ein religionsgeschichtlicher Vergleich zwischen Franziskus und den Chassidim. In: *Franziskanische Studien* 58. 1976, p. 47-54.

perfeita ou a perfeita liberdade não reside em ser um eminente santo, nem um taumaturgo portentoso, nem um carismático inflamado, nem um sábio genial, nem um missionário que converte todos os infiéis à fé cristã, mas está em aceitar, alegremente, a ruptura da fraternidade ao ser jogado para fora pelo porteiro do próprio convento, reconhecendo como verdade aquilo que ele diz, em nome de Deus: "sois dois vagabundos que andam enganando o mundo e roubando as esmolas dos pobres"[24]; a perfeita alegria ou a liberdade perfeita reside em acolher, prazerosamente, todo tipo de violência simbólica que desmoraliza a estatura interior e as convicções e, por fim, em suportar com alegria a violência física, "ao ser derrubado ao chão, arrastado pela neve e batido com pau de nó em nó". A conclusão é transparente: "Acima de todas as graças e de todos os dons do Espírito Santo, os quais Cristo concede aos amigos, está o de vencer-se a si mesmo, e voluntariamente pelo amor suportar trabalhos, injúrias, opróbrios e desprezos, porque de todos os outros dons de Deus (a positividade) não nos podemos gloriar por não serem nossos, mas de Deus... mas na cruz da tribulação de cada aflição nós nos podemos gloriar porque isso é nosso"[25].

Em outras palavras, a alegria perfeita ou a perfeita liberdade resultam de um amor tão intenso que não apenas suporta, senão que ama e abraça alegremente o próprio negativo. Este que interiorizou tal prática de amor é o único verdadeiramente livre, pois nada poderá ameaçá-lo: se erguido ao céu, não modifica sua atitude pela vanglória, se lançado ao fundo dos infernos, da mesma maneira, não mo-

---

24. *Fioretti* 8.

25. Ibid. 8.

difica sua atitude pela amargura. Ele se possui totalmente e por isso se encontra numa instância inatingível tanto pelo bem quanto pelo mal. O brilho desta conquista se mostra na alegria permanente e inalterável. Francisco, biograficamente, havia atingido esta liberdade; por isso era chamado "o irmão-sempre-alegre".

2) A grande tentação: o tributo à finitude

Semelhante eclosão de humanidade como esta, contemplada na vida de Francisco que realizou em sua existência a utopia do Sermão da Montanha na versão da verdadeira alegria, não parece pertencer aos quadros contraditórios deste velho e cansado século. A tragédia grega viu com nitidez: quando ameaça invadir o espaço do divino e assim gozar de uma condição negada à história dos mortais, o herói é fulminado e reconduzido à dimensão de sua natureza que é a finitude. Em termos cristãos diríamos: Francisco pode antecipar, extraordinariamente, a escatologia antropológica no seguimento e imitação do *ecce homo* Jesus Cristo, mas ainda não é o homem novo, finalmente, libertado de todas as peias da história do pecado: jamais deixa de ser peregrino e hóspede da casa da verdadeira identidade, negada à história nas condições de sua mortalidade pecadora e prometida como plenitude e posse somente na escatologia de todos os tempos. Enquanto isso não ocorrer, cada homem e particularmente o santo está sujeito à tentação.

Nos últimos anos de sua vida, Francisco, como nos assegura seu íntimo discípulo Frei Leão, passou por "uma terrível tentação espiritual". O relato mais antigo assim diz: "Sentia-se fortemente perturbado, interior e exteriormente, no espírito e no corpo, a ponto de evitar a companhia dos irmãos, por não poder, devido à tentação, mostrar o seu habitual sorriso. Mortificava-se com a privação da comida e no falar. Procurava refúgio no bosque próximo da igreja da Porciúncula para orar; aí podia dar largas à sua dor e derramar abundantes lágrimas diante do Senhor, para que o Senhor, que tudo pode, lhe enviasse do céu remédio para seu mal. Durante mais de *dois anos*, dia e noite, foi atormentado por esta tentação"[26]. Esta tentação lhe sobreveio na época em que foi obrigado a escrever a regra definitiva para toda a Ordem entre 1221-1223, dentro de condições profundamente mudadas se as compararmos com aquelas humílimas da primitiva comunidade do Rivotorto. Os seguidores de Francisco cresceram enormemente; ele já não os podia acompanhar pessoalmente e ser a viva *forma minorum*; muitos letrados aderem ao movimento; abrem-se casas de estudo a começar com aquela de Santo Antônio em 1223 em Bolonha e logo a seguir por todas as províncias; o apostolado de suplência assumido pelos frades fazia exigências de formação e de normas para um trabalho de certa continuidade. Sentia-se o imperativo da lei e Francisco é um homem do espírito para o qual basta apenas o Evangelho lido sem glosas.

Os frades mais doutos, usando a mediação do Cardeal Hugolino, fazem ver a Francisco que é insuficiente seu evangelismo e sua simplicidade. Já existem as regras historicamente bem experimentadas como aquela de São Bento, de Santo Agostinho e de São Bernardo. Francisco reage duramente e faz-lhes ver que o Senhor o quer na via da humildade e no caminho da simplicidade e que ele fosse um "novo louco no mundo"[27]. Aos companheiros revela que

---

26. *Legenda Perusina* 21; • *Espelho da Perfeição* 99; • 1Celano 115.
27. *Legenda Perusina* 114.

estas pressões lhe constituem "a minha mágoa e a minha grande aflição"[28]. Chega à ira santa: "Ai daqueles frades que se opõem a mim naquilo que eu sei firmemente ser a vontade de Deus para o bem e necessidade de toda a Ordem!"[29] Em 1220, consciente de que a direção da Ordem lhe escapava das mãos e de que seria necessário outra mentalidade para atender às exigências de viabilidade do carisma para o grande número que supõe organização e o espírito das leis, renuncia ao governo-geral. Volta a fazer o que fizera no início: servir os leprosos e conviver com eles[30].

Mas, inevitavelmente, continuava como o grande inspirador que sempre foi. Em função disso, em 1221 escreve uma regra juntamente com Frei Cesário de Espira, grande biblista – a Regra Não Bulada –, que conserva toda a candura e a nascividade do espírito evangélico. Mas não oferecia segurança jurídica para um grupo que era forçado a definir-se concretamente dentro de uma Igreja que tudo controlava. Convencem Francisco a escrever outra. Retira-se com o íntimo Frei Leão e Frei Bonizzo, não um biblista, mas um jurista. Essa Regra não deve ter saído muito diversa daquela de 1221. O ministro-geral Frei Elias sequer a submete à discussão, alegando que "por descuido a havia perdido"[31]. Novamente

---

28. *Espelho da Perfeição* 11.

29. Ibid.

30. 1Celano 103; • 2Celano 157.

31. *Legenda Perusina* 111; • *Espelho da Perfeição* 1; • 1Boaventura IV,1. Angelo Clareno afirma que, quando o novo texto da Regra estava pronto, "o surrupiaram furtivamente de Frei Leão que guardava a Regra consigo, entregue a ele por São Francisco, e a esconderam, pensando que desta maneira impediriam o propósito do Santo de apresentá-la ao Sumo Pontífice para fazê-la aprovar": *Historia septem tribulationum.* Roma: A. Ghinato, 1959, p. 59; • *Expositio Regulae.* Quaracchi: L. Oliger, 1912, p. 9.

teve que retirar-se a um canto do esplendoroso Vale de Rieti, em Fonte Colombo, para tentar uma nova versão.

É então que se produz a grande luta de Francisco para salvaguardar sua utopia por uma fraternidade baseada na radical pobreza e no materno serviço de uns aos outros contra aqueles sensatos, conscientes das mediocridades humanas, estrategistas das virtudes possíveis ao maior número de homens, os homens da Ordem. Vai um grupo de ministros provinciais juntamente com o ministro-geral à frente, Frei Elias, que diz a Francisco: "Estes são os ministros que souberam como estás compondo outra regra, e receando que a faças demasiado rigorosa, dizem e protestam que não a aceitam. Que a faças para ti, não para eles!"[32] Francisco, profundamente decepcionado, volta os olhos para o céu e diz a Cristo: "Senhor, não te dissera eu que eles não têm confiança em Ti?... Sei de quanto é capaz a fraqueza humana e quanto pode o auxílio divino. Os que não quiserem observá-la, que saiam da Ordem!"[33]

Neste contexto de tensões, mergulha Francisco numa noite escura dos sentidos e do espírito. Acabrunham-no as doenças que se manifestam em todo o corpo. Não alcança compreender as razões dos outros. Por isso é tomado de sentimentos contraditórios, próprios de quem se encontra em profunda crise ou tentação, na linguagem religiosa. De um lado é capaz de amaldiçoar e, do outro, de apiedar-se profundamente. Pode imprecar da seguinte forma: "Malditos sejam por vós, santíssimo Senhor, por toda a corte celeste e também por este vosso pobrezinho, os que por seu mau

---

32. *Legenda Perusina* 113.
33. Ibid.

exemplo confundem e destroem o que por santos irmãos desta Ordem edificastes e de edificar não cessais"[34]. Ou então se compadece daqueles que, para viver sua fidelidade, talvez sejam lançados fora de suas fraternidades e tenham que viver nas selvas. Outras vezes, como já citamos acima, ele mesmo aceita ser deposto do cargo de ministro-geral e ignominiosamente expulso da fraternidade; e se propõe a acolher tudo com alegria, pois do contrário não seria irmão e frade menor[35]. Em seguida retoma o entusiasmo pelo ideal inicial e diz: "Quem são estes que ousam arrebatar de minhas mãos os meus frades e minha Ordem? Se eu for ao capítulo geral mostrar-lhes-ei quem sou eu!"[36] Depois, consciente de sua inarredável bondade e confraternização com as adversidades, diz de si para consigo mesmo: "Não quero ser carrasco como os *podestà* deste mundo!"[37] Pela linguagem religiosa (que com naturalidade e frequência apela ao transcendente) Francisco externa as soluções que vai encontrando. O Senhor lhe diz (pela reflexão devota chega a concluir): "Homenzinho simples e ignorante, dize-me, por que te afliges tanto quando um frade sai de tua Ordem ou quando não segue o caminho que te indiquei? Dize-me, quem estabeleceu a Ordem dos frades? Não fui eu?"[38]

Francisco permaneceu dois anos entre estas idas e vindas. Não conhecemos em pormenores o conteúdo desta

---

34. 2Celano 156.

35. *Espelho da Perfeição* 64; • *Legenda Perusina* 83; • 2Celano 145; • 1Boaventura VI,5.

36. *Espelho da Perfeição* 41; • 2Celano 188.

37. *Legenda Perusina* 76; • *Espelho da Perfeição* 71.

38. 2Celano 158; • *Legenda Perusina* 86; • *Espelho da Perfeição* 81.

terrível tentação. Os textos que aduzimos acima rastreiam alguns marcos de uma peregrinação interior dolorosa e angustiante. Certamente, por ser um homem extremamente sensível ao Espírito, tomava tudo a sério. Também as razões de seus irmãos ministros, que argumentavam pela lógica da razoabilidade e do senso comum. Não seriam eles portadores de uma mensagem de Deus para ele? Não seria seu caminho de radicalidade realmente loucura, impróprio de ser proposto a homens de boa vontade, mas filhos sensatos da Igreja? Não teria iludido com um entusiasmo tresloucado aos companheiros das primeiras horas? Não teria sido intolerável irresponsabilidade ter seduzido para a embriaguez do amor louco de Deus as donzelas pobres da comunidade de Clara? Como prosseguir?

Foi quase num desespero assim que, de regresso do Oriente, entre 1220-1221, dirigiu-se ao Papa em Roma e pediu auxílio na pessoa de um cardeal protetor e corretor de toda a fraternidade[39]. Serenou consideravelmente quando em novembro de 1223 o senhor Papa Honório III lhe aprovou a atual Regra de 12 capítulos com ordenações jurídicas mínimas, acertadas entre ele e o próprio Papa.

A integração do problema que lhe trazia a tentação lhe veio num momento de meditação na igrejinha da Porciúncula. Medita sobre a fé que, pequenina como um grão de mostarda, pode, entretanto, transportar montanhas. Entende que a tentação é esta montanha e que ele precisava de apenas um pouco de fé. E realizou esta fé entregando-se totalmente nas mãos de Deus. Naquele imediato momen-

---

39. *Crônica de Frei Jordão de Jano* 11-14 (*São Francisco de Assis*, fontes, p. 992-995).

to, diz o relato, "a tentação foi expulsa, ele ficou livre e absolutamente sossegado em seu interior"[40].

Novamente, Francisco, apesar de todos os titubeios, ligados à nossa finitude, foi fiel ao seu caminho interior: integrou o negativo com cordialidade para além de qualquer usura advinda do princípio do prazer ou da autoafirmação. Que, a despeito das concessões, a verdade estava do lado da utopia e não da brutalidade da história, do lado de Francisco e não do lado de Elias, foi mostrado por Deus mesmo: marcou o corpo de Francisco com os sinais de um fracasso que é o preço do triunfo: os estigmas do Crucificado. A vontade de identificação de Francisco com Cristo crucificado conseguiu, por obra e graça de Deus, fazê-lo também crucificado. Agora já não há mais tentação de fidelidade. Há uma inscrição na carne cujo código de leitura é acessível a todos os que, na fé, puderem ler: os estigmas, sinal da verdade de Jesus Cristo.

3) *Viver alegremente com o que não se pode mudar*

Não vivemos num mundo que queremos, mas aquele que se nos impõe. Nem fazemos tudo o que desejamos, mas somente aquilo que nos é deixado e permitido. Somente uma visão idealista da história e do indivíduo concebe a liberdade como pura espontaneidade e criatividade. A liberdade se realiza no interior de um espaço definido e seu alargamento implica sempre um oneroso processo de libertação. Pertence aos signos da maturidade o assumir com serenidade e desprendimento interior aquelas realidades que,

---

40. 2Celano 81; • *Espelho da Perfeição* 99; • *Legenda Perusina* 21.

objetivamente, não podemos modificar. Mesmo em situações desta natureza, podemos exercer nossa liberdade, na forma como assumimos e integramos dentro de nossa trajetória pessoal o ditado da história. Para esta diligência necessitamos, como diziam os antigos, o *amor fati*, o amor ao inevitável, abraçado sem amargura, mas também sem subserviência. Foi o que fez Francisco com referência às imposições que lhe foram feitas pela Igreja e pelos ministros da Ordem (*praelati*), em função de uma perspectiva de futuro do seu carisma.

Na *Legenda Perusina*, por detrás da qual se encontra o íntimo amigo de Francisco, Frei Leão, lemos: "Nós que estivemos com ele quando compôs a Regra e quase todos os seus escritos, somos testemunhas de que escreveu, tanto na Regra como em seus escritos, muitas coisas às quais alguns eram contrários, sobretudo os superiores (*praelati*)... Porém, como era inimigo dos escândalos, condescendia, com muito pesar, às vontades dos irmãos"[41].

Sabemos pelos estudos histórico-críticos[42] que vários pontos importantes da Regra definitiva tiveram que ser aceitos por Francisco por conselho, pedido e insistência seja dos irmãos ministros, seja da Cúria Romana ou do próprio Papa. Assim, por exemplo, logo no início da Regra quando se fala de observar o Santo Evangelho, o acréscimo

---

41. *Legenda Perusina* 77; • *Espelho da Perfeição* 11.

42. Especialmente FLOOD, D. *Die Regula non bullata der Minderbrüder.* Werl/West., 1967; • CASUTT, L. *Die älteste franziskanische Lebensform.* Graz, 1955; • ROTZETTER, A. Der franziskanische Mensch zwischen Autorität und Freiheit. In: *Fanziskanische Studien* 59. 1977, p. 97-124; ASPURZ, L. Iriarte de. Lo que San Francisco hubiera querido en la regla. In: *Estudios Franciscanos* 77. 1976, p. 375-391.

"em obediência, sem propriedade e em castidade" provém da Cúria Romana que já desde Inocêncio III tinha preocupações com a definição jurídica dos novos movimentos leigos. A intuição originária de Francisco de uma vivência do Evangelho aberta ao mundo e no meio dos pobres é aqui enquadrada e nivelada nos parâmetros de uma espiritualidade de votos religiosos; o caráter laical cede lugar ao caráter religioso.

Deve ter sido especialmente dolorosa para Francisco a omissão dos textos que lhe permitiram a definição de sua vocação evangélica (Mt 10,9; Lc 9,3 e 10,4): "Não leveis nada pelo caminho, nem mochila, nem alforge, nem pão, nem dinheiro, nem bastão"; nem devem resistir aos malvados, mas antes despojem-se sem oferecer resistência. Desta forma, a condição de pobres e peregrinos, como queria Francisco, foi eliminada[43].

Igualmente se modificou profundamente a forma de correção dos irmãos culpáveis. Na Regra Não Bulada e na carta a um ministro da Ordem, Francisco postula uma misericórdia sem limites no contexto da ajuda fraterna carinhosa; na Regra definitiva o contexto é disciplinar dando aos ministros o recurso canônico dos pecados reservados.

---

43. Cf. o que se diz na *Legenda Perusina* 69: "Os ministros bem sabiam que, segundo a Regra, os frades eram obrigados a observar o Santo Evangelho; no entanto, tinham suprimido da Regra o capítulo que dizia: Nada leveis convosco pelo caminho etc., pensando que não estavam obrigados a observar a perfeição do Evangelho. O bem-aventurado Francisco, avisado disto pelo Espírito Santo, disse a alguns frades: Pensam os ministros que enganam a Deus e a mim! Para que saibam todos os frades, que estão obrigados à perfeição do Evangelho, quero que se escreva no princípio e no fim da Regra: os frades são obrigados a observar o Evangelho de Nosso Senhor Jesus Cristo".

Da mesma forma por intervenção do Cardeal Hugolino ou da Cúria Romana foi abolido o artigo de grande liberdade espiritual e do direito de resistência que autorizava aos irmãos desobedecer aos ministros "quando mandarem algo que for contrário ao nosso gênero de vida ou à sua alma". E quando alguém se sentir impossibilitado de observar pura e simplesmente a Regra pode acudir ao seu ministro; e este deve ajudá-lo a buscar uma solução como gostaria de ser ajudado ele mesmo numa situação semelhante. Francisco queria garantir a cada um o direito à fidelidade a sua própria vocação. Tudo isto desapareceu na Regra definitiva.

Com o crescimento da Ordem e a inserção dos irmãos na pastoral tiveram que ser modificadas algumas intuições originárias. Assim a Regra definitiva não impõe com o mesmo rigor que antes o trabalho manual para todos, nem lhes proíbe ter livros quando no capítulo terceiro da Regra Não Bulada se diz que os irmãos estavam proibidos de "possuir mais livros que os necessários para a reza do ofício divino".

Sabemos que Francisco considerava a fraternidade evangélica como perfeita igualdade entre todos uma forma de viver o mistério da Igreja e um lugar privilegiado de atuação do Espírito Santo, o verdadeiro ministro-geral da Ordem. Quis pôr as seguintes palavras na Regra: "Diante de Deus não há acepção de pessoas e o ministro-geral da Ordem, que é o Espírito Santo, pousa da mesma forma sobre o pobre e o simples". Mas Celano nos refere que estas palavras foram omitidas pela bula papal[44].

O ajeitar-se dentro de realidades maiores como aquela da Igreja e mesmo da história com suas exigências, certa-

---

44. 2Celano 193.

mente, fez sofrer a Francisco; mas não se percebe nele nenhuma afeição negativa como quem não tivesse assimilado estas injunções. A determinação exterior pode ser chance de crescimento para dentro e a oportunidade para se mostrar respeitoso e solidário para com realidades diferentes. Francisco mostrou-se mais forte ao assumir tais determinações[45].

4) Bem-vinda sejas, minha irmã, a morte

Quem dá a volta à vida se encontra, infalivelmente, com a morte. Um dos traumas mais difíceis de ser resolvidos pela psique e pela conquista da liberdade é exatamente este da morte. Ela se apresenta como a suprema negação da vida. Ela frustra a força motriz mais fundamental do sistema da vida, segundo Freud, o verdadeiro núcleo dinâmico de todo ser que é o desejo[46]. Desejo é, radicalmente, desejo de vida sem nenhuma negação, desejo de uma liberdade sempre atual e de uma felicidade sem limites. Em outras palavras, a dinâmica da vida chama à vida, convida a viver sempre. Não é sem razão que se diz que a estrutura do desejo é a onipotência, pois não se deseja apenas isto e aquilo, mas se deseja em plenitude, se quer a totalidade. A tradição denomina esta pulsão de vida, de *Eros*. Entretanto, esta onipotência se realiza apenas na esfera do desejo; na esfera da realidade ela é continuamente negada. Existem as frustrações e as renúncias que obrigam o desejo à aceitação e lhe

---

45. Confira as pertinentes reflexões de A. Rotzetter no estudo acima citado Der franziskanische Mensch 99; 118.

46. VASSE, D. *Le temps du désir*. Paris, 1969; • VERGOTTE, A. *Dette et désir*. Paris, 1978, p. 164-184; • SURIAN, C. *Elementi per una teologia del desiderio e la spiritualità di San Francesco d'Assisi*, Roma, 1973, p. 66-99.

abrem a porta a possíveis ascensões. Dá-se a experiência da morte como limitação da vida e do sentido de realidade. É a presença do *Thanatos*, da morte. Vida e morte, desejo e realidade elaboram uma dialética dramática, urdindo o tecido da vida humana.

De fato, a vida humana é uma série ininterrupta de realizações do desejo que se frustra, aprende a renunciar, obriga-se a aceitar e procura ascender. Pergunta-se: É possível uma síntese que não seja a recuperação do antecedente, mas a consecução de um estágio de unidade humana mais alto e perene? Tal pergunta também é fruto do desejo. E é então que assoma o espectro da morte, como aquela senhora que tudo devora e, indiferente aos diversos destinos humanos, tudo homogeneíza. Símbolo de madureza humana e também religiosa é integrar o trauma da morte no contexto da vida. Então a morte vem destronada de seu *status* de senhora da vida e última instância. Triunfa o *Eros* sobre o *Thanatos* e o desejo ganha a partida. Mas há um preço a pagar para esta imortalidade: a aceitação da mortalidade da vida. Aceitar morrer, frustrar o desejo empírico e superficial que quer viver eternamente é condição para que o desejo chegue à sua verdade de viver eternamente, e assim triunfar de modo absoluto. Este processo de acolhimento da morte o podemos encontrar, maravilhosamente, na vida e morte de Francisco[47]. Raramente na experiência humana conhecida, deparamo-nos com tal nível de integração da morte a ponto de saudá-la como irmã muito querida e de morrer cantando, como diz seu biógrafo Tomás de Celano.

---

47. Confira o estudo mais completo sobre este tema: SURIAN, C. *Elementi per una teologia del desiderio e la spiritualità di San Francesco d'Assisi*. Roma, 1973.

Era o ano de 1226. Francisco estava tremendamente debilitado. A doença do estômago avançara tanto que começou, conforme narra o irmão Leão[48], a vomitar sangue. Em seguida, a inchação das pernas alcançara já o estômago que não aceitava mais nenhum alimento. Celano comenta: "Espantavam-se os médicos e admiravam-se os frades de que seu espírito pudesse viver em um corpo já tão morto, pois a carne já se havia consumido e só a pele aderia ainda aos ossos"[49].

De Sena transportaram-no para Assis. Pelos caminhos e aldeias exortava aos curiosos que acorriam em multidões a carregar a cruz de Cristo. Aos irmãos, no entanto, asseverava-lhes: "Meus irmãos, comecemos a servir ao Senhor, porque até agora bem pouco fizemos"[50]. Em Assis o alojaram no palácio do bispo. Quando um médico de Arezzo veio medicá-lo e constatou que nada mais tinha a fazer senão esperar a morte, exclamou Francisco com indizível alegria: "Bem-vinda sejas, irmã minha, a morte!" Chamou os irmãos Ângelo e Leão para que lhe cantassem à cabeceira o Cântico do Irmão Sol. Ao final Francisco acrescenta mais uma estrofe: "Louvado sejas, meu Senhor, pela nossa irmã a morte corporal, da qual nenhum vivente pode escapar. Ai daqueles que morrem em pecado mortal. Bem-aventurados os que forem encontrados cumprindo tua santíssima vonta-

---

48. *Legenda Perusina* 17; • *Espelho da Perfeição* 87; • cf. SCHMUCKI, O. Gli ultimi due anni di San Francesco d'Assisi e il rinnovamento della nostra vita. In: *Laurentianum* 17. 1976, p. 208-250, esp. p. 242-250; • CIANCARELLI, S. *Francesco di Pietro Bernardone malato e santo.* Firenze, 1972, esp. p. 124-130.

49. 1Celano 107.

50. 1Boaventura XIV,1.

de, pois a morte segunda não lhes fará mal algum". E o relato antigo narra que os irmãos cantavam o hino várias vezes ao dia para reanimar o ânimo de Francisco que quase desfalecia e de noite para recrear e edificar os guardas do palácio[51].

Tanta jovialidade escandalizava os sensatos do senso comum. O geral da Ordem Frei Elias dá-se conta do inusitado da situação e diz a Francisco: "Pai querido, a mim me compraz muito o fato de estares assim tão alegre; mas temo que na cidade, onde te consideram santo, produza-se escândalo ao ver que não te preparas de forma mais conveniente para bem morrer!" Deixa para lá – respondeu Francisco –, com tudo o que sofro, sinto-me tão próximo a Deus que não posso senão cantar[52]. Até o final é fiel ao seu próprio caminho original, caminho de um louco[53], louco pelo Evangelho e pelo seguimento do Crucificado.

Sentindo que a hora derradeira se aproximava Francisco manifestou o desejo de morrer lá onde tudo havia começado, na capelinha de Nossa Senhora dos Anjos na Porciúncula. Os magistrados de Assis organizam toda uma escolta armada que acompanha a maca com o Poverello. Do alto da cidade, passando por ruelas e olivais, rumam para o vale, onde está a Porciúncula. Chegando junto ao leprosário dos crucíferos, pede que coloquem a maca no chão na direção da cidade de Assis. Deste ponto se avista toda a cidade branca, dependurada da encosta da montanha, com suas torres e muralhas, à direita o conventinho de São Damião e ao fundo o Monte Subásio. Permaneceu longamente em si-

---

51. *Legenda Perusina* 64; • *Espelho da Perfeição* 121.

52. Ibid., 64; 122.

53. Ibid., 114.

lêncio, contemplando em espírito aquela paisagem familiar que os olhos não mais podiam ver, mas que ainda irradiava em seu mundo interior. Em seguida, erguendo dificultosamente a mão, abençoou a cidade com as memoráveis palavras: "Bendita sejas do Senhor, cidade minha querida. Outrora eras guarida de salteadores, agora Deus te escolheu para seres morada daqueles que o conhecem e exalam o perfume de uma vida santa. Rogo-te, Senhor meu Jesus Cristo, Pai das misericórdias, que não deixes cair no olvido a abundância de benefícios com que a galardoaste, a fim de que seja sempre morada e habitação de gente que te conheça e glorifique teu nome bendito pelos séculos dos séculos. Amém"[54].

Em Santa Maria dos Anjos o acomodaram numa choupana, bem próxima à igrejinha. Mantém vivo o ânimo; pede aos frades que continuem a cantar e ele mesmo entoou como pôde o salmo de Davi: "Em alta voz grito ao Senhor, em alta voz suplico ao Senhor"[55]. Tem a vez então uma série de gestos profundamente sacramentais, dos quais só Francisco conhecia o segredo. Arquétipos primitivos de integração e de identificação com todas as coisas entram em operação.

Primeiramente, Francisco externa um sentimento de radical reconciliação: "Filho, estou sendo chamado por Deus. A meus irmãos, tanto presentes quanto ausentes, perdoo todas as ofensas e culpas, e os absolvo quanto me é possível. Leva esta notícia a todos e abençoa-os de minha

---

54. Ibid., 99; 124; • 1Celano 108.
55. 1Celano 109.

parte"[56]. Em seguida pede aos irmãos que o dispam totalmente e o coloquem nu sobre a terra para "lutar nu com o nu"[57]. É um gesto que nasce da arqueologia interior; além de significar uma identificação extrema com o Crucificado nu, expressa o desejo profundo da psique de comunhão com a mãe terra[58]; dela viemos nus, para ela regressamos nus. Ela, qual útero imenso, nos alberga em seu seio aconchegador e assim representa, pela linguagem dos símbolos, a integração absoluta do homem em Deus, a grande e bondosa Mãe. Francisco tem consciência que neste gesto se expressa o supremo de sua trajetória para o Pai. Por isso diz aos frades: "Fiz o que tinha que fazer. Que Cristo vos ensine o que cabe a vós"[59].

Depois despede-se de todos os irmãos; abençoa-os, impondo-lhes as mãos. Faz as últimas recomendações, deixando claro que "o Santo Evangelho era mais importante que todas as demais instituições"[60]. "Adeus, filhos todos, adeus no temor do Senhor. Permanecei sempre nele"[61].

Não se esquece da querida irmã Clara. Soube que estava chorando inconsolada. Enviou-lhe o seguinte recado: "Eu, o pequenino irmão Francisco, desejo seguir até o fim o caminho da pobreza de nosso Senhor e de sua Santíssima Mãe; e vos esconjuro, filhas minhas, que nunca vos apar-

---

56. Ibid.

57. 2Celano 124; • 2Boaventura XV,3.

58. LECLERC, E. *Cântico das criaturas ou os símbolos da união*. Petrópolis, 1980.

59. 2Celano 214.

60. 2Celano 216.

61. Ibid.

teis deste caminho, por mais que no futuro outra coisa vos aconselharem". E ao emissário diz ainda: "Dize à senhora Clara que a proíbo de deixar-se tomar pela tristeza, pois prometi a ela e a suas irmãs que me tornariam a ver"[62].

Não esquece também a frei Jacoba, viúva rica de Roma que se fizera grande amiga de Francisco: "Certamente ficaria muito triste se soubesse que saí deste mundo sem tê-la avisado antes". A carta que ditou é a seguinte: "À senhora Jacoba, serva de Deus, o irmão Francisco, pobrezinho de Cristo, saúde no Senhor e união no Espírito Santo! Amiga caríssima, devo avisar-te que se aproxima o fim de minha vida; assim me manifestou o próprio Cristo bendito. Portanto, se queres ver-me ainda vivo, põe-te a caminho. Traze contigo uma mortalha de saco para envolver o meu corpo e tudo o que é preciso para a sepultura. Peço-te que me tragas aqueles deliciosos biscoitos que costumavas preparar-me quando estava doente em Roma..." Estava ditando ainda a carta quando se anuncia a chegada de frei Jacoba. Um irmão acorre à cabeceira de Francisco e lhe diz: "Trago-te uma boa notícia!" Bastou isso para que logo entendesse tudo e exclamou: "Louvado seja Deus! Abram a porta, pois para frei Jacoba não vale a proibição de entrar aqui mulheres!" E lá ficou até o feliz passamento de Francisco[63].

Finalmente, a alma intuitiva de Francisco projetou mais um gesto de grande significação sacramental. Fez o que Jesus fez na noite derradeira, mostrando Francisco "todo o amor

---

62. *Regra de Santa Clara* VI; • *Legenda Perusina* 109; • *Espelho da Perfeição* 108.

63. *Legenda Perusina* 101; • *Espelho da Perfeição* 112; • Celano, *Milagres de São Francisco* 37-39.

que tinha para com os seus frades"[64]. Tomou pão, abençoou-o, partiu-o e deu um pedacinho para cada um comer. Também mandou ler o Evangelho de João a partir do trecho que começa: "Antes do dia da festa de Páscoa" (Jo 13,1s). Francisco era apenas diácono, não quis usurpar o poder sacerdotal de consagrar, mas quis imitar Jesus até o fim. Foi então que realizou a celebração da aliança nova e eterna.

Todas as biografias antigas nos relatam que do leito de morte "convidava a todas as criaturas ao louvor de Deus... chegava a convidar para o louvor até a própria morte que todos temem e abominam". Ao dar-se conta de que a morte se aproximava, cheio de cortesia e hospitalidade, tão características de seu comportamento, dizia: "Bem-vinda sejas, minha irmã, a morte". Ao médico que o assistia animava dizendo: "Irmão médico, dize com coragem que minha morte está próxima. Para mim ela é a porta para a vida!"[65]

Finalmente quis que repetissem a cena de colocá-lo nu sobre o solo e em honra de seu hóspede fúnebre e amigo lhe derramassem pó e cinza sobre o corpo. E então, com voz sumida, enteou o Salmo 142: *Voce mea ad Dominum clamavi*: "com minha voz clamei ao Senhor..." E ao chegar ao versículo *Educ de custodia animam meam*: "arranca do cárcere minha alma para que vá cantar teu nome, pois me esperam os justos e tu me darás o galardão", fez-se profundo silêncio. Francisco acabara de morrer cantando.

A lenda diz que, neste momento crepuscular, centenas de andorinhas pousaram por sobre a choupana de Francisco. Tristemente piavam a morte do irmão. A mesma lenda

---

64. 2Celano 217; • *Legenda Perusina* 117; •*Espelho da Perfeição* 88; 1Boaventura XIV,4.

65. 2Celano 217.

continua: um frade viu a alma do santíssimo pai, como uma estrela do tamanho da lua e com o brilho do sol, sendo levada por sobre uma nuvem branca, diretamente para o céu[66]. As lendas guardam a verdade escondida dos fatos empíricos.

Este tipo de assimilação do trauma da morte transfigurando-o em expressão suprema de liberdade e, por isso, de humanização levanta uma série de interrogações. Que modo de ser viveu Francisco para assimilar assim dentro do projeto da vida o caráter sinistro da morte? Que significa, numa vivência como foi descrita acima, a morte e o processo de morrer? Tentemos aprofundar esta questão à luz do caminhar de Francisco para a morte.

a) A morte pertence à vida

Francisco canta a morte, mas não o faz como um romântico *avant la lettre* que morbidamente decanta a morte precoce. Sua percepção é realista: "nenhum homem pode escapar da morte". Por detrás desta constatação se oculta a consciência da tragédia que paira sobre o destino humano, sobre suas realizações, suas aspirações, sua santidade, tudo nascido do princípio do desejo. A morte devora tudo. Esta morte assim trágica vem cantada por Francisco como irmã querida. Como pode ser irmã aquela que engole a vida, aquela à qual quase ninguém abre a porta, mas todos esconjuram ou choram com lágrimas inconsoláveis?

Parece-nos que se podem discernir duas dimensões na vida de Francisco que elucidam sua reconciliação com a morte: a aceitação da mortalidade da vida e sua identificação com a Fonte da vida.

---

66. Ibid., 217a.

A trajetória espiritual de Francisco consistiu numa progressiva e, por fim, numa cabal integração do conflito fundamental da existência: o conflito entre o desejo e a realidade, entre o instinto de vida (*Eros*) e o instinto de morte (*Thanatos*), entre a carne e o espírito, entre os impulsos urânicos (para cima) e os impulsos telúricos (para baixo). Ele conseguiu, por obra e graça do Mistério, acolher a vida assim como ela é, em sua exigência de eternidade, mas também em sua mortalidade. A vida, por estrutura criacional, é mortal, pois Deus a quis assim. A morte, numa reta compreensão existencial, não se manifesta apenas no término da vida, como o momento último do curso humano. Ela se instala já no começo e na própria substância da vida. Ao nascermos já começamos a morrer e vamos morrendo, ao longo da vida, até acabarmos de morrer. A morte pertence, pois, à vida. Esta situação de mortalidade não irrompeu por causa do pecado. É assim porque Deus criou a vida como "vida mortal". Em sua condição matinal, Adão (a humanidade) iria morrer, porque a própria estrutura da vida terrena, no tempo e no espaço, se articula num equilíbrio frágil que vai, lentamente, desestruturando-se até diluir-se. Mas o homem acolheria a morte como normal e querida por Deus como acolhe o nascer e o despertar do sono. A morte não roubaria a vida, mas *este* tipo de vida, mundano e mortal, abrindo a possibilidade de um outro tipo de vida, eterna e imortal, em Deus. Dentro da mortalidade da vida o homem caminharia para a vida eterna, criando dentro de sua trajetória de liberdade a forma pessoal desta vida eterna[67].

---

67. Para uma teoria filosófico-teológica da morte, cf. BOFF, L., *Vida para além da morte*. Petrópolis, ⁶1980; • BOFF, L. *A ressurreição de Cristo – A nossa ressurreição na morte*. Petrópolis, ⁴1980.

O pecado dramatizou a aceitação da morte como pertencendo à vida e ao mistério da criação boa de Deus. O pecado introduziu o embotamento da compreensão, empanou a visão da estrutura da vida mortal, inimizou a vida com a morte. Vê a morte apenas como negação total da vida. Por isso agarra-se, insensatamente, à vida, pensando assim poder escapar à morte. Mas esta é fatal e cruel. Daí se origina a ruptura entre a morte e a vida; aflora o medo da morte e o desespero face às primeiras manifestações da proximidade da morte.

Esta forma de vivenciar a morte, como algo desagregador e inimigo, é consequência do pecado. Por isso Paulo pode dizer com razão que, com o pecado entrou a morte no mundo (cf. Rm 5,12; 1Cor 15,21-22; cf. Gn 2,17; Sb 2,23s; Eclo 25,33), vale dizer, esta morte concreta assim como é temida e experienciada pelos homens. O projeto cristão de conversão como recuperação de sua humanidade perdida implica a conquista da naturalidade face à morte. Abraça-a como porta necessária para o encontro com a Vida de Deus.

Francisco se revelou como o "Adão matinal": viveu com tal radicalidade a perspectiva do Evangelho a ponto de deixar emergir em si a inocência original. A morte aparece então em seu caráter vital, deixa de ser inimiga da vida *tout court* e se mostra como passagem *deste* tipo de vida para o novo e definitivo modo de vida em Deus, por isso, imortal e pleno. Francisco, nesta perspectiva, podia acolher tudo como vindo e advindo de Deus. Integrou tudo numa unidade vital, acolheu também em sua própria vida, cortesmente, a morte. Ela é companheira da vida. É irmã de viagem.

Que significa abrigar a morte dentro da vida? Significa hospedar as manifestações da morte como, por exemplo, as limitações, os achaques, a ignorância, a fragilidade corporal e espiritual, as enfermidades todas. Consequentemente Francisco se mostrava profundamente tolerante para com a pequenez humana, própria e dos outros. São Boaventura em sua *Legenda Menor* narra que "Francisco foi acometido de toda espécie de doenças tão dolorosas que nenhum de seus membros escapou de sofrer atrozmente. Não tinha mais carne, estava reduzido a pele e osso. Mas, ao ser atormentado pelas enfermidades, não lhes dava o nome de inimigas, mas de irmãs; suportava-as com paciência e alegria, e agradecia a Deus por elas"[68]. Não suportava, portanto, a mortalidade, amargurado, mas com jovialidade como quem se encontra com a verdade de sua própria vida. Assim como acolheu sempre a mortalidade da vida, assumiu também, alegremente, o último passo da vida, a morte.

b) A identificação com a Fonte da vida

A constatação do acolhimento da morte, porque ela pertence, simplesmente, à vida, revela a grandeza espiritual e religiosa de Francisco. Mas não é suficiente para entender o modo próprio de Francisco de relacionar-se com a morte. Um estoico sereno e um racionalista frio podem também abraçar com soberania e hombridade esta situação sinistra da vida. Um luminoso exemplo nos é dado por Sigmund Freud, o pai-fundador da psicologia moderna. O câncer no rosto lhe tornara a vida impossível. "O leito dele teve de ser coberto com uma rede contra os mosquitos porque as moscas estavam sendo atraídas pelo odor fétido... Sofria terrivelmente e as noites eram um tormento... Mas nada mudou

---

68. VII,2.

em sua inquebrantável cordialidade. Nem uma única vez, durante todo esse tempo, pude testemunhar" – diz seu melhor biógrafo, Max Schur – "qualquer impaciência ou qualquer reação de aborrecimento ou ira em relação a qualquer pessoa que participava do seu ambiente"[69]. Morreu sereno, aceitando, fiel à sua própria teoria, o princípio de realidade e o imperativo da morte.

Com Francisco é diferente. Morre saudando amavelmente a morte, morre cantando. Aqui se supera todo o estoicismo e a serena resignação ao princípio irrefragável da realidade mortal. Saudar e cantar só pode alguém que já está para além da própria morte ou que já a incorporou em sua própria vida. Nem se pense que em Francisco atua a reserva de esperança que nos vem pela certeza da ressurreição de Cristo, garante de nossa própria ressurreição. Os biógrafos antigos não têm sequer uma palavra a respeito. A alegria do Poverello jorra de uma fonte mais profunda. Sua ligação à vida, à natureza, aos homens todos era tão radical que chegou à raiz que tudo vivifica, mergulhou naquela Fonte donde emana tudo o que existe e tudo o que se move, Deus.

Entre Francisco e Deus se estabeleceram laços de tanta intimidade que Francisco sentia: enquanto Deus é Deus, enquanto Ele é o Vivente e a Fonte de toda a vida, eu não morrerei, ainda que corporalmente morra! A ultrapassagem do caráter trágico da morte irrompe da certeza e da radicalidade do amar e do sentir-se amado. Já o filósofo cristão Gabriel Marcel referia esta experiência: "Se tu me amas, eu sei, tu não morrerás jamais!" Quanto mais não deve ser verdadeira em Francisco com sua alma finíssima e

---

69. *Freud*: Vida e agonia 3. Rio de Janeiro, 1981, p. 642-643.

extremamente sensível a tudo o que é Divino, sentindo-se aceito por Deus até as raízes de seu ser?! É aqui que reside, assim nos parece, sua jovialidade face à morte. Quem bebe como ele bebeu da Fonte da vida não pode mais morrer, mesmo que tenha que passar pela terrível noite dos sentidos e do espírito. De ameaça ela se transfigura em irmã. É a passagem necessária para um novo e definitivo nascimento. Pode ser dolorosa como todo nascimento. Mas propicia um novo advento da vida, agora plena em Deus.

Homem algum pode escapar dela, como bem o entendeu Francisco. Por isso, todos vivemos para morrer. Mas isso não precisa ser vivenciado como tragédia, porque morremos para ressuscitar. A morte mostra-se então como um drama sagrado. E como em todos os dramas que não se transformam em tragédias, ela conhece um fim bom e promissor. Porque é assim, pode cantar, verdadeiramente, a morte: Bem-vinda sejas, minha irmã, a morte! Neste louvor, a morte descobre sua verdadeira face: a face da amiga e da irmã.

Quem integrou de uma forma tão plena o negativo, particularmente o trauma da morte, chegou, verdadeiramente, ao reino da liberdade. Nada mais poderá ameaçá-lo porque não existe mais nada que seja inimigo. Reino da liberdade significa então presença do Reino de Deus. E Reino de Deus é a concretização da suprema utopia, de Deus morando no meio dos seus justos; e Ele mesmo "enxugará as lágrimas dos seus olhos, e a morte não existirá mais, nem haverá mais luto, nem pranto, nem fadiga, porque tudo isto já passou" (Ap 21,4). Francisco já antecipou esta utopia e mostrou a sua verdade.

CONCLUSÃO
São Francisco de Assis, uma alternativa humanística e cristã

O contato com Francisco produz uma crise muito profunda e salutar. Sua figura envolve os leitores dentro de um círculo luminoso no qual descobrimos nossa mediocridade e lentidão face aos apelos que vêm da verdade mais profunda do coração e do Evangelho. Ele conduziu sua vida sempre a partir da utopia e a manteve viva como uma brasa contra todas as cinzas do dia a dia e a razoabilidade da história. Incorporou o arquétipo da integração dos elos mais distantes, historizou o mito da reconciliação do céu e da terra, dos abismos e das montanhas. Daí o fascínio que se irradia dele e a catarse humana e religiosa que ele opera.

Diante de Francisco descobrimo-nos imperfeitos e velhos. Ele aparece como o novo e o futuro por todos buscado, embora tenha vivido há 800 anos. Mas este sentimento é sem amargura, pois sua mensagem encerra tanta doçura que o medíocre se sente convidado a ser bom, o bom a ser perfeito e o perfeito a ser santo. Ninguém fica imune à sua convocação vigorosa e ao mesmo tempo terna.

Francisco em sua gesta nos coloca imediatamente diante do Evangelho e do Sermão da Montanha. Tomou absolutamente a sério a mensagem de Jesus como se lhe fora dirigida pessoalmente a ele. Assumiu tudo *ad litteram et sine glosa* e procurou viver com coração generoso e alegre. Não queria saber de interpretações. Bem sabia que quase sempre as interpretações emasculam a força do Evangelho. E o Evangelho lhe era simplesmente a *formula vitae*.

Procurou orientar-se sempre a partir do Evangelho e não da sensatez da razoabilidade. Não era, entretanto, um fanático. Por isso, se abraça a vida evangélica mostra também o sentido de uma regra; se vive do carisma compreende igualmente a instituição; se se entrega às duras penitências, sabe também alegrar-se e ser com todos cortês; se assume uma pobreza radical, postula outrossim uma fraternidade extremamente sensível à satisfação das necessidades uns dos outros; se é rigoroso para consigo mesmo, mostra-se ao mesmo tempo compassivo para com o confrade que grita na noite: *morior fame!*

Sempre segurou firme os dois polos, mas começando todas as vezes pelo polo do Evangelho. Quebrou sem receios as barreiras instituídas para assegurar a vida livre do Evangelho. Por isso é que nele coexistem admiravelmente ternura e vigor, que resultam da tensão sustentada permanentemente entre o Evangelho e a Regra, entre o Sermão da Montanha e a Ordem. Se houvesse apenas vigor, emergiria então a figura de um santo duro, inflexível e sem coração. Se houvesse somente ternura, projetaria a imagem de um santo sentimental, adulçorado e sem perfil. Ternura e vigor compaginando-se na mesma pessoa criam o sol de Assis, como diria Dante, sol que gera ao mesmo tempo luz e calor, sol cantado pelo Poverello como "belo e radiante e com grande esplendor", mas também criam a lua com sua luminosidade amena e amaciadora de todas as pontas que ferem e fazem sangrar. Francisco aflora assim como um homem solar e lunar, integração feliz dos opostos.

Francisco faz ainda um apelo de inaudita importância para a nossa situação atual. Vivemos num mundo de objetos; tudo é feito objeto de troca, de interesse, de negociação, de falsificação, de mascaramento e de fetichização. As coisas mais e mais perderam seu uso humano direto e simples como satisfação de necessidades objetivas que devem ser atendidas coletivamente. Com sua pobreza radical Francisco postula uma radical expropriação, especialmente do dinheiro cuja natureza se resume em ser puro objeto de troca sem nenhum uso a não ser a troca. Inaugura, no exato momento de formação do espírito capitalista, assentado na troca, uma existência humana que se baseia unicamente no valor do uso: duas túnicas, um capuz, calçados para os que precisam, os instrumentos de oração e de trabalho. A ausência de qualquer excedente visa limpar o caminho de todos os obstáculos para o encontro dos homens entre si em sua transparência de irmãos, servindo-se mutuamente como convém entre membros de uma mesma família. Este projeto pode parecer utópico e, de fato, o é. Mas a utopia pertence à realidade porque esta não se resume naquilo que é e pode ser medido, mas muito mais naquilo que nela é possível e pode ser no futuro. A utopia expressa as possibilidades todas da realidade concretizadas. Porque ainda não foram concretizadas, ela convoca para novas realizações, a superar o já feito e ensaiado na direção de formas mais plenas e humanizadoras.

A utopia de Francisco de uma fraternidade sem plus-valia e, por isso, não exploradora, anima as buscas modernas por caminhos de satisfação das necessidades coletivas com o menor custo social e pessoal possível.

A seriedade evangélica de Francisco vem cercada de leveza e de encanto porque é imbuída profundamente de alegria, finura, cortesia e humor. Há nele uma inarredável confiança no homem e na bondade misericordiosa do Pai. Em consequência exorcizou todos os medos e ameaças. Sua fé não o alienou do mundo nem fez dele um mero vale de lágrimas. Pelo contrário, transformou-o pela ternura e pelo cuidado em pátria e lar do encontro fraterno, onde os homens não aparecem "como filhos da necessidade, mas como filhos da alegria" (G. Bachelard). Podemos dançar no mundo porque ele constitui o teatro da glória de Deus e de seus filhos.

Francisco de Assis mais que um ideal é um espírito e um modo de ser. E o espírito e o modo de ser só se mostram numa prática, não numa fórmula, ideia ou ideal. Tudo em Francisco convida para a prática: *exire de saeculo*, sair do sistema imperante, numa ação alternativa que concretize mais devoção para com os outros, mais ternura para com os pobres e mais respeito para com a natureza.

Anexos

Anexo 1
O Testamento de São Francisco de Assis

1. Foi assim que o Senhor concedeu-me a mim, Frei Francisco, iniciar uma vida de penitência: Como estivesse em pecado parecia-me deveras insuportável olhar para leprosos. E o Senhor mesmo me conduziu entre eles e eu tive misericórdia para com eles. E enquanto me retirava deles, justamente o que antes me parecia amargo se me converteu em doçura da alma e do corpo. E depois disto demorei só bem pouco e abandonei o mundo.

2. E o Senhor me deu tanta fé nas igrejas que com simplicidade orava e dizia: "Nós vos adoramos, Senhor Jesus Cristo, aqui e em todas as vossas igrejas que estão no mundo inteiro, e vos bendizemos porque por vossa santa Cruz remistes o mundo".

3. E o Senhor me deu e ainda me dá tanta fé nos sacerdotes que vivem segundo a forma da santa Igreja romana, por causa de suas ordens, que, mesmo que me perseguissem, quero recorrer a eles. E se tivesse tanta sabedoria quanta teve Salomão e encontrasse míseros sacerdotes deste mundo – nas paróquias em que eles moram não quero pregar contra a vontade deles. E hei de respeitar, amar e honrar a eles e a todos os outros como a meus senhores. Nem quero olhar para o pecado deles porque neles reconheço o Filho de Deus e eles são os meus senhores. E proce-

do assim porque do mesmo altíssimo Filho de Deus nada enxergo corporalmente neste mundo senão o seu santíssimo Corpo e Sangue, que eles consagram e somente eles administram aos outros. E quero que estes santíssimos mistérios sejam honrados e venerados acima de tudo em lugares preciosos. E onde quer que encontre em lugares inconvenientes os seus santíssimos nomes e palavras escritos quero recolhê-los e peço que sejam recolhidos e guardados em lugar decente. E devemos honrar e respeitar todos os teólogos e os que nos ministram as santíssimas palavras divinas como a quem nos ministra espírito e vida.

4. E depois que o Senhor me deu irmãos ninguém me mostrou o que eu deveria fazer, mas o Altíssimo mesmo me revelou que eu devia viver segundo a forma do Santo Evangelho. E eu o fiz escrever com poucas palavras e de modo simples e o senhor Papa mo confirmou. E os que vinham para abraçar este gênero de vida distribuíam aos pobres o que acaso possuíam. E eles se contentavam com uma só túnica remendada por dentro e por fora, com um cíngulo e as calças. E mais não queríamos ter. Nós clérigos recitávamos o ofício divino como os demais clérigos; os leigos diziam os Pai-nossos. E gostávamos muito de estar nas igrejas. Éramos iletrados e nos sujeitávamos a todos.

5. E eu trabalhava com as minhas mãos e quero trabalhar. E quero firmemente que todos os outros irmãos se ocupem num trabalho honesto. E os que não souberem trabalhar o aprendam, não por interesse de receber o salário do trabalho, mas por causa do bom exemplo e para afastar a ociosidade. E se acaso não nos pagarem pelo trabalho vamos recorrer à mesa do Senhor e pedir esmola de porta em porta.

6. Como saudação, revelou-me o Senhor que disséssemos: "O Senhor te dê a paz".

7. Evitem os irmãos de aceitar em caso algum igrejas, modestas habitações e tudo o que for construído para eles se não estiver conforme com a santa pobreza que prometemos pela Regra, demorando nelas sempre como forasteiros e peregrinos.

8. Mando severamente sob obediência a todos os irmãos, onde quer que estejam, que não se atrevam a pedir à Cúria Romana algum rescrito, nem por si nem por pessoa intermediária, em favor duma igreja ou de outro lugar qualquer, nem sob o pretexto de pregação, nem por causa de perseguição corporal. Ao contrário, sempre que não forem aceitos em alguma parte fujam para outra terra para ali fazer penitência com a bênção de Deus.

9. E quero firmemente obedecer ao ministro-geral desta fraternidade e ao guardião que lhe aprouver dar-me. E de tal modo quero estar como prisioneiro em suas mãos que fora da obediência a ele ou contra sua vontade eu não possa ir a parte alguma nem empreender nada, porque ele é o meu senhor. E embora eu seja simples e enfermo quero contudo ter sempre junto de mim um clérigo que reze comigo o ofício segundo manda a Regra.

10. E todos os outros irmãos estejam obrigados a obedecer de igual modo aos seus guardiães e a rezar o ofício segundo manda a Regra. E se acaso houver quem não reze o ofício segundo o preceito da Regra e introduzir um modo diferente ou não seja católico – todos os irmãos, onde quer que estiverem e acharem um deles, são obrigados sob obediência a levá-lo ao custódio mais próximo do lugar onde o tiverem encontrado. E o custódio esteja gravemente obrigado sob obe-

diência a mantê-lo sob guarda severa como prisioneiro, dia e noite, de modo que não possa escapar de suas mãos, até que o entregue pessoalmente às mãos de seu ministro. Também o ministro esteja gravemente obrigado sob obediência a enviá-lo por tais irmãos que o guardem dia e noite como um preso, até que o apresentem ao senhor de Óstia, que é o senhor, protetor e corretor de toda a fraternidade.

11. E não digam os irmãos: "Isto é uma outra Regra", porque isto é uma recordação, uma admoestação, uma exortação e meu testamento, que eu, Frei Francisco, o menor de todos, deixo para vós, meus irmãos benditos, a fim de que possamos observar mais catolicamente a Regra que prometemos ao Senhor.

12. E o ministro-geral e todos os demais ministros e custódios estejam obrigados sob obediência a nada acrescentar a estas palavras nem tirar coisa alguma. E tenham sempre consigo este escrito, junto à Regra. E em todos os capítulos que fizerem leiam também estas palavras quando lerem a Regra. E ordeno severamente sob obediência a todos os irmãos, clérigos e leigos, que não façam glosas à Regra nem a estas palavras dizendo: "Assim é que devem ser entendidas". Mas como o Senhor me concedeu dizer e escrever de modo simples e claro a Regra e estas palavras, assim as entendais, com simplicidade e sem comentário, e observai-as com santo fervor até o fim.

13. E todo aquele que as observar seja no céu cumulado com a bênção do altíssimo Pai, e seja cumulado na terra com a bênção de seu dileto Filho em unidade com o Espírito Santo Paráclito, com todas as virtudes do céu e todos os santos. E eu, Frei Francisco, o menor de vossos servos, vos confirmo, quanto posso, interior e exteriormente, esta santíssima bênção. Amém.

Anexo II
Cronologia da vida de São Francisco de Assis

1181/1182 – Verão ou outono (junho-dezembro): nasce em Assis.
Batizado com o nome de Giovanni di Pietro (pai) di Bernardone (avô). Mudado para Francisco.

1202 – Guerra entre Perusa e Assis. Assis vencida em Collestrada. Francisco, com 23 anos, passa um ano preso em Perusa. Resgatado pelo pai, devido a doença. Nesse tempo parece que a família de Clara está refugiada em Perusa: ela com 8/9 anos de idade.

1204 – Longa doença.

1204 – Fim, ou primavera de 1205 (entre março-junho): parte para a guerra na Apúlia, no Sul. Volta após visão e mensagem de Espoleto. Começo da conversão gradual. Em junho de 1205 morre o guerreiro Gautier de Brienne, chefe das expedições no Sul.

1205 – Outono (setembro-dezembro): mensagem do crucifixo de São Damião. Conflito com o pai.

1206 – Janeiro-fevereiro: questão perante o bispo Dom Guido II (1204 a 30 de junho de 1228). Primavera (março-junho): em Gúbio, perto de Assis, cuida dos leprosos. Verão, provavelmente em julho: volta a Assis. Veste-se de eremita e começa a reparação da Capela de São Damião. Fim do processo de conversão; *começo dos anos de conversão, segundo a cronologia de Tomás de Celano* (exemplos 1C 18, 21, 55, 88, 109).

1206 – Verão a

1208 – Janeiro ou fevereiro: trabalha na reparação de São Damião, San Pietro e Santa Maria Degli Angeli ou Porciúncula.

1208 – 24 de fevereiro: ouve o Evangelho da missa de São Matias, na Porciúncula, sobre a missão apostólica. *Muda as vestes de eremita* e passa a usar as de pregador ambulante, descalço. Início da pregação apostólica. Aqui propriamente começa o estilo de vida franciscana, apostólica, de presença.

16 de abril: recebe em sua companhia os irmãos Bernardo de Quintavalle e Pedro Cattani. No dia 23, recebe o irmão Egídio na Porciúncula.

Primavera (março-junho): a primeira missão. Francisco e Egídio vão à Marca de Ancona no litoral adriático. Recebe mais três companheiros, inclusive Filipe (Longo). Outono ou inverno (entre setembro-março): segunda missão. Os sete vão a Poggiobustone no vale de Rieti. Depois de ter-se certificado do perdão dos pecados e do futuro crescimento da Ordem, Francisco envia os seis, e mais um que se lhes agregara, para a terceira missão, dois a dois. Bernardo e Egídio vão a Florença.

1209 – Começos: os oito voltam à Porciúncula. Ajuntam-se-lhes outros quatro. Primavera (março-junho): Francisco escreve breve Regra e vai a Roma com os onze. Obtém a aprovação do Papa Inocêncio III, só oralmente. Seria esta a primeira Regra, perdida. Na volta passam por Orte e se estabelecem em Rivotorto perto de Assis, num rancho abandonado.

Oto (Otão) IV é coroado imperador em Roma, a 4 de

outubro. Está em Assis entre dezembro de 1209 e janeiro de 1210. Passa com seu cortejo perto de Rivotorto, mas não se sabe se antes da coroação ou depois.

1209 ou 1210 – Os frades mudam-se para a Porciúncula, depois que um camponês toma o rancho para estábulo de seu burro.

Possível começo da Ordem Terceira Secular.

A Porciúncula era dos beneditinos cluniacenses que a emprestaram a Francisco. Torna-se o berço da nova Ordem.

1211 – Verão (junho-setembro): Francisco vai à Dalmácia e retorna.

1212 – 18-19 de março: na noite do domingo de Ramos, a nobre jovem Clara di Favarone foge de casa e é recebida na Porciúncula. Talvez em maio fica alguns dias no mosteiro de São Paulo e algumas semanas no mosteiro beneditino de Panzo (perto de Assis) e por fim recolhe-se a São Damião, onde fica até sua morte em 1253. Segue-a a irmã Inês, 16 dias depois.

1213 – 8 de maio: em São Leão, perto de São Marino, o conde de Chiusi, Orlando Cattani, oferece a Francisco o Monte Alverne (La Verna), perto de Arezzo, para servir de eremitério. É o monte da crucifixão de Francisco, em 1224.

1213 ou 1214/1215 – Francisco pretende ir em missão a Marrocos, entre os muçulmanos, mas chega apenas à Espanha, onde adoece gravemente, retornando logo à Itália. Tomás de Celano "agradece a Deus esta doença", porque com a volta de Francisco é recebido na Ordem (1C 56).

1216 – Verão (junho-setembro): Francisco obtém do sucessor de Inocêncio III, o Papa Honório III, em Perusa, a indulgência da Porciúncula.

1217 – 5 de maio: capítulo geral de Pentecostes na Porciúncula. Primeira missão para além dos Alpes e ultramarina. Instituição de províncias. Frei Egídio vai para Túnis. Frei Elias para a Síria. Francisco pretende viajar para a França, mas o Cardeal Hugolino, legado papal na Toscana, encontra-o em Florença e o convence a permanecer na Itália.

1219 – 26 de maio: capítulo geral de Pentecostes. Grandes missões no exterior: Alemanha, Hungria, Espanha, Marrocos, França. Em junho, Francisco vai de navio de Ancona para o Oriente, a exemplo dos outros.

Os que vão à França, interrogados se são albigenses, respondem afirmativamente, não sabendo que albigenses são denominados os hereges cátaros (puros) do Sul da França. O bispo de Paris e lentes da Universidade, examinando a sua Regra, constatam que a mesma é católica e evangélica. Dirigem-se, porém, ao Papa, pedindo informações. Este declara-os católicos e com Regra aprovada pela Santa Sé.

Para a Alemanha viajam cerca de 60. Do alemão conhecem apenas a palavra "Ya" (sim). Perguntados se querem comida ou hospedagem, respondem: "Ya". Perguntados se são hereges lombardos (pobres da Lombardia = Valdenses) e se vêm espalhar seus erros, também respondem: "Ya".

Presos, surrados, despidos, ridicularizados, sofrem como cães. Vendo que não podem produzir frutos na Alemanha, voltam para a Itália. Começam daí por diante a julgar tão cruel a Alemanha que só pelo desejo do martírio voltariam outra vez para lá.

Na Hungria também os missionários sofrem os maiores vexames. Quando vão pelos campos, os pastores atiçam os cães contra eles e dão-lhes cacetadas. Pensando que querem sua roupa, dão-lhes as túnicas exteriores. Depois as vestes internas... Acabam voltando para a Itália. Os que vão para Marrocos são martirizados e depois canonizados como os protomártires franciscanos (Beraldo, Pedro, Acúrsio, Adjuto, Otão: † 1220). Movido por esse fato, Santo Antônio, então cônego regular de Coimbra com o nome de Fernando, pede ingresso na Ordem Franciscana.

1219 – Outono (setembro-dezembro): Francisco vai ao acampamento do Sultão do Egito, Melek-el-Kamel (1218-1238), e tem "entrevista" com ele. A 5 de novembro, o exército dos cruzados toma Damieta, perto de Alexandria, no Egito. Francisco tem pouco resultado junto ao Sultão. Escreve o cronista que, ao chegar, é maltratado. Ignorando a língua dos turcos, apenas diz: "Soldan, Soldan". Então é levado à sua presença e depois reconduzido por homens armados para junto dos exércitos que cercam Damieta.

1220 – Inícios: Francisco viaja para São João d'Acre (Accon), onde há uma fortaleza dos cruzados, e vai à Terra Santa. Na sua ausência, Francisco deixa dois "vigários", que, porém, começam a introduzir novidades na Ordem, instituindo novos dias de jejum e abstinência, além dos já marcados. Um frade, encarregado das clarissas, pede privilégios ao Papa em favor delas, contra a vontade do santo, que prefere "vencer pela humildade mais que pelo poder da lei". Outro, subtraindo-se à Ordem, pretende fundar uma nova Ordem, para leprosos de ambos os sexos.

1220 – Primavera ou verão (março-setembro): alarmado pelas notícias que um frade leva ao Oriente, retorna à Itália, desembarcando em Veneza. Nessa ocasião, o Cardeal Hugolino é nomeado protetor da Ordem.

1220 – (ou 1217-1218?): Francisco entrega o governo da Ordem a Frei Pedro Cattani, como seu vigário.

1221 – Março: morre Frei Pedro Cattani.
Maio: capítulo geral de Pentecostes. Frei Elias de Cortona é eleito vigário em substituição ao falecido. Francisco apresenta a segunda Regra (Não Bulada ou não aprovada por bula papal), que Frei Cesário de Espira, versado em Sagrada Escritura, adornou com muitos textos bíblicos.
No fim do capítulo, Francisco, diz o cronista, lembra de novo a missão da Alemanha, fracassada em 1219. Pergunta se há voluntários. "Apresentam-se cerca de 90, inflamados pelo desejo do martírio (!), oferecendo-se à morte". Entre eles, o cronista que refere o fato, Frei Jordão de Jano, e Frei Tomás de Celano, o biógrafo de São Francisco. Esta missão, melhor preparada, dirigida pelo alemão Frei Cesário de Espira, tem sucesso.

1221 – Aprovada a Regra da Ordem Terceira Secular pelo Papa Honório III.

1221 – 1222 (?). Francisco faz uma viagem de pregação ao Sul da Itália.

1222 – 15 de agosto: Festa da Assunção. Francisco prega em Bolonha (sede de estudos jurídicos). Suas palavras visam mais "extinguir inimizades e reformar os pactos de paz", conforme relata um ouvinte. "Muitas facções de nobres, entre os quais existia velha inimizade, com derramamento de sangue, foram levadas à pacificação".

1223 – Inícios: em Fonte Colombo, Francisco redige a 3ª Regra, que é discutida no capítulo geral de junho. A discussão continua em Roma, e em outubro Francisco se dirige ao Papa para pedir a aprovação.
29 de novembro: Honório III aprova, com bula papal, a Regra definitiva, ainda hoje em vigor. O texto original

conserva-se como relíquia no Sacro Convento de Assis. Provavelmente houve colaboração dos frades e do representante da Santa Sé.

24-25 de dezembro: na noite de Natal, Francisco celebra a festa em Greccio, junto a um presépio.

1224 – 2 de junho: segue uma missão de frades para a Inglaterra. Bem-sucedida.

Em fim de julho ou início de agosto, o vigário da Ordem, Frei Elias, é advertido (sonho ou visão?) que Francisco terá ainda 2 anos de vida.

15 de agosto a 29 de setembro: Francisco, com Frei Leão e Frei Rufino, passa no Alverne, preparando-se com uma quaresma de oração e jejum para a festa de São Miguel Arcanjo. Em setembro, tem a visão do Serafim alado e recebe os estigmas.

Em outubro ou inícios de novembro, Francisco retorna à Porciúncula, via Borgo San Sepolcro, Monte Casale e Città di Castello.

1224 ou 1225 – dezembro-fevereiro: cavalgando um jumento, Francisco faz um giro de pregações pela Úmbria e Marcas (Ancona).

1225 – Março: visita Clara em São Damião. Suas vistas pioram muito, então. Ele pretende ficar ali numa cela, ou na casa do capelão, mas, cedendo aos pedidos do vigário da Ordem, Frei Elias, consente em receber tratamento médico: a estação é muito fria, e o tratamento é transferido.

Abril ou maio: ainda em São Damião, Francisco recebe tratamento, mas não melhora. Recebe a promessa da vida eterna. Depois de uma noite dolorosa, atormentado pela dor e por ratos, compõe o *Cântico do Irmão Sol*. Junto a Santa Clara.

Junho (?): acrescenta uma estrofe ao Cântico do Irmão Sol, comemorando a reconciliação entre o bispo e o podestà de Assis: "Louvado sejas, meu Senhor, pelos que perdoam por teu amor, e suportam enfermidades e tribulações. Bem-aventurados os que sofrem na paz, pois por ti, Altíssimo, coroados serão".

Aconselhado por uma carta do Cardeal Hugolino, protetor da Ordem, deixa São Damião e vai para o vale de Rieti.

Inícios de julho: acolhido em Rieti pelo Cardeal Hugolino e pela corte papal (que lá está de 23-6 a 6-2), para submeter-se ao tratamento dos médicos da corte pontifícia. Vai a Fonte Colombo para tratamento, sob insistência do Cardeal Hugolino, mas o difere, devido à ausência de Frei Elias.

Julho ou agosto (?): em Fonte Colombo, o médico cauteriza as têmporas de Francisco, mas com pouco resultado.

Setembro: Francisco vai a São Fabiano, perto de Rieti (Floresta), para ser tratado por outro médico, que opera sua vista. Restaura então a vinha do pobre padre, danificada por visitantes de Francisco.

1225 – De outubro a

1226 – Francisco vive ora em Rieti, ora em Fonte Colombo.
Abril: vai a Sena para outro tratamento.
Maio ou junho (?): volta à Porciúncula, via Cortona.
Julho-agosto: no calor do verão é levado para Bagnara, nas colinas perto de Nocera.
Fim de agosto ou início de setembro: piorando de saúde, é levado, via Nottiano, para o palácio do bispo de Assis. Dom Guido acha-se ausente, em peregrinação ao Santuário de São Miguel, cuja festa se celebra no dia 29, no Monte Gargano.

Sentindo iminente a morte, pede para ser levado para a Porciúncula. Chegado à planície, lança sua bênção sobre Assis. Nos últimos dias de vida, dita o Testamento, autotestemunho de incalculável valor para a vida e os propósitos de homem tão singular.

Com a proximidade da morte, pede que o deitem nu no chão. Depois aceita emprestado o hábito que o guardião lhe dá. Faz ler o Evangelho da Última Ceia e abençoa os filhos seus, presentes e futuros.

1226 – 3 de outubro, à tarde: Francisco morre cantando o hino *Mortem Suscepit*. No domingo seguinte, 4 de outubro, é sepultado na igreja de São Jorge, na cidade de Assis, mas o cortejo fúnebre passa antes pelo Mosteiro de São Damião, para a despedida de Clara.

1228 – 16 de julho: Francisco é canonizado. Relíquias trasladadas para a nova basílica, em construção, em 25 de maio de 1230*.

---

* Esta cronologia foi elaborada por Ildefonso Silveira, O.F.M., à base da famosa biografia do ENGLEBERT, O. *A vida de São Francisco de Assis e de suas próprias investigações*; a publicação se encontra no volume das fontes franciscanas *São Francisco de Assis*. Petrópolis, 1981, p. 45-53.

🦋 Livros de Leonardo Boff

1 – *O Evangelho do Cristo Cósmico*. Petrópolis: Vozes, 1971. • Reeditado pela Record (Rio de Janeiro), 2008.

2 – *Jesus Cristo libertador*. Petrópolis: Vozes, 1972.

3 – *Die Kirche als Sakrament im Horizont der Welterfahrung*. Paderborn: Verlag Bonifacius-Druckerei, 1972 [Esgotado].

4 – *A nossa ressurreição na morte*. Petrópolis: Vozes, 1972.

5 – *Vida para além da morte*. Petrópolis: Vozes, 1973.

6 – *O destino do homem e do mundo*. Petrópolis: Vozes, 1973.

7 – *Experimentar Deus*. Petrópolis: Vozes, 2012 [Publicado em 1974 pela Vozes com o título *Atualidade da experiência de Deus*].

8 – *Os sacramentos da vida e a vida dos sacramentos*. Petrópolis: Vozes, 1975.

9 – *A vida religiosa e a Igreja no processo de libertação*. 2. ed. Petrópolis: Vozes/CNBB, 1975 [Esgotado].

10 – *Graça e experiência humana*. Petrópolis: Vozes, 1976.

11 – *Teologia do cativeiro e da libertação*. Lisboa: Multinova, 1976. • Reeditado pela Vozes, 1998.

12 – *Natal*: a humanidade e a jovialidade de nosso Deus. Petrópolis: Vozes, 1976.

13 – *Eclesiogênese* – As comunidades reinventam a Igreja. Petrópolis: Vozes, 1977. • Reeditado pela Record (Rio de Janeiro), 2008.

14 – *Paixão de Cristo, paixão do mundo*. Petrópolis: Vozes, 1977.

15 – *A fé na periferia do mundo*. Petrópolis: Vozes, 1978 [Esgotado].

16 – *Via-sacra da justiça*. Petrópolis: Vozes, 1978 [Esgotado].

17 – *O rosto materno de Deus*. Petrópolis: Vozes, 1979.

18 – *O Pai-nosso* – A oração da libertação integral. Petrópolis: Vozes, 1979.

19 – *Da libertação* – O teológico das libertações sócio-históricas. Petrópolis: Vozes, 1979 [Esgotado].

20 – *O caminhar da Igreja com os oprimidos*. Rio de Janeiro: Codecri, 1980. Reeditado pela Vozes (Petrópolis), 1988.

21 – *A Ave-Maria* – O feminino e o Espírito Santo. Petrópolis: Vozes, 1980.

22 – *Libertar para a comunhão e participação*. Rio de Janeiro: CRB, 1980 [Esgotado].

23 – *Igreja*: carisma e poder. Petrópolis: Vozes, 1981. • Reedição ampliada: Ática (Rio de Janeiro), 1994; • Record (Rio de Janeiro) 2005.

24 – *Crise, oportunidade de crescimento*. Petrópolis: Vozes, 2011 [Publicado em 1981 pela Vozes com o título *Vida segundo o Espírito*].

25 – *São Francisco de Assis* – ternura e vigor. Petrópolis: Vozes, 1981.

26 – *Via-sacra para quem quer viver*. Petrópolis: Vozes, 1991 [Publicado em 1982 pela Vozes com o título *Via-sacra da ressurreição*].

27 – *O livro da Divina Consolação*. Petrópolis: Vozes, 2006 [Publicado em 1983 com o título de *Mestre Eckhart*: a mística do ser e do não ter].

28 – *Ética e ecoespiritualidade*. Petrópolis: Vozes, 2011 [Publicado em 1984 pela Vozes com o título *Do lugar do pobre*].

29 – *Teologia à escuta do povo*. Petrópolis: Vozes, 1984 [Esgotado].

30 – *A cruz nossa de cada dia*. Petrópolis: Vozes, 2012 [Publicado em 1984 pela Vozes com o título *Como pregar a cruz hoje numa sociedade de crucificados*].

31 – (com Clodovis Boff) *Teologia da Libertação no debate atual*. Petrópolis: Vozes, 1985 [Esgotado].

32 – *A Trindade e a sociedade*. Petrópolis: Vozes, 2014 [publicado em 1986 com o título *A Trindade, a sociedade e a libertação*].

33 – *E a Igreja se fez povo*. Petrópolis: Vozes, 1986 (esgotado). • Reeditado em 2011 com o título *Ética e ecoespiritualidade*, em conjunto com *Do lugar do pobre*.

34 – (com Clodovis Boff) *Como fazer Teologia da Libertação?* Petrópolis: Vozes, 1986.

35 – *Die befreiende Botschaft*. Friburgo: Herder, 1987.

36 – *A Santíssima Trindade é a melhor comunidade*. Petrópolis: Vozes, 1988.

37 – (com Nelson Porto) *Francisco de Assis* – homem do paraíso. Petrópolis: Vozes, 1989. • Reedição modificada em 1999.

38 – *Nova evangelização*: a perspectiva dos pobres. Petrópolis: Vozes, 1990 [Esgotado].

39 – *La misión del teólogo em la Iglesia*. Estella: Verbo Divino, 1991.

40 – *Seleção de textos espirituais*. Petrópolis: Vozes, 1991 [Esgotado].

41 – *Seleção de textos militantes*. Petrópolis: Vozes, 1991 [Esgotado].

42 – *Con La libertad del Evangelio*. Madri: Nueva Utopia, 1991.

43 – *América Latina*: da conquista à nova evangelização. São Paulo: Ática, 1992 [Esgotado].

44 – *Ecologia, mundialização e espiritualidade*. São Paulo: Ática, 1993. • Reeditado pela Record (Rio de Janeiro), 2008.

45 – (com Frei Betto) *Mística e espiritualidade*. Rio de Janeiro: Rocco, 1994. • Reedição revista e ampliada pela Vozes (Petrópolis), 2010.

46 – *Nova era*: a emergência da consciência planetária. São Paulo: Ática, 1994. • Reeditado pela Sextante (Rio de Janeiro) em 2003 com o título de *Civilização planetária*: desafios à sociedade e ao cristianismo [Esgotado].

47 – *Je m'explique*. Paris: Desclée de Brouwer, 1994.

48 – (com A. Neguyen Van Si) *Sorella Madre Terra*. Roma: Ed. Lavoro, 1994.

49 – *Ecologia* – Grito da terra, grito dos pobres. São Paulo: Ática, 1995. • Reeditado pela Record (Rio de Janeiro) em 2015.

50 – *Princípio Terra* – A volta à Terra como pátria comum. São Paulo: Ática, 1995 [Esgotado].

51 – (org.) *Igreja*: entre norte e sul. São Paulo: Ática, 1995 [Esgotado].

52 – (com José Ramos Regidor e Clodovis Boff) A *Teologia da Libertação*: balanços e perspectivas. São Paulo: Ática, 1996 [Esgotado].

53 – *Brasa sob cinzas*. Rio de Janeiro: Record, 1996.

54 – A *águia e a galinha*: uma metáfora da condição humana. Petrópolis: Vozes, 1997.

55 – A *águia e a galinha*: uma metáfora da condição humana. Edição comemorativa – 20 anos. Petrópolis: Vozes, 2017.

56 – (com Jean-Yves Leloup, Pierre Weil, Roberto Crema) *Espírito na saúde*. Petrópolis: Vozes, 1997.

57 – (com Jean-Yves Leloup, Roberto Crema) *Os terapeutas do deserto* – De Fílon de Alexandria e Francisco de Assis a Graf Dürckheim. Petrópolis: Vozes, 1997.

58 – *O despertar da águia*: o dia-bólico e o sim-bólico na construção da realidade. Petrópolis: Vozes, 1998.

59 – *O despertar da águia*: o dia-bólico e o sim-bólico na construção da realidade. Edição especial. Petrópolis: Vozes, 2017.

60 – *Das Prinzip Mitgefühl* – Texte für eine bessere Zukunft. Friburgo: Herder, 1999.

61 – *Saber cuidar* – Ética do humano, compaixão pela terra. Petrópolis: Vozes, 1999.

62 – *Ética da vida*. Brasília: Letraviva, 1999. • Reeditado pela Record (Rio de Janeiro), 2009.

63 – *Coríntios* – Introdução. Rio de Janeiro: Objetiva, 1999 (Esgotado).

64 – A *oração de São Francisco*: uma mensagem de paz para o mundo atual. Rio de Janeiro: Sextante, 1999. • Reeditado pela Vozes (Petrópolis), 2014.

65 – *Depois de 500 anos*: que Brasil queremos? Petrópolis: Vozes, 2000 [Esgotado].

66 – *Voz do arco-íris*. Brasília: Letraviva, 2000. • Reeditado pela Sextante (Rio de Janeiro), 2004 [Esgotado].

67 – (com Marcos Arruda) Globalização: desafios socioeconômicos, éticos e educativos. Petrópolis: Vozes, 2000.

68 – *Tempo de transcendência* – O ser humano como um projeto infinito. Rio de Janeiro: Sextante, 2000. • Reeditado pela Vozes (Petrópolis), 2009.

69 – (com Werner Müller) *Princípio de compaixão e cuidado*. Petrópolis: Vozes, 2000.

70 – *Ethos mundial* – Um consenso mínimo entre os humanos. Brasília: Letraviva, 2000. • Reeditado pela Record (Rio de Janeiro) em 2009.

71 – *Espiritualidade* – Um caminho de transformação. Rio de Janeiro: Sextante, 2001. • Reeditado pela Mar de Ideias (Rio de Janeiro) em 2016.

72 – *O casamento entre o céu e a terra* – Contos dos povos indígenas do Brasil. São Paulo: Salamandra, 2001. • Reeditado pela Mar de Ideias (Rio de Janeiro) em 2014.

73 – *Fundamentalismo*. Rio de Janeiro: Sextante, 2002. • Reedição ampliada e modificada pela Vozes (Petrópolis) em 2009 com o título *Fundamentalismo, terrorismo, religião e paz*.

74 – (com Rose Marie Muraro) *Feminino e masculino*: uma nova consciência para o encontro das diferenças. Rio de Janeiro: Sextante, 2002. • Reeditado pela Record (Rio de Janeiro), 2010.

75 – *Do iceberg à arca de Noé*: o nascimento de uma ética planetária. Rio de Janeiro: Garamond, 2002. • Reeditado pela Mar de Ideias (Rio de Janeiro), 2010.

76 – *Crise*: oportunidade de crescimento. Campinas: Verus, 2002. • Reeditado pela Vozes (Petrópolis) em 2011.

77 – (com Marco Antônio Miranda) *Terra América*: imagens. Rio de Janeiro: Sextante, 2003 [Esgotado].

78 – *Ética e moral*: a busca dos fundamentos. Petrópolis: Vozes, 2003.

79 – *O Senhor é meu Pastor*: consolo divino para o desamparo humano. Rio de Janeiro: Sextante, 2004. • Reeditado pela Vozes (Petrópolis), 2013.

80 – *Responder florindo*. Rio de Janeiro: Garamond, 2004 [Esgotado].

81 – *Novas formas da Igreja*: o futuro de um povo a caminho. Campinas: Verus, 2004 [Esgotado].

82 – *São José*: a personificação do Pai. Campinas: Verus, 2005. • Reeditado pela Vozes (Petrópolis), 2012.

83 – *Un Papa difficile da amare*: scritti e interviste. Roma: Datanews Ed., 2005.

84 – *Virtudes para um outro mundo possível* – Vol. I: Hospitalidade: direito e dever de todos. Petrópolis: Vozes, 2005.

85 – *Virtudes para um outro mundo possível* – Vol. II: Convivência, respeito e tolerância. Petrópolis: Vozes, 2006.

86 – *Virtudes para um outro mundo possível* – Vol. III: Comer e beber juntos e viver em paz. Petrópolis: Vozes, 2006.

87 – *A força da ternura* – Pensamentos para um mundo igualitário, solidário, pleno e amoroso. Rio de Janeiro: Sextante, 2006. • Reeditado pela Mar de Ideias (Rio de Janeiro) em 2012.

88 – *Ovo da esperança*: o sentido da Festa da Páscoa. Rio de Janeiro: Mar de Ideias, 2007.

89 – (com Lúcia Ribeiro) *Masculino, feminino*: experiências vividas. Rio de Janeiro: Record, 2007.

90 – *Sol da esperança* – Natal: histórias, poesias e símbolos. Rio de Janeiro: Mar de Ideias, 2007.

91 – *Homem*: satã ou anjo bom. Rio de Janeiro: Record, 2008.

92 – (com José Roberto Scolforo) *Mundo eucalipto*. Rio de Janeiro: Mar de Ideias, 2008.

93 – *Opção Terra*. Rio de Janeiro: Record, 2009.

94 – *Meditação da luz*. Petrópolis: Vozes, 2010.

95 – *Cuidar da Terra, proteger a vida*. Rio de Janeiro: Record, 2010.

96 – *Cristianismo*: o mínimo do mínimo. Petrópolis: Vozes, 2011.

97 – *El planeta Tierra*: crisis, falsas soluciones, alternativas. Madri: Nueva Utopia, 2011.

98 – (com Marie Hathaway) *O Tao da Libertação* – Explorando a ecologia da transformação. 2. ed. Petrópolis: Vozes, 2012.

99 – *Sustentabilidade*: O que é – O que não é. Petrópolis: Vozes, 2012.

100 – *Jesus Cristo Libertador*: ensaio de cristologia crítica para o nosso tempo. Petrópolis: Vozes, 2012 [Selo Vozes de Bolso].

101 – *O cuidado necessário*: na vida, na saúde, na educação, na ecologia, na ética e na espiritualidade. Petrópolis: Vozes, 2012.

102 – *As quatro ecologias: ambiental, política e social, mental e integral.* Rio de Janeiro: Mar de Ideias, 2012.

103 – *Francisco de Assis* – Francisco de Roma: a irrupção da primavera? Rio de Janeiro: Mar de Ideias, 2013.

104 – *O Espírito Santo* – Fogo interior, doador de vida e Pai dos pobres. Petrópolis: Vozes, 2013.

105 – (com Jürgen Moltmann) *Há esperança para a criação ameaçada?* Petrópolis: Vozes, 2014.

106 – *A grande transformação*: na economia, na política, na ecologia e na educação. Petrópolis: Vozes, 2014.

107 – *Direitos do coração* – Como reverdecer o deserto. São Paulo: Paulus, 2015.

108 – *Ecologia, ciência, espiritualidade* – A transição do velho para o novo. Rio de Janeiro: Mar de Ideias, 2015.

109 – *A Terra na palma da mão* – Uma nova visão do planeta e da humanidade. Petrópolis: Vozes, 2016.

110 – (com Luigi Zoja) *Memórias inquietas e persistentes de L. Boff.* São Paulo: Ideias & Letras, 2016.

111 – (com Frei Betto e Mario Sergio Cortella) *Felicidade foi-se embora?* Petrópolis: Vozes Nobilis, 2016.

112 – *Ética e espiritualidade* – Como cuidar da Casa Comum. Petrópolis: Vozes, 2017.

113 – *De onde vem?* – Uma nova visão do universo, da Terra, da vida, do ser humano, do espírito e de Deus. Rio de Janeiro: Mar de Ideias, 2017.

114 – *A casa, a espiritualidade, o amor*. São Paulo: Paulinas, 2017.

115 – (com Anselm Grün) *O divino em nós*. Petrópolis: Vozes Nobilis, 2017.

116 – *O livro dos elogios*: o significado do insignificante. São Paulo: Paulus, 2017.

117 – *Brasil* – Concluir a refundação ou prolongar a dependência? Petrópolis: Vozes, 2018.

118 – *Reflexões de um velho teólogo e pensador*. Petrópolis: Vozes, 2018.

119 – *A saudade de Deus* – A força dos pequenos. Petrópolis: Vozes, 2020.

120 – *Covid-19* – *A Mãe Terra contra-ataca a Humanidade*: Advertências da pandemia. Petrópolis: Vozes, 2020.

121 – *O doloroso parto da Mãe Terra* – Uma sociedade de fraternidade sem fronteiras e de amizade social. Petrópolis: Vozes, 2021.

122 – *Habitar a Terra* – Qual o caminho para a fraternidade universal? Petrópolis: Vozes, 2021.

123 – *O pescador ambicioso e o peixe encantado* – A busca pela justa medida. Petrópolis: Vozes, 2022.

124 – *Igreja: carisma e poder* – Ensaios de eclesiologia militante. Petrópolis: Vozes, 2022.

125 – *A amorosidade do Deus-Abbá e Jesus de Nazaré*. Petrópolis: Vozes, 2023.

126 – *A busca pela justa medida* – Como equilibrar o planeta Terra. Petrópolis: Vozes, 2023.

✤ Índice

Sumário, 11

Prefácio, 13

Introdução: O vinho antigo floresce ainda, 15

I. *São Francisco: a irrupção da ternura e da convivialidade –* Mensagem de São Francisco à cultura atual, 19

   1. O fim da hegemonia do *Logos,* 21

   2. O começo da hegemonia do *Eros* e do *Pathos,* 26

      1) O vigor "demoníaco" do *Eros,* 31

      2) O *Eros* humanizado: a ternura e o cuidado, 33

      3) Na direção de uma civilização da convivialidade, 38

   3. Francisco, homem pós-moderno: o triunfo da com-paixão e da ternura, 41

      1) Francisco e a vulcanicidade do *Eros* e do desejo, 44

      2) A penitência, o preço da ternura, 47

      3) Ternura e cuidado para com os pobres, 50

      4) Ternura e com-paixão pela paixão de Deus, 54

      5) Ternura para com Santa Clara: a integração do feminino, 61

6) Ternura para com os irmãos: ser mãe um do outro, 69

7) A confraternização com a natureza: a democracia cósmica, 71

a) O casamento do *Eros* com o *Agape*, 73

b) O não romantismo de São Francisco, 77

c) A síntese entre a arqueologia interior e a ecologia exterior, 81

d) Celebração do homem reconciliado, 89

4. Conclusão: a exemplaridade da irradiação da *anima*, 90

II. *São Francisco: a opção preferencial pelos pobres* – Mensagem de São Francisco à sociedade atual, 93

1. A pobreza desumaniza a ricos e a pobres, 95

2. Igreja dos pobres, para os pobres, com os pobres, 99

1) Igreja dos pobres, 102

2) Igreja para os pobres, 104

3) Igreja com os pobres, 111

3. Pelos pobres contra a pobreza: esclarecimento semântico, 114

1) Pobreza: um mal, carência de meios, 115

2) Pobreza: um pecado de injustiça, 117

3) Pobreza: modo evangélico de ser, disponibilidade total, 118

4) Pobreza: uma virtude, a ascese, 119

5) Pobreza: expressão de amor pelos pobres contra sua pobreza, 120

4. A opção radical do Poverello pelos pobrezinhos, 122

1) Opção pelos pobres: mudança de classe social, 124

2) A radical "expropriação" e recusa total à "apropriação", 130

3) Ser radicalmente pobre para ser plenamente irmão, 135

4) Humanização pela fraternidade, 138

5. O desafio lançado por Francisco, 141

III. *São Francisco: a libertação pela bondade* – Contribuição de São Francisco à libertação integral dos oprimidos, 151

1. A teologia da libertação: os fiéis conferem eficácia libertadora à fé, 154

2. Francisco, homem libertado, libertador e livre, 161

1) Francisco, homem libertado, 164

2) Francisco, homem libertador, 174

3) A estratégia libertadora de Francisco, 178

4) Francisco, homem livre, 182

IV. *São Francisco: criador de uma Igreja popular e pobre* – Contribuição de São Francisco para uma Igreja na base, 189

1. De uma Igreja de clérigos rumo a uma Igreja todos-povo-de-Deus, 191

2. Francisco: obediente à Igreja dos papas e criador de uma Igreja popular, 199

1) Não conformismo e obediência, 200

2) Uma Igreja na base com os pobres, 213

    a) Igreja de relações fraternas, 217

    b) Igreja que se alimenta da Palavra, 218

    c) Igreja da mútua ajuda, 219

    d) Igreja que celebra a vida, 219

    e) Igreja de piedade popular, 220

    f) Igreja missionária, 222

    g) Igreja, sacramento do Espírito, 223

    h) Igreja de catolicidade plena, 224

3. A importância da experiência eclesial de Francisco para a nossa eclesiogênese, 226

V. *São Francisco: a integração do negativo da vida* – Contribuição de São Francisco ao processo de individuação, 231

    1. O santo: um homem perfeito ou um homem integrado?, 234

    2. O sim-bólico e o dia-bólico como caminhos para Deus, 238

    1) A alegria pela inclusão do negativo, 241

    2) A grande tentação: o tributo à finitude, 246

    3) Viver alegremente com o que não se pode mudar, 252

    4) Bem-vinda sejas, minha irmã, a morte, 256

        a) A morte pertence à vida, 264

        b) A identificação com a Fonte da vida, 267

Conclusão: São Francisco de Assis, uma alternativa humanística e cristã, 271

Anexo I
O Testamento de São Francisco de Assis, 277
Anexo II
Cronologia da vida de São Francisco de Assis, 281
Livros de Leonardo Boff, 291

Conecte-se conosco:

f facebook.com/editoravozes

⌾ @editoravozes

🐦 @editora_vozes

▶ youtube.com/editoravozes

🗨 +55 24 2233-9033

www.vozes.com.br

Conheça nossas lojas:

www.livrariavozes.com.br

Belo Horizonte – Brasília – Campinas – Cuiabá – Curitiba
Fortaleza – Juiz de Fora – Petrópolis – Recife – São Paulo

  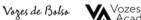

EDITORA VOZES LTDA.
Rua Frei Luís, 100 – Centro – Cep 25689-900 – Petrópolis, RJ
Tel.: (24) 2233-9000 – E-mail: vendas@vozes.com.br